GERHARD OESTREICH

Geschichte der Menschenrechte und Grundfreiheiten im Umriß

Historische Forschungen

Band 1

Geschichte der Menschenrechte und Grundfreiheiten im Umriß

Von

Gerhard Oestreich

Zweite, durchgesehene und ergänzte Auflage

DUNCKER & HUMBLOT / BERLIN

Durchgesehener und ergänzter Nachdruck
der 1968 erschienenen 1. Auflage
Alle Rechte vorbehalten
© 1978 Duncker & Humblot, Berlin 41
Herstellung: fotokop wilhelm weihert KG, Darmstadt
Printed in Germany
ISBN 3 428 02092 8

Vorwort

Das Problem der Geltung und des Umfanges der Menschenrechte gehört seit über 200 Jahren zu den Grands Thèmes der Geschichte. Gleichwohl gibt es bis heute keine der Bedeutung des Gegenstandes angemessene Monographie. Ganz im Gegenteil besteht auffallenderweise eine ausgesprochene Lücke im wissenschaftlichen Schrifttum, die auch die folgende historische Studie nicht ausfüllen kann; über die umfangreiche Literatur zu Teilfragen und für Zeitausschnitte unterrichtet die Bibliographie am Schluß. Meine knappe Darstellung versucht zum ersten Mal, eine allgemeine vergleichende Geschichte der Menschenrechte im Umriß zu geben. Sie erschien ursprünglich als historische Einführung zum Handbuch der Theorie und Praxis der Grundrechte Band I, 1: Die Grundrechte in der Welt (1966) und eröffnet nun als selbständige Schrift in leicht verbesserter Form die neue Reihe der Historischen Forschungen im gleichen Verlag.

Hinter den gegenwärtigen Auseinandersetzungen innerhalb der Staaten und zwischen den Völkern steht sichtbar oder unsichtbar stets die Frage nach den Menschenrechten und Grundfreiheiten. Die erste Ursache für das Werden der modernen Verfassungen nach 1776 und 1789 lag in dem Streben, eine besondere Rechts- und Freiheitssphäre des Individuums gegenüber dem Staat abzugrenzen. Der Schutz gegen die Eingriffe des absoluten oder des totalen Staates bleibt weiterhin ein wichtiger Grund für die Durchsetzung von Grundrechten. Daneben gibt es Kämpfe gegen die Gesellschaft oder die Wirtschaft, die gleichfalls in den Menschen- und Grundrechten ihren Niederschlag finden. Aber die Wurzeln des menschenrechtlichen Gedankengutes reichen weiter zurück in eine zweitausendjährige Tradition des abendländischen Geisteslebens. Dieses Erbe gilt es zu pflegen, um die ethisch-politischen Grundlagen aller Menschenrechte und Grundfreiheiten über jede historische Entwicklung hinaus für die Gegenwart zu bewahren.

Ein Dank gebührt Herrn Dr. Hartwig Brandt für die Mitarbeit an der Bibliographie.

Vorwort zur zweiten Auflage

Als sich Verlag und Autor 1968 entschlossen, die historische Einführung zu dem fünfbändigen „Handbuch der Theorie und Praxis der Grundrechte" als selbständige Schrift erscheinen zu lassen, waren sie sich der Grenzen dieses Beitrages bewußt, der auf die Gesamtgestaltung des großen Werkes Rücksicht zu nehmen hatte. So überging er eine breite Behandlung der gegenwärtigen Staatengemeinschaften, der Einzelstaaten und der Bundesrepublik Deutschland. Die 2. Auflage möchte diesen Mangel beheben und gibt in einem angefügten Kapitel die Fortführung der Geschichte der Menschenrechte und Grundfreiheiten im Umriß bis zur Gegenwart. Auch die Bibliographie wurde bis zur Gegenwart fortgeführt und durch Aufnahme der seit 1966 erschienenen Literatur auf den neuesten Stand gebracht. Es sind nunmehr insgesamt über 800 Titel aufgeführt, ohne eine Vollständigkeit anzustreben. Für freundliche Hilfe bei der Literaturergänzung danke ich Herrn Dr. Jochen Gaile und Herrn Privatdozent Dr. Hartwig Brandt.

Seit 1945 läßt sich eine immer stärker ins allgemeine Bewußtsein tretende Bewegung für Formulierung, Interpretation und Realisierung der Menschenrechte und Grundfreiheiten feststellen. Jedoch wird in den meisten Staaten mit selbständiger kultureller, religiös-philosophischer, juristischer, politischer und sozialer Tradition sehr Verschiedenes darunter verstanden. Ein geschichtlicher Rückblick scheint daher nützlich, um die ursprünglichen Grundlagen der Bewegung, den Wandel der Zeiten und die heutige Aufgabenstellung besser erkennen zu können.

Kochel am See, den 4. Dezember 1977.

Inhaltsverzeichnis

I. Einleitung	9
II. Menschenwürde und politische Freiheit in der Antike	15
III. Frühchristliches Menschenbild	19
IV. Mittelalterliches Naturrecht	22
V. Ständische Freiheitsrechte	25
VI. Reformatoren	31
VII. Vertragstheorien des 16. und 17. Jahrhunderts	33
VIII. Civil Liberties im revolutionären England	39
IX. Bauernkrieg und Religionsfrage in Deutschland	45
X. Deutsche naturrechtliche Theorien	47
XI. Der aufgeklärte Absolutismus	54
XII. Die Bills of Rights in Amerika	57
XIII. Vorgeschichte der französischen Erklärungen	64
XIV. Die Deklarationen von 1789 bis 1795	68
XV. Der deutsche Idealismus	75
XVI. Der Vormärz	81
XVII. Die Revolution 1848/49	93
XVIII. Der Positivismus seit der Mitte des 19. Jahrhunderts	100
XIX. Sozialismus und soziale Grundrechte	105
XX. Menschenrechte und Grundfreiheiten nach 1945. Ein neues Verständnis in Jurisprudenz, Theologie und Sozialethik der Gegenwart	118
Bibliographie	130

I. Einleitung

Im öffentlichen Bewußtsein bildet ohne Zweifel der Schutz des Menschen vor jeder willkürlichen Gewalt ein entscheidendes Grundproblem unserer Tage. Ist mit der Erörterung der Freiheits- oder Menschenrechte zu allen Zeiten die Frage der Beschränkung der politischen Gewalt aufs engste verknüpft worden, so nimmt seit der industriellen Revolution bei der Festlegung und Interpretation von Grundrechten der Schutz gegen nichtstaatliche Bedrohungen einen immer breiteren Raum ein. Was heute auch immer in den einzelnen Staaten und Kontinenten, in den verschiedenen Kultur- und Lebenskreisen unter den Menschen- und Grundrechten verstanden wird, es verbirgt sich ganz allgemein dahinter der Anspruch auf die wachsende Sicherung eines Lebens, das mit der Menschenwürde und Achtung der Person vereinbar ist. Auch der heute zentrale Begriff der „Würde des Menschen" ist nicht zu allen Zeiten mit dem gleichen Inhalt gefüllt gewesen und wird es auch in den verschiedenen Religionen und philosophischen Lehren, politischen und ökonomischen Systemen nicht sein können. Und doch gilt es, ein Gemeinsames zu finden, wenn wir die Notwendigkeit von allgemeinen Menschenrechten bejahen und ihnen selbst gesetzlichen Ausdruck geben wollen. Der politisch-soziale Glaube der Nationen und Klassen, der Erdteile und Rassen an das Recht und die Gerechtigkeit findet in den Erklärungen der Menschen- und Grundrechte seinen Ausdruck. Es sind Grundsätze der politischen Ethik und des Rechts. In dem politischen Lehrbuch des Aristoteles steht der Satz: „Wie nämlich der Mensch, wenn er zur vollen Verwirklichung seiner Natur gekommen, das beste der Lebewesen ist, so ist er ohne Gesetz und Recht das schlechteste von allen. Das Schlimmste ist die bewaffnete Rechtlosigkeit." Die Möglichkeit einer ‚Vollendung' des Menschen, der vollkommenen Entfaltung aller seiner möglichen Werte im Sinne des Aristoteles werden wir leugnen; die Wahrheit seiner anderen Aussage erkennen wir heute um so lebhafter. Wie verhindern wir ein Leben ‚ohne Gesetz und Recht', wie schränken wir die ‚bewaffnete Rechtlosigkeit' ein? So fragt die Menschheit seit den Ursprüngen der abendländischen Kultur.

Sie hat zu dieser Grundfrage immer neue Einsichten und Feststellungen gefunden. Eine der letzten und umfassendsten Antworten unseres Jahrhunderts brachten die Vereinten Nationen in der Universalen

Erklärung der Menschenrechte, die bisher wirksamste aber liegt sicherlich in der Europäischen Menschenrechtskonvention. Die Zügelung der Gewalten und Mächte, ob politischer oder religiöser, wirtschaftlicher oder gesellschaftlicher Natur, ist ebenso ein Urproblem der Menschheit wie die Aufrichtung solcher Lebensordnungen selbst. Getragen sind auch sie nicht zuletzt von dem Menschenbild, das man sich in der jeweiligen Situation und Zeit machte, von der Auffassung über die Stellung des homo sapiens wie des homo faber im göttlichen und irdischen Geschehen, über seine natürlichen Veranlagungen, über die Richtung seines Strebens zum Guten oder zum Bösen. Die Entfaltung der antik-humanistischen, christlichen oder modern-säkularen Ethik und Anthropologie, der Ideen von der einmaligen Würde des Menschen, von seinem spezifischen Wesen und seinen individuellen und sozialen Aufgaben hat die europäischen Rechtsvorstellungen immer kräftiger geprägt.

In den Status-Verträgen der mittelalterlichen Feudalwelt wurde der Mensch gleichsam als volle soziale Einheit gesehen. Die gegenseitige Treueverpflichtung forderte für das Dienstverhältnis eine Hingabe der ganzen Person, sie bot aber auch einen Schutz in der wechselseitigen moralisch-rechtlichen Bindung, gestützt auf das Widerstandsrecht im politischen Bereich. Die neuzeitliche Form des Kontraktdenkens begründete nur ein begrenztes Leistungsverhältnis. Immer genauer erfolgten die vertraglichen Festlegungen über den Schutz wie die Beanspruchungen im einzelnen. Der Mensch wurde in seinen vielschichtigen Lebens- und Seinsbereichen gewürdigt und anerkannt, die Basis seiner Freiheitsrechte Zug um Zug vergrößert und erweitert. Erst im jüngsten Stadium der Entwicklung finden wir nun den Versuch, eine Einheit dieser einzelnen Rechte von einem Kern her — durch den neu zu bestimmenden Begriff der menschlichen Würde, d. h. durch eine neue Anthropologie — theoretisch zu gewinnen. Doch der Historiker kennt nur eine Vielheit von Rechten in ihrer Entstehung und ihrer Herleitung.

In den einzelnen Zeiträumen sind die Forderungen nach Rechten des Menschen sehr verschieden begründet worden: theologisch, philosophisch, juristisch, naturrechtlich oder positiv-rechtlich, ökonomisch, sozial, politisch im weitesten Sinne des Wortes. Diese Entwicklung hat der Historiker zu schildern. Er darf aber auch die geistige und politische Vorgeschichte nicht unbeachtet lassen, in der zuerst oder allein dem Mitglied einer begrenzten politischen oder rechtlichen Gemeinschaft, einer sozialen Korporation besondere Standesrechte zugestanden wurden. Von jener Vorgeschichte der Freiheitsrechte zu trennen ist die eigentliche Geschichte der Menschen- und Grundrechte, die den Menschen als Individuum schlechthin in unantastbare Rechte setzen wollte und setzte. Allerdings ist zu beachten, daß ursprünglich die sogenann-

I. Einleitung

ten liberalen Grundrechte wie die sozialen Grundrechte Standes- oder Klassenrechte waren, wenn auch mehr oder weniger verhüllt, nämlich die des dritten und des vierten Standes.

Es bestehen also mannigfache Ursprünge unserer heutigen Rechte in den einzelnen Herrschaftsverbänden und in den einzelnen Epochen. Auch die nationalen Rechtskulturen, ihr traditionelles Verständnis von politischer und persönlicher Freiheit und Gleichheit haben die Entwicklung und Verwirklichung der Idee der Menschenrechte in den europäischen Staaten bedingt und bestimmt, wie ein Blick auf die bedeutsame Entfaltung unserer Problemstellung in England lehrt. Die Menschenrechte bedeuten historisch in jedem Jahrhundert und in jedem Land etwas anderes, sie können unter jedem Herrscher und unter jeder Regierung neu verstanden und bestimmt werden, sie sind in ihrer mannigfachen Ausformung über die Zeiträume nicht einheitlich zu definieren. Dennoch umschließen sie ein Gemeinsames: die rechtliche und moralische Sicherung menschlicher Würde und Freiheit, wie sie jeweils in der kulturellen Welt verstanden wurden. Sie bekunden ein an sich gleichgerichtetes, wenn auch sehr verschieden gestaltetes Lebensverständnis, sei es früher etwas enger in der korporativen Zugehörigkeit zu Ständen und Verbänden, sei es später in der generellen Stellung des Individuums innerhalb oder außerhalb staatlicher Zusammenschlüsse, sei es heute in den sozialen Postulaten. Die Vorstellung einer ideellen Gleichheit aller Menschen benötigte zu ihrer Ausbildung eine lange Zeit und bildet keineswegs einen ständigen, unumstrittenen Besitz des menschlichen Denkens. Ferne und Nähe zu diesem wesentlichen Grundgedanken der späteren Menschenrechte wechseln, ohne daß wir immer genau angeben könnten, wieso und warum, noch nicht einmal, wann und wo. Wie lange brauchte doch das Volk der Griechen, um den so elementar empfundenen Unterschied zum Fremden, zum Barbaren, zu überwinden! Erhielt nicht in den frühen Zeiten der Völker jeder, der eine fremde Sprache sprach und fremden Bräuchen und Gewohnheiten anhing, herabsetzende Bezeichnungen, wurde er nicht als unzugehörig zum engeren Kreis einfach abgelehnt und eben ungleich behandelt? Auch das sollte man nicht vergessen, wenn man den langen Weg noch einmal im Geiste zurückgeht.

Der Begriff „Menschenrechte" ist uns vornehmlich aus dem welthistorischen Aufbruch des 18. Jahrhunderts geläufig, in dem aufklärerische Naturrechtsdenker, die philosophischen Beherrscher der Sozial- und Staatslehren, die Theorie von den natürlichen Rechten voll ausbildeten. Das Naturrecht stand am Ende einer zweitausendjährigen Überlieferung als Praktische Philosophie, in der drei Zweige behandelt wurden: Ethik, Ökonomie und Politik, d. h. einzelmenschliches, häusliches und öffentliches Verhalten und Leben. Das Naturrecht als umfassende praktische Sozialphilosophie, die Lehre von den natürlichen und schließlich von den Menschenrechten gehören aufs engste zusammen. Der Begriff „Menschenrechte" besagt, daß es Rechte gibt, die zum Wesen des Menschen von Natur gehören, dem Menschen angeboren sind. Die natürlichen Rechte sind unveräußerlich und unabdingbar. Mit ihrem Besitz oder Verlust steht und fällt die menschliche Persönlichkeit. Sie kennzeichnen ihren Wert und ihre Würde. Die ursprüngliche Trias dieser elementaren Rechte umfaßte Leben, Freiheit und Eigentum. Aus dieser Kernvorstellung wurde eine Vielzahl von weiteren Fundamentalrechten abgeleitet, die die politische und moralische, die soziale und wirtschaftliche Existenz sichern sollten. In ihnen fand sich altes, positives Rechtsgut wieder, nur waren es jetzt Rechte, die jedem menschlichen Wesen unabhängig von staatlicher Verleihung und ohne Einschränkung zustehen sollten, wie es heute im Artikel 2 der Erklärung der Menschenrechte der Vereinten Nationen lautet: „ohne irgendeine Unterscheidung wie etwa nach Rasse, Farbe, Geschlecht, Sprache, Religion, politischer oder sonstiger Überzeugung, nationaler oder sozialer Herkunft, nach Eigentum, Geburt oder sonstigen Umständen."

Im Deutschen verwenden wir den Terminus „Grundrechte". Er entspricht in etwa den Civil Liberties der angelsächsischen Begriffswelt. Es sind die verfassungsmäßig garantierten Rechte, die seit der Amerikanischen und Französischen Revolution als Bestandteil der Staatsgrundgesetze und Verfassungsurkunden unter wechselnden Namen erscheinen. In den europäischen Konstitutionen bis 1850 sind sie bezeichnet als Droits de l'homme et du citoyen im Frankreich der Revolution, als Allgemeine Rechte und Pflichten in Bayern 1818, als Staatsbürgerliche und politische Rechte in Baden 1818, als Allgemeine Rechte und Pflichten der Untertanen im Königreich Sachsen 1831, als Droits des citoyens garantis par la Constitution 1848 in Frankreich, als Grundrechte des deutschen Volkes in der Frankfurter Nationalversammlung 1848/49, als Rechte der Preußen in den Verfassungen von 1848 und 1850. Das Grundgesetz der Bundesrepublik Deutschland vom Mai 1949 eröffnet nun den Abschnitt über die *Grund*rechte mit einem Bekenntnis „zu unverletzlichen und unveräußerlichen *Menschen*rechten als Grundlage jeder menschlichen Gemeinschaft, des Friedens und der Gerechtigkeit in der Welt". Zugleich sind auch mit diesen Grundrechten die alteuropäischen Lehren über die Einschränkung politischer Macht verknüpft. Die Zügelung von Herrschaft und Herrscheramt und die Sicherung der Gerechtigkeit gehören zu den Aufgaben der europäischen politischen Theorien seit der Antike. Im politisch-sozialen und religiösgeistigen Klima des europäischen Spätfeudalismus und Absolutismus lag eine besonders aktuelle Ausgangssituation für die Verknüpfung jener Theorien mit der Idee der natürlichen Rechte vor. So ist die Geschichte der Menschenrechte auch nicht isoliert zu betrachten, sondern eben im engen Zusammenhang mit den politischen Lehren der Mäßigung, des Consensus zur Herrschaft und der Gewaltenteilung.

Die bisherige Geschichtsschreibung ordnete die menschenrechtliche Entwicklung eng in die allgemeine Freiheitsbewegung ein. Aber die Natur- und Grundrechtsströmungen sind doch keineswegs mit der Freiheitsbewegung Europas identisch. Auch stellen die großen Gesetze der Civil Liberties nicht die Krönung der europäischen Freiheitsbewegung überhaupt dar. Die liberale Geschichtsinterpretation muß überwunden werden, denn es kann keine Rede davon sein, daß mit der ersten Verkündung von Menschenrechten, die letzten Endes bürgerlich-politische Rechte waren, das Ziel der Freiheit für jeden Menschen erreicht war. Andererseits ist die Geschichte der Grundrechte umfassender, als es in der früheren Geschichtsinterpretation erscheint, die nur oder vornehmlich auf die liberalen Ansprüche gegen den Staat sah. In den letzten Jahren ist von deutscher juristischer Seite aus darauf hingewiesen worden, daß die bisherige Staatsgerichtetheit der Forschung durch die Einbeziehung privatrechtlicher Aspekte erweitert werden muß (W. *Leisner*). Das trifft um so mehr zu, wenn man von der Vorgeschichte im Naturrecht ausgeht und diese nicht nur im Rahmen der antistaatlichen Emanzipationsbewegung des politisch mündig werdenden Individuums sieht. Die Lehre von den natürlichen Rechten wurde in den Zeiten vor einer strengen Scheidung von öffentlichem und privatem Recht ausgebildet. So betrachtet, erweisen sich die natürlichen Rechte als Tendenzen und Prinzipien einer umfassenden Lebensordnung in den gegenüber dem heutigen Staate ganz anders strukturierten Staats- und Rechtsgemeinschaften vor dem Umbruch der Französischen Revolution. Die Notwendigkeit, die engeren Bereiche der juristischen oder politischen Dogmengeschichte zu überschreiten und einen größeren Zusammenhang herzustellen, zeigt sich immer wieder.

Diesen größeren Zusammenhang suchte der Staatsrechtler Georg *Jellinek* zu gewinnen, als er vor über 70 Jahren die französische Deklaration von 1789 erstmals auf die Erklärungen der amerikanischen Einzelstaaten zurückführte. Jellinek warf damals die allgemeine Frage nach der Herkunft der Menschenrechte auf und sah ihren Ursprung im Kampf der Sekten um ihre religiöse Freiheit. Der letzte Anstoß käme direkt aus der Reformation. Gewiß hat die Forschung diese These weithin abgelehnt und in vielen Untersuchungen auch für den konkreten Zeitpunkt der Erklärungen selbst widerlegt. Im Vordergrund der Diskussion in den neuenglischen Kolonien des 18. Jahrhunderts standen die alten englischen Freiheitsrechte, und die Toleranzfrage ist mit ihnen erst in zweiter Linie verbunden. Aber in einem tieferen Grunde hat Jellinek doch recht: die die frühe Neuzeit wesentlich beherrschenden Konfessionskämpfe und Religionskriege mit ihren politischen Folgen stehen hinter den Erklärungen der Menschenrechte wie hinter der Fortbildung des neueren Naturrechts. Der Antrieb, der aus den religiösen Freiheitsbewegungen erfolgte, kann nicht, wie es die nunmehrige Forschung tut, aus der unmittelbaren Menschenrechtsentwicklung eliminiert werden. Die Bedeutung der Religion wird durch die Geistesgeschichte der natürlichen Rechte allgemein bestätigt, denn entscheidend wurde die Berührung von Christentum und antiker, besonders stoischer Philosophie. Das stoische wie das christliche Naturrecht sind die stärksten geistigen Antriebe bei der Ausbildung der Menschen- und Bürgerrechte. Was die Stoa dem jungen Christentum an naturrechtlichem Gedankengut übermittelte, ist im christlichen Naturrecht der Spätantike und des Mittelalters teils erhalten geblieben, teils aber mußten die Grundgedanken der politischen Stoa in der Wiederbelebung der antiken Philosophie durch den Renaissance-Humanismus erst wieder gewonnen werden, wobei Spanien und die Niederlande eine entscheidende Rolle spielten.

II. Menschenwürde und politische Freiheit in der Antike

In der griechischen Welt gab es keine Rechte für jeden Menschen, denn die Gesellschafts- und Wirtschaftsordnung des griechischen Stadtstaates stützte sich auf das allgemein anerkannte Institut der Sklaverei. Im Menschenbild der frühen Polis war die Vorstellung der menschlichen Würde allein für den Angehörigen der Polis, den Bürger, voll ausgebildet. Die orientalischen Despotien mit ihrem Gehorsam beleidigten das Denken der Griechen. Der Bürger Athens war stolz, frei zu sein im Bewußtsein seiner Teilnahme an der Regierung und im Gefühl der Respektierung seiner Rechte durch das Gemeinwesen, das die politische und die religiöse, die rechtliche und die göttliche Ordnung zugleich umschloß. Als diese ursprüngliche Einheit sich auflöste, entstanden starke Spannungen der politischen Ethik und Philosophie, in denen auch Sokrates stand. Die *Sophisten* lehrten bereits im 5. Jahrhundert vor Christi Geburt, daß das natürliche Recht höher und besser sei als die bestehenden positiven Gesetze. Die menschliche Natur wurde bald zum Bezugspunkt der Rechtsvorstellungen. Seitdem kreist das naturrechtliche Denken um die Erkenntnis des menschlichen Wesens und um die ihm gemäßen Prinzipien für die soziale Gestaltung.

Die anthropologische Deutung und das ethische Selbstverständnis des Menschen unterlagen dem Wandel der wissenschaftlichen Erkenntnisse und philosophischen Einsichten wie auch den Veränderungen der politisch-sozialen Verhältnisse und den dadurch gestellten Aufgaben. Eine unübersehbare Vielheit naturrechtlicher Auffassungen ist die Folge. All diesen Zusamenhängen kann hier nicht im einzelnen nachgegangen, sondern nur eine oftmals unterbrochene Entwicklung im Sinne unserer engeren Problemtradition zu schildern versucht werden.

Von einem der Sophisten, *Alkidamas*, ist bereits der naturrechtliche Satz überliefert, daß Gott alle Menschen frei geschaffen und keinen zum Sklaven gemacht habe. *Platon* war mit seinem Lehrer Sokrates der Meinung, daß der Mensch sich nicht einer politischen Ordnung fügen dürfe, die ihn sittlich erniedrige. Er sah nur jene Gesetze als verbindlich an, die sich als Ausfluß der Vernunft erwiesen (*Verdross* S. 235). Aber diese Einsicht galt nur für „eine kleine Schar hochqualifizierter Menschen" (*Welzel* S. 24). Bekämpfte *Platon* die Naturrechtslehre der Sophisten, so betrachtete *Aristoteles* das „von Natur Rechte" als Teil des für den griechischen politischen Verband geltenden Rechts neben dem gesetzten oder besser dem gesetzlichen Recht. Das von Natur Rechte ist ursprünglich, ist das durch Brauch, Sitte und Gewohnheit Gegebene, es besteht unabhängig von der zufälligen Meinung und Entscheidung des Menschen, während das geschriebene, gesetzliche Recht festgelegt wird für die Fälle, die ursprünglich so oder so entschieden werden können. Das Naturrecht ist auf die Natur des Menschen gegründet und wird so zum von Natur ihr gemäßen Recht, das „überall die gleiche Macht hat" (J. *Ritter* S. 14 ff.). Dieser Mensch und sein Recht sind aber nur „in der vollen ethischen Wirklichkeit ihrer [der Polis] Institutionen und des individuellen Lebens der Bürger" zu verstehen. Eine Trennung oder gar ein Gegensatz von natürlichem Recht und positiven Gesetzen lag Aristoteles also fern. Für Aristoteles sind „die Menschen von Natur teils Freie, teils Sklaven". Er begründet dies aus geistigen und körperlichen Merkmalen. Die Sklaven haben nur einen Anteil an der Vernunft, um die Stimme des Herrn zu hören, ohne die Vernunft selber zu besitzen. Sie besitzen aber einen starken Körper zur notwendigen Arbeit. Die Freien dagegen sind in allem für das öffentliche Leben geeignet. So erscheint das Sklaventum nicht nur nützlich, sondern auch gerecht (Polit. I). Aristoteles sah die Aufgabe seines politischen Gemeinwesens darin, Leben und Gut der Bürger zu schützen und die Entfaltung ihrer natürlichen Anlagen zu fördern.

Wenn Aristoteles auch schon die Gerechtigkeit als eine auf den Mitmenschen ausgerichtete Tugend verstand, die die Gleichheit gegenüber dem anderen zu wahren hat, so trat das sittlich vertiefte Gleichheitsprinzip jedoch erst bei den *Stoikern* voll in Erscheinung. Die Stoa entwickelte in ihrer Anthropologie und Ethik die Lehre von der Gleichheit der Menschen. Sie wurde begründet durch die zentrale Vorstellung, daß neben dem realen Gemeinwesen das Reich der Vernunft existiert. In diesem steht jeder Mensch gleichberechtigt da als Teilhaber an der Weltvernunft, dem logos, weil alle Menschen mit Vernunft begabt sind. Alle Menschen sind von der sittlichen Zielsetzung aus gleich. Dieser Gleichheitssatz ist bei dem großen Einfluß der stoischen Schulen von fundamentaler Bedeutung für die Zukunft des politischen Denkens geworden. Als unter Alexander dem Großen ein Weltreich geschaffen wurde, richtete sich das politische Denken über die Polis auf den gesamten Kosmos. Im römischen Imperium fanden die Grundlehren der griechischen Stoa eine Weiterbildung und Anwendung auf konkrete politische Probleme durch den Vermittler der griechischen Bildungsgüter, *Cicero*, und die römischen Stoiker *Seneca, Epiktet* und *Marc Aurel*.

Lehrte Aristoteles noch die Ungleichheit der Völker und Menschen und rechtfertigte das griechische Verhältnis zu den Barbaren, so stand für *Cicero* der Mensch kraft seiner Natur mit dem ganzen Menschengeschlecht in einem Gleichheitsverhältnis. Alle Menschen sind auch durch das Recht miteinander verbunden. Der Mensch hat dem in ihm liegenden Erkenntnistrieb, seiner Natur, zu folgen. Er gehört zur civitas maxima, die von der vernunftbegabten ganzen Menschheit gebildet wird *(Flückiger* S. 221). Die lex naturae als das wahre Gesetz war schon vor allen Zeiten vorhanden, bevor es noch ein geschriebenes Recht gab, bevor eine staatliche Gemeinschaft gegründet wurde. Das Naturgesetz ist Gesetz der Gottheit und so für Menschen und Gott unbedingt verpflichtende Norm (Ratio naturae quae est lex divina et humana). Kein Gesetzgeber, weder der römische Senat noch das römische Volk, kann dieses Naturgesetz außer Kraft setzen oder von einer Verpflichtung ihm gegenüber entbinden. Seine Definition lautet: „Das wahre Gesetz ist rechte Vernunft, die mit der Natur übereinstimmt, allen zuteil wird, ständig und ewig ist. Sie ruft gebietend zur Pflicht auf und schreckt verbietend vom Frevel ab... Dieses Gesetz duldet keine Verkürzung, keine Abschaffung... Es gilt in Rom wie in Athen, heute und morgen. Für alle Völker und alle Zeiten wird es ewig und unveränderlich bestehen. Einer allein wird der gemeinsame Meister und Herrscher aller sein: Gott." (De rep. III, 22.) Durch den Politiker und Juristen Cicero wurde das Naturrecht aus einer Sache der Philosophie zu einer Sache des Rechtsdenkens und der Rechtsgestaltung. Seine Gedanken haben noch nach eineinhalb Jahrtausenden die Meinungen der europäischen Humanisten beeinflußt und auf das naturrechtliche Denken der frühen Neuzeit eingewirkt.

Im Gegensatz zur griechischen Stoa entwickelten die römischen Stoiker Grundsätze, die auf die unmittelbare Praxis zielten, auf die enge Verbindung von Philosophie und politischer Lehre. Der Staatsmann und Philosoph *Seneca* wandte sich in seiner Schrift De clementia an den römischen Kaiser: Wahre Größe und Majestät liege nicht in einem schrankenlosen Gebrauch der Macht, sondern in der Sorge für das Wohl der Gesamtheit. Die Herrschaft ist Dienst am Volke. Deshalb ist dem Kaiser, dem alles erlaubt ist, vieles nicht erlaubt. Die tiefe Überzeugung von der verwandtschaftlichen Zusammengehörigkeit aller Menschen lag den Lehren Senecas zugrunde: „Wir sind Glieder eines Körpers. Die Natur schuf uns alle als Verwandte." Mit der Teilhabe eines jeden Menschen an der kosmischen Weltvernunft war auch die religiös gestimmte unbedingte Achtung gegen jeden Menschen verbunden: homo res sacra hominis. Auch Seneca vertrat die Vorstellung von den zwei Reichen. Dem Kosmos und den Pflichten als Weltbürger fühlte er sich innerlich stärker verbunden als dem Römischen Reiche und den Pflichten des civis Romanus. Der Sklave *Epiktet* begründete den Gleichheitssatz mit dem Argument der gemeinsamen Gotteskindschaft: „Alle Menschen sind Brüder, denn sie alle haben Gott zum Vater." Die

II. Menschenwürde und politische Freiheit in der Antike

Stoiker sahen die Unterschiede im physischen Sinne, aber vom ethischen Standpunkt waren alle Menschen gleich. Und allein der moralische Wert des Menschen zählt. Der Stoizismus wurde zur Religion der gebildeten staatstragenden Schichten Roms im 1. und 2. Jahrhundert. Die Regierungsweise der Zeit ist nicht zu Unrecht als aufgeklärter Absolutismus bezeichnet worden. *Marc Aurel,* der letzte Römer unter den Caesaren, legte Zeugnis von den gleichen Anschauungen ab. Die sozialen Gegensätze zwischen Kaisertum und Sklaventum waren unter den Philosophen ausgelöscht.

Stellt man für das heidnische Altertum die abschließende Frage, ob es „Menschenrechte" gekannt hat, so kann diese nicht bejaht werden. Bei allen Äußerungen über die Freiheit und Gleichheit, über die Würde der Menschen und die Achtung vor dem Menschen handelt es sich nicht um Forderungen auf unantastbare Grundrechte für alle Menschen. Selbst die römisch-stoische Lehre von der Gleichheit der Menschen in ihrer individuellen und kosmopolitischen Richtung hat nur das ethisch-gesellschaftliche Denken, nicht die politische und ökonomische Ordnung gestaltet. Die Auffassung des *Aristoteles,* daß es von Natur Sklaven gebe, wurde jedoch überwunden: Allein die Umstände des Lebens und das Schicksal machen den Menschen zum Sklaven. Mit der strengen Bindung an das Gemeinwohl und mit der Überordnung des allgemeinen Nutzens hat die antike Staats- und Rechtslehre nicht zur Aufstellung von Freiheits- und Grundrechten finden können. Auch die wichtige Verbindung der römischen Jurisprudenz mit dem stoischen Naturrecht begründete keine „Rechte des Menschen", wahrte aber durch das gemeinsame Recht aller Menschen (communi omnium hominum iure, Gaius, Inst. I, 1) den Zusammenhang mit der naturrechtlichen Ethik als sittlicher Verpflichtung. Auch in den Institutionen *Justinians* findet sich ein Hinweis in dem Satz, daß nach dem Naturrecht alle Menschen frei geboren werden.

III. Frühchristliches Menschenbild

Doch die geistige Macht, die das nächste Jahrtausend beherrschen sollte, war nicht die antike Philosophie, sondern das *Christentum*. Die biblische Lehre von der göttlichen Schöpfungsordnung und der Gottebenbildlichkeit des Menschen klang an religiöse Vorstellungen der Stoa an. Christus verkündete die Gleichheit alles dessen, was Menschenantlitz trägt. Er lehrte, daß alle Menschen Kinder eines Vaters und als solche gleich sind. Aber der Begriff der christlichen Gottebenbildlichkeit ließ Freiheit und Gleichheit des Menschen in einem neuen, tieferen Sinn verstehen, denn die durch Christus wiedererlangte Gotteskindschaft und Zugehörigkeit zum Volke Gottes zeichnete den Menschen in einer besonderen, einmaligen Weise aus. Durch die Erwählung wurde die menschliche Würde fest begründet. Nichts konnte stärker wirken als die Lehre von der Imago Dei, der Gottebenbildlichkeit des Menschen. Aus ihr ließen sich Freiheit und Gleichheit aller ohne Einschränkung ableiten. Aber von der Gleichheit vor Gott bis zu einem allgemeinen Menschenrecht der Gleichheit blieb noch ein weiter Schritt, den weder die Kirchenväter noch die mittelalterlichen Theologen vollzogen. Vertrat auch *Laktanz* in der Überzeugung, daß der Glaube eine Sache der Freiheit sei, die Meinung, man könne niemanden zwingen zu verehren, was er nicht wolle, so blieb doch der Gedanke christlicher Freiheit nur im engsten sakralen Raume stehen. Von einem unantastbaren Menschenrecht der Freiheit war ebensowenig die Rede wie vom Recht der Gleichheit.

Es kann kein Zweifel sein, daß die Übernahme stoischer Vorstellungen vom Naturrecht in die frühchristliche Literatur, erleichtert durch täuschende Verwandtschaft, mißdeutet aus der heidnischen Herkunft der Kirchenväter und im Streben, sich der gebildeten nichtchristlichen Umwelt besser verständlich zu machen, die Auffassungen der alten Kirche stark mitgeformt hat. Mag das Paulus-Wort, „daß das vom Gesetz verlangte Werk in ihren [der nichtjüdischen Völker] Herzen aufgeschrieben ist" (Röm. 2, 14), mit dem Kirchenvater *Ambrosius* naturrechtlich interpretiert werden dürfen oder auch nicht (so *Flückiger* S. 295 f.), es bleibt eine Tatsache, daß das stoische Naturrechtsdenken in den christlichen Offenbarungsglauben und in die Heilstheologie eindrang. Die griechische Naturauffassung vom Gesetzmäßigen und Normativen, vom Vernünftigen und Nützlichen ging damit einher. Durch Ambrosius erfolgte eine Übernahme der stoischen Tugendethik und

Pflichtenlehre in die christliche Sozialethik. Die christliche Anthropologie begann, die Selbstliebe als ein Gebot der natürlichen Ordnung zu verstehen: das christliche Liebesgebot vereinigte mit der Nächstenliebe das stoische Prinzip der Selbsterhaltung. Die tiefgreifenden Unterschiede zwischen dem stoisch-religiösen und christlich-religiösen Ansatz eines Naturrechts wurden verdeckt, und ethisch-philosophische Begriffe strömten ein. So kam es zu einer eigenartigen Verbindung verschiedener Grundhaltungen und entgegengesetzter Denkweisen, ohne daß dadurch die Gegensätze ganz ausgelöscht wurden.

Eine der jüngsten Darstellungen der „Politischen Metaphysik von Solon bis Augustin" hat dem Christentum von vornherein die Rolle einer bewußt politischen Revolution zugesprochen. Gerade die Sklavenfrage, das große menschenrechtliche Problem der Antike, weist nach A. A. T. *Ehrhardt* auf eine christlich-revolutionäre Bewegung hin. Die stoische Schule hatte auf die Sklavengesetzgebung der ersten zwei Jahrhunderte nach Christus steigenden Einfluß gewonnen, ohne daß die Schutzgesetze eine entscheidende Änderung bewirkten. Die Aufforderung zum Gesinnungswechsel, die an den antiken Menschen mit den Worten des *Paulus* erging, den Sklaven nicht mehr einen Knecht, sondern einen lieben Bruder zu nennen, wirkte in die gleiche Richtung wie die Stoa, wenn auch mit anderen Gründen. Die altkirchliche Literatur lehnte nun die Sklaverei ab, erklärte sie für ungerecht und unvereinbar mit der Schöpfungsordnung und dem Wesen der menschlichen Natur und empfahl den Gemeindemitgliedern die Aufhebung. Dieser grundsätzliche Protest gegen jede Sklavenhaltung erfolgte in Übereinstimmung mit der frühchristlichen Anschauung vom Urstande, in dem Freiheit und Gleichheit wie auch Gütergemeinschaft herrschten.

Die Bedeutung *Augustins*, des wirkungsmächtigsten Kirchenvaters, für unsere Frage liegt in seiner stoisch gefärbten Rechtslehre und in seiner Stellungnahme zu den politisch-staatlichen Problemen. Aus seiner vorchristlichen Zeit stammten die antik-humanistischen Einflüsse der naturrechtlichen Welt. *Ciceros* Begriff der lex aeterna wurde aber scharf der lex naturalis gegenübergestellt und das ewige, unveränderliche Gesetz der göttlichen Vernunft von der von Gott geschaffenen menschlichen Vernunft getrennt. Ein Ausdruck von Augustins naturrechtlichem Denken findet sich in dem Satz: „In der Vernunft jedes Menschen, der bereits Freiheit des Willens besitzt, entsteht ein Gesetz, natürlich in das Herz eingeschrieben, wodurch er ermahnt wird, einem anderen nicht anzutun, was er selbst nicht erleiden möchte." Die lex naturalis ist allen, ob Christen, Juden oder Heiden, eingeprägt. Die menschlichen Gesetze sollen mit der lex naturalis und dem Willen Gottes übereinstimmen. Die stoischen Erinnerungen der Frühzeit Augustins wurden später durch die neutestamentlich-paulinischen Vorstellungen überdeckt, an ihre Stelle trat das christliche Liebesgebot. Der Urstand wurde zum Paradies, in dem die unverdorbene Menschennatur vor dem Sündenfall lebt und brüderliche Gleichheit und Gottesliebe walten. Der Bischof Augustin glaubte, die Menschen zum Seelenheil und rechten Glauben zwingen zu können, und stützte sich auf das Christus-Wort: Compelle intrare (Luc. 14, 23). Die religiöse Verfolgung durch die Kirche war in Zukunft gerechtfertigt.

IV. Mittelalterliches Naturrecht

Für die politische und geistige Geschichte des Abendlandes wurde das Bestehen zweier Gewalten, der priesterlichen und der weltlichen, entscheidend. Beide traten sich in den verschiedenen Zeiträumen als gleichberechtigt oder über- bzw. untergeordnet gegenüber. Durch die Auseinandersetzungen zwischen sacerdotium und imperium waren reale und ideenpolitische Chancen einer Beschränkung beider Mächte gegeben. Die Theorien über die geistliche Herrschaft oder das Fürstenamt bekämpften die Ansprüche des anderen und schufen oder erhielten Raum für freiheitliche Auffassungen und Entwicklungen, in die ältere Vorstellungen und Traditionen einströmten. Zu diesen gehörten Nachwirkungen des Rechtslebens und der politischen Verfassung der Germanen. Gewiß ist die frühere demokratisierende Auffassung von der Bedeutung und Stellung der Gemeinfreien als dem herrschenden Verfassungsträger, von ihren gleichen Freiheiten und Rechten falsch. Aber die altgermanische Bindung des Königtums an Rat und Willen des Adels und der Großen blieb, und Sicherheit gegen Willkür des Herrn und Schutz des Abhängigen waren schon ein Grundfaktor der alten Freiheit. Es erhielten sich auch Idee und politische Ethik des germanischen Gefolgschaftswesens und der wechselseitigen Treue- und Schutzverpflichtung im mittelalterlichen Lehnsstaat. Für den Gefolgsmann wie für den Untertan galt hier der Vorbehalt, daß der Herr auch seinerseits zur Erfüllung seiner Versprechen verpflichtet sei. Das Recht aber stand grundsätzlich über allen herrschenden Gewalten, auch der König stand unter dem Recht. Es forderte, die vorgefundene, die alte Rechtsordnung nicht ohne Zustimmung der Getreuen, der fideles, abzuändern. Wenn eine Gewalt den ihr Unterworfenen nicht in seinen Rechten und Privilegien schützte oder versuchte, diese abzuändern und zu verkürzen, so konnte jeder sich von ihr lossagen und einen neuen Herrn suchen. Das Widerstandsrecht war integrierender Bestandteil der politischen Lebensauffassung, denn der Untertan schuldete nicht so sehr Gehorsam als vielmehr Treue und Hilfe. In der Gegenseitigkeit lag das Entscheidende des Treueverhältnisses. Das Recht zum Widerstand gegen jede unrechtmäßige Gewalt wurde auch von den Herrschern garantiert. Dieses mit dem älteren germanischen Recht und dem jüngeren Lehnsrecht gespeiste Denken wurde durch kirchliche Theorien gewandelt: Jeder Herrscher ist ein Beauftragter Gottes und an das göttliche und natürliche Recht gebunden. Das Volk muß ihm duldend gehorchen, denn der Herrscher ist Gesalbter des Herrn. An ihm sich zu vergreifen, bedeutet schwerste Sünde. Die kirchliche Salbung machte den Gedanken, daß alle Herrschaft von Gott stamme, sinnfällig, und die Formel Dei gratia brachte diese Wandlung zum Ausdruck.

Die Reformbewegungen der Kirche im 11. Jahrhundert führten zu einer neuen Festsetzung des Verhältnisses von geistlicher und weltlicher Gewalt. Die Zwei-Gewalten-Lehre des Papstes *Gelasius* wurde nun dahin erläutert, daß Gott dem Papst die beiden Schwerter verliehen habe und dieser dem Kaiser das weltliche übergebe. In dieser aufbrechenden Problematik hat *Johannes von Salisbury* eine strenge Scheidung beider Gewalten gefordert. Selbst ein hervorragender Kenner der antiken und frühmittelalterlichen philosophisch-politischen Literatur, nahm er die stoisch-augustinische Naturrechtslehre wieder auf. Die menschliche Vernunft lasse das Wesen und das Lebensprinzip des Menschen erkennen. Auf dem Höhepunkt der mittelalterlichen feudalstaatlichen Welt entwickelte *Thomas von Aquin* die Gedanken der christlich-stoischen Fürstenpädagogik weiter und fügte sie seinem umfassenden theologisch-politischen Rechtssystem ein. Thomas von Aquin wies an vielen Stellen auch auf die dignitas humana hin (*Scheuner* S. 9). Mit der Übernahme wesentlicher aristotelisch-stoischer Naturrechtsgedanken sah er im Menschen das vernunftbegabte Wesen und im Naturgesetz (lex naturalis) dessen Teilhabe am ewigen Gesetz (lex aeterna.) Im Zuge dieser Verarbeitung antiken Gutes bildete Thomas *Senecas* Vorstellung vom Gewissen weiter und entwickelte den Begriff der auf die eigene sittliche Gewissensentscheidung begründeten Person. Gegen sein Gewissen als höchster moralischer Instanz darf der Mensch nicht handeln, gegen sein Gewissen darf er keinen Befehl ausführen. Gleichwohl haben die ökonomische Realität wie das aristotelische Vorbild Thomas bestimmt, die Sklaverei als von Natur aus gerechtfertigt weiter anzuerkennen — bei dem Ansehen der Lehren des Doctor Angelicus verhängnisvoll für die einheimischen Völker in den eroberten Kolonien der Neuen Welt und für die Neger. Aber auch seine Ansichten über die Ketzerverfolgung wirkten stark auf die kirchliche Einstellung zu allen Abtrünnigen: Der durch die Taufe zur Erkenntnis des wahren Glaubens begnadete Christ könne zur Erfüllung aller übernommenen Glaubensversprechen gezwungen und bei Ablehnung und Weigerung in Glaubensdingen mit dem Tode bestraft werden. Die Freiheit des Gewissens in religiösen Dingen galt nur für die Nichtchristen. So blieb der Satz des Thomas „homo est naturaliter liber et propter se ipsum existens" ohne letzte Wirkungskraft.

In Fortsetzung jener Gedanken und in Übereinstimmung mit den zeitgenössischen politischen Theorien schilderte der Liber de regimine principum den üblen Herrscher, den Tyrannen, der seine Untertanen beraubt und plündert, sie in Knechtschaft führt und ihre Freiheit schädigt, sie nach Willkür tötet. Die drei Freiheitsrechte der Zeit, Freiheit des Eigentums, der Person und des Lebens, bilden gerade die Grundlage jeder gerechten Herrschaft. In der Mitte des 14. Jahrhunderts erweiterte *Bartolus* (Tractatus de tyrannia) den Katalog der Grundforderungen durch seine Tyrannenkritik um die Geistesfreiheit und die Freiheit zum Zusammenschluß.

V. Ständische Freiheitsrechte

In der politischen Welt Europas fanden damals gegen die sich steigernden Ansprüche der zentralen Gewalt schwere Kämpfe um bestehende Rechte und Freiheiten statt. Dieses Ringen um Bindung und Beschränkung der obersten Herrschaft führte zu den sogenannten Freiheitsrechten, den jura et libertates, die eine der historisch-politischen Wurzeln der späteren Menschenrechte sind. Mit Recht hat Otto *Hintze* die Verträge des ständischen Staates „in gewissem Sinne als die Vorläufer und Schrittmacher der gewöhnlich nur naturrechtlich begründeten öffentlichen Rechte der Untertanen" bezeichnet, da sie entsprechende Rechte einzelner Untertanengruppen darstellen. Das berühmteste Beispiel, die Magna Charta von 1215, hat in England immer wieder dazu gedient, den Anspruch auf Freiheit gegenüber dem Herrscher aufrechtzuerhalten. Aber es handelte sich dabei natürlich keineswegs um eine Form von Menschenrechten, sondern um korporative Rechte. Der Mythos der Magna Charta libertatum von 1215, auf die sich Generation um Generation in der englischen Geschichte neu berief, erscheint unberechtigt, wenn man sie im Rahmen der Freiheitsbestätigungen der Zeit liest. Aber dieser Verfassungsakt, in dem der König neue, von ihm angemaßte Rechte aufgeben und ältere Rechte der Barone bestätigen mußte, sicherte einen freiheitlichen Raum für die das englische Gemeinwesen repräsentierende Schicht, der später nach absolutistischen Unterbrechungen erweitert wurde.

Die Barone waren zunächst die Nutznießer. Sie erhielten Garantien gegen Mißbrauch der königlichen Gerichtsbarkeit. Der berühmte, immer wieder zitierte Satz, daß kein freier Mann verhaftet, gefangen gehalten, enteignet, geächtet, verbannt oder auf irgendeine Art zugrunde gerichtet werden dürfe, es sei denn aufgrund gesetzlichen Urteilsspruches von seinesgleichen oder aufgrund des Landesrechts (Art. 39), zeigt, daß diese Zusicherung nur für den Personenkreis des Lehensrechts galt. Auch die entsprechenden Konfirmationen änderten kaum etwas an dieser ständischen Beschränkung. Vier Jahrhunderte später hat der Verfechter altenglischer Freiheiten, Sir Edward *Coke*, in seinem Kommentar der Magna Charta behauptet, daß durch diesen Artikel alle freien Engländer geschützt seien, eine Interpretation, die das Ansehen der Magna Charta im revolutionären Umbruch des 17. Jahrhunderts ganz wesentlich erhöhte. Aber es haben sich doch die Schutzartikel gegen Justizmißbrauch, die ursprünglich für die Träger der feudalen Gesellschaft ausgesprochen waren, auch allgemein ausgewirkt. Das Bedeutsame dieser Urkunde lag zudem in der verbrieften Sicherung der Freiheiten durch einen gewählten Ausschuß der Barone, der über die Einhaltung aller Abmachungen wachen sollte und bei ihrer Verletzung durch einen Unterausschuß von vier Baronen seine Beschwerden dem Könige vortragen konnte.

Der Gesamtinhalt der Magna Charta handelt vom Verbot und der Abwehr jeder gewalttätigen, d. h. mit dem alten Recht und Herkommen nicht übereinstimmenden Maßnahme auf politischem, rechtlichem und wirtschaftlichem Gebiete und vom Schutz dieser Rechte durch das Widerstandsrecht, das in der Aufkündigung der Vasallität bei Verletzung des wechselseitigen Treue- und Schutzversprechens die lehnsrechtliche Grundlage besaß. Frieden, Freiheit und Recht zu erhalten, war nicht nur die Aufgabe der obersten, der Krongewalt und ihrer Organe, sondern zugleich Pflicht und Recht aller die öffentliche Ordnung mittragenden Schichten. Die Neubestätigungen der Magna Charta führen auf der einen Seite zu Vermutungen über die geringe Wirkung der Versprechungen und Garantien, auf der anderen Seite aber zeigen sie die frühzeitige Vorstellung eines politischen Fundamentalgesetzes. In der Magna Charta waren auch die regionalen und lokalen Interessen sowie die Wirtschaftsinteressen der Städte, insbesondere Londons, deutlich in Erscheinung getreten. Die Anliegen der feudalen und der kommunalen Gewalten standen zur Debatte, wie es gerade die Begrenzungen der allgemeinen und finanziellen Leistungen der Vasallen gegen den König beweisen. Es wäre nicht nur einseitig, sondern falsch, diese Freiheitsrechtsvereinbarungen allein in England zu betrachten und die entsprechenden Verträge auf dem Kontinent zu übergehen oder auch nur in den Hintergrund treten zu lassen.

Schon vor der großen Freiheitsurkunde von 1215 war es auf der spanischen Halbinsel zu einer Aufzeichnung von Rechten gekommen, die allgemein zu wenig beachtet wird. 1188 ließen sich die Cortes von León, die Ständeversammlung der Bischöfe, Magnaten und Bürger dieses spanischen Königreiches, vom Monarchen *Alfons IX.* folgende Freiheitsrechte bestätigen: Das Recht aller Einwohner auf Wahrung des anerkannten Gewohnheitsrechtes (gegenüber der fortschreitenden Gesetzgebung des Königs), das Recht des Angeklagten auf ein ordnungsgemäßes Verfahren auch gegenüber dem König, das Recht der drei Stände auf Beratung und Mitsprache in allen wichtigen Fragen wie Krieg, Frieden und Verträgen, die Unverletzlichkeit von Leben und Ehre, Haus und Eigentum. Wilhelm *Berges* hat neuerdings auf die Tradition freiheitlicher Tendenzen in den spanischen Reichen seit dem frühen Mittelalter hingewiesen. In dem königlichen Gesetzwerk für León und Kastilien von 1256 bis 1265, den Siete Partidas *Alfons'* des

Weisen, lautete die erste Rechtsregel: „Die Richter müssen die Freiheit unterstützen." Jeder Einwohner mit Bürgerrechten (natural) war von seiner festen ‚natürlichen' Verpflichtung gegen die königliche Gewalt bei Gefährdung des Leibes, der Ehre, des Eigentums und der Rechtssicherheit durch die Krone entbunden. Im Königreich Aragon waren diese Freiheiten und Rechte durch eine besondere Instanz geschützt, durch den von den Ständen gewählten und ihnen allein verantwortlichen justicia mayor, den seit der Mitte des 14. Jahrhunderts de jure unabsetzbaren obersten Richter. Zur Lösung seiner Aufgabe verfügte er über geradezu diktatorische Vollmachten gegenüber dem Monarchen oder den königlichen Behörden, wenn eine Bedrohung, ein unrechtmäßiger Prozeß oder ein unrechtmäßiges Urteil vorlag. Im 16. Jahrhundert auf dem Höhepunkt des spanischen Absolutismus konnte es jedoch König *Philipp II.* wagen, einen Inhaber dieses Amtes hinrichten zu lassen und die Absetzbarkeit des justicia mayor zu erzwingen.

In den Spannungen des Übergangs vom personalen Lehnsstaat des hohen Mittelalters zum territorialen Ständestaat des Spätmittelalters wurde die Festlegung von korporativen ständischen Freiheiten nicht nur in Spanien und England, sondern auch in Ungarn und Portugal, in Polen und Schweden wie in den deutschen Territorien erzwungen. Es galt, die bestehenden Rechte und Gewohnheiten, Bräuche und Privilegien zu sichern, die bisherigen Freiheiten und Rechte der einzelnen Stände in dem allgemeinen, aber vom Fürsten zu seinen Gunsten geführten politischen, rechtlichen und sozialen Umschichtungsprozeß zu wahren. So finden sich in den Urkunden, die *W. Näf* generell als Herrschaftsverträge bezeichnen wollte, gemeinsame Forderungen auf Zustimmung der Stände, besonders bei Abgaben, auf Schutz vor willkürlicher Verhaftung und Verurteilung und auf Garantie des Besitzes. In diesen Verträgen erklärten sich die Monarchen an den Rat der Stände in fast allen Angelegenheiten gebunden, nicht nur bei der Bewilligung von Steuern. Das Recht der Gehorsamsverweigerung und des Widerstandes wurde oft ausdrücklich ausgesprochen. Eine der bekanntesten Vereinbarungen, die Brabanter Joyeuse Entrée von 1356, verlangte vor der Huldigung des Landes von dem ausländischen Herzog folgendes Versprechen: Festigung der bestehenden Privilegien, Zustimmung der Stände bei der Entscheidung über Bündnisse, Krieg und Frieden, Ämterbesetzung allein durch Landeseingesessene, geordnetes Gerichtsverfahren, Rechenschaft aller Amtsträger in Verwaltung und Gericht, Unverletzbarkeit des Gebietsstandes von Brabant. Verstieß der Herzog gegen diese Zusagen, so waren die Untertanen von der Gehorsamspflicht entbunden. Für den niederländischen Freiheitskampf gegen den spanischen konfessionellen Absolutismus der 2. Hälfte des 16. Jahrhunderts bot dieser immer wieder bestätigte Vertrag eine der ideellen Grundlagen. Noch

1792 mußte Kaiser *Franz II.* als neuer Landesherr die Joyeuse Entrée beschwören.

Auch in den meisten deutschen Territorien wurden solche Rechtszusicherungen in verschiedenster Form und Folge gegeben. Unter ihnen ragt der Tübinger Vertrag von 1514 heraus, weil er die Entwicklung des Landes am nachhaltigsten beeinflußt hat. Herzog *Ulrich von Württemberg* mußte seinen Ständen in einer Art Verfassungsurkunde die entsprechenden Freiheiten gewähren. Als für die spätere Entwicklung wesentlichste Bestimmung ist zu nennen, daß niemand in peinlichen Sachen, „wo es Ehre, Leib und Leben betrifft, anders als mit Urteil und Recht gestraft oder getötet, sondern einem jeden nach seinem Verschulden Recht gestattet werden solle". Man hat dieses Zugeständnis als ‚Grundrecht' bezeichnet, zu dem noch das der freien Auswanderung zu rechnen ist, weil beide ‚Freiheiten' nicht allein den im Landtag vertretenen führenden Schichten von Prälaten, Rittern und städtischer Ehrbarkeit, sondern jedem Bewohner Württembergs zugute kommen sollten. Allerdings galt das Auswanderungsrecht nur für die Untertanen der weltlichen Ämter und nicht für die der kirchlichen Herrschaften. Kein künftiger Herzog sollte die Regierung antreten können, wenn er nicht den Tübinger Vertrag bestätigte.

Diese Freiheitsrechte der ständischen Periode sind nun keineswegs überall in die Praxis umgesetzt worden, aber der Sinn für die Aufrechterhaltung des Rechts und der gegebenen Freiheiten blieb wach, die aufsteigende oberste politische Gewalt wurde beschränkt im Wandel der Machtverhältnisse. Die Sozialtheorien des späten Mittelalters wirkten in der gleichen Richtung. Durch die verstärkte Beschäftigung mit dem Naturrecht leisteten die Moraltheologen und Juristen eine bedeutende Vorarbeit für die Entwicklung der Idee der Menschenrechte. Die durch *Thomas von Aquin* bewirkte Erneuerung des antiken Vernunftbegriffes gab dem Menschen im dictamen rectae rationis eine neue Möglichkeit zur Erkenntnis des Rechtes.

Die scharfe Auseinandersetzung zwischen Kaisertum und Papsttum zu Anfang des 14. Jahrhunderts brachte eine Vielzahl politischer Literatur hervor, darunter den Defensor Pacis des *Marsilius von Padua*. Marsilius ging von der neuen Lebensform des italienischen Stadtstaates seiner Tage aus und gestand dem Willen der Bürger bei der Förderung der Gesamtinteressen, die er auch im wirtschaftlichen Sinne verstand, einen besonderen Anteil zu. Er sah das politische Gemeinwesen als eine Gemeinschaft freier Männer, verkörpert durch die Versammlung aller Bürger, in der durch die pars valentior civium das auch den Herrscher bindende Gesetz zustande kommt. „Das Gesetz muß über alles regieren" (1, IX, 4), erst dann kann man von der policia temperata oder dem principatus temperatus sprechen. Marsilius gehört zu den bedeutendsten Lehrern einer gemäßigten Herrschaft. So stellt er den Regenten unter den Gesetzgeber oder die von diesem Beauftragten, wenn eine schwere Straftat „gegen das Gemeinwesen oder einen hervorragenden Mann oder auch nur gegen irgendeine andere Person" (vel aliam quamcumque personam, 1, XVIII, 4) vorliegt. Also das Gesetz muß jeden Menschen im Gemeinwesen schützen. Wenn man auch im Werke des Marsilius wie in dem seiner Zeitgenossen und Nachfolger die kanonistische Maxime: quod omnes tangit, ab omnibus approbari debet, vertreten findet, so handelt es sich dabei mehr um ein allgemeines Prinzip der Zustimmung nicht fest bestimmter Kreise als um eine Sicherung allgemeiner Rechte. Aber der Gedanke, daß letztlich alle Macht vom Volke stamme und irgendwie auch abhängig bleibe, war wieder bedeutsam in die Diskussion geworfen und sollte immer neue Gedanken entzünden. Marsilius als Anhänger des Kaisers verwarf nicht nur die plenitudo potestatis des Papstes, sondern auch die Allmacht jedes weltlichen Herrschers.

In dem gleichen Lebenskreise wirkte einer der bedeutendsten Denker des Mittelalters, der Engländer *Wilhelm von Ockham,* der in seinen sozialtheoretischen Schriften Gedanken des Marsilius aufgenommen und aufgrund seines eigenen philosophischen Systems selbständig verarbeitet hat. Zur Einschränkung jeder Herrschergewalt zog Ockham auch das Naturrecht heran, und einer der besten Kenner seines Werkes, Georges *de Lagarde,* meinte, in ihm den Vater der Theorie der natürlichen Rechte sehen zu können (VI, 164 ff.). Eigentum und Freiheit sind Rechte, von Gott und Natur verliehen, untrennbar mit der Person verbunden (jura et libertates a Deo et a natura concessae mortalibus). Der Mensch kann auf die Ausübung verzichten und sie ruhen lassen, aber er kann sie niemals definitiv aufgeben (nemo licite renunciare potest). Sind die natürlichen Rechte auch einmal in Vergessenheit geraten, so bleiben sie doch stets beim Versagen der vertragsmäßigen Rechte eine Zuflucht.

Die konziliare Bewegung des 15. Jahrhunderts hat in Parallelität von kirchlicher und weltlicher Herrschaftsbeschränkung die Elemente freiheitlicher Theorien aufgegriffen und ausgestaltet, sich der Vorstellung des Herrschaftsvertrages und des Widerstandsrechtes bemächtigt. Unter ihren Denkern sei *Nikolaus von Cues* genannt. Er begründete jede Gewalt und jedes Verfaßtsein von Kirche und Welt auf eine Übereinstimmung mit dem Naturrecht und die Zustimmung der Unterworfenen (consensus omnium). Beides bildet überhaupt die Basis von Recht und Regierung. Das antike stoische Naturrecht lebte wieder auf. Unde cum natura omnes sint liberi, tunc omnis principatus est a sola concordantia et consensu subjectivo (De Concordantia II, 14). Im Prooemium zum 3. Buch wird der Satz: quod omnes tangit ab omnibus approbari debet, zum Ausgangspunkt der Überlegungen gemacht. Die natürlichen Rechte gehen allen menschlichen Erwägungen voraus, jedes Wesen hat seinem Wesen gemäß angeborene Gesetze. Nicht die Natur hat den Sklaven geschaffen, sondern die Torheit, denn der Tor kann sich nicht selbst lenken. Der Cusaner spricht von der allen Menschen gemeinsamen Gleichheit der Geburt und den gleichen Rechten der Natur.

Ohne Zweifel haben in der Realität der mittelalterlichen Welt keine individuellen Grundrechte im heutigen Sinne existiert. Der letzte Zweck jedes Gemeinwesens, die Bewahrung von Recht und Frieden, war von den Aufgaben des modernen Staates aus gesehen eine beschränkte Zielsetzung. Das Recht der obersten Gewalten hörte bei den Rechten der im politischen Verband lebenden Menschen auf. Diese Rechte aus Brauch und Herkommen, Gewohnheit und Gewährung können „nicht durch einseitig gesetztes neues Recht verdrängt werden" (Fritz *Kern* S. 72). Vielmehr müssen alle Rechte erhalten bleiben. Steuern können darum nicht einfach gefordert und erhoben werden, das ist für diese Auffassung und auch noch für die des Ständestaates ein unstatthafter Eingriff in das Eigentum. Darum bleibt die mittelalterliche Steuer eine Bede (Bitte). Jedes wohlerworbene Recht hat eine Heiligkeit, die der der Menschenrechte in den neueren Verfassungen gleicht. Will man aber doch „Freiheitsgarantien für Person und Eigentum" im Mittelalter (R. *v. Keller*) aufsuchen, so lassen sie sich am besten am Problem der Stadt behandeln. Die alten Rechte einer Garantie gegen ungerechte Verhaftung und Haussuchung, auf gesetzmäßiges Urteil und Freiheit von fremdem Gericht, wie sie uns schon unter den ersten ständischen Freiheitsbriefen und in der Magna Charta libertatum begegnen, wurden gegen die neue, von außen andrängende Gerichtsbarkeit des Stadtherrn geschützt. Gewiß sind es nicht individuelle Freiheitsrechte, sondern autonome Rechtskreise, die erhalten werden. Die städtischen Obrigkeiten haben im späteren Ausbau ihrer eigenen Gewalt die alten ‚Freiheitsrechte' nach innen geschwächt.

VI. Reformatoren

In dem Prozeß der geistigen Vorbereitung der Menschenrechte nimmt gerade die Reformation eine bis in unsere Tage umstrittene Stellung ein. Von der unmittelbaren Zurückführung der Menschenrechte auf einzelne Reformatoren bis zur vollkommenen Leugnung einer Verbindung mit dem reformatorischen Geistesgut sind alle Meinungen vertreten worden. Gewiß bleibt die Tatsache, daß Teile des Protestantismus, besonders der um seine Existenz kämpfende westeuropäische Calvinismus und die Sekten, nicht wenig zur Begründung und Verwirklichung der Menschenrechte beigetragen haben.

Martin *Luther* stellte mit seiner Lehre vom Priestertum aller Gläubigen den einzelnen Menschen in eine unvermittelte Verantwortung vor Gott. So erhielt die Einzelpersönlichkeit eine religiöse Selbständigkeit und Selbstverantwortlichkeit, die in Glaubensfragen auch gegenüber der Obrigkeit in Erscheinung treten mußte. Die spätmittelalterlich-naturrechtlichen Lehren von natürlichen Rechten vertrat Luther nicht; gegen die Herleitung von Forderungen bürgerlicher Gleichheit und Freiheit aus den von ihm bejahten drei christlichen Grundrechten der Glieder des Reiches Christi: Brüderlichkeit, Gleichheit, Freiheit, wandte er sich eindeutig. Hinter der Ablehnung stand die scharfe Trennung der zwei Reiche, des geistlichen Reiches des Glaubens und des weltlichen der Vernunft und der Sünde. Die Zwei-Regimente-Lehre schloß die Lehre von der Zweiheit des Rechts, vom göttlichen Naturgesetz und vom weltlichen Naturrecht, ein. Das letztere gilt in der politica für die äußere Ordnung: kraft des Naturrechts ist der Untertan der Obrigkeit Gehorsam schuldig. Die positiven Gesetze sind oder sollen vom Naturrecht bestimmt sein. Trotz aller kritischen Einstellung gab der Reformator dem politischen Regiment, der Obrigkeit, die Weihe eines für die christliche Lebensführung notwendigen Organs. Jedoch macht Luther deutlich eine grundsätzliche Einschränkung: „Über die Seele kann und will Gott niemand lassen regieren denn sich selbst alleine. Darum wo weltlich Gewalt sich ermisset, der Seelen Gesetz zu geben, da greift sie Gott in sein Regiment und verführet und verderbet nur die Seelen." Hier ist Widerstand geboten, allerdings nur mit Bitten und Eingaben, also in leidendem Gehorsam bis zur Aufopferung des Lebens.

Jean *Calvin* fußte auf Luthers Anschauungen. Er betonte bewußter die Pflicht, sich jedem ungerechten Handeln einer Regierung zu widersetzen. Der Genfer Reformator beauftragte hierzu die Ständevertretungen und knüpfte damit an die ständestaatlichen Institutionen seiner Zeit an. Calvin begriff das Verhältnis zwischen Obrigkeit und Untertanen in Parallele zur Idee des religiösen Bundes zwischen Gott und Volk Gottes als gegenseitige Verpflichtung, als mutua obligatio zwischen Haupt und Gliedern der politischen Gemeinschaft mit wechselseitigen Rechten und Pflichten. Der Herrscher, der das Wohl des Volkes fördern soll, hat die Pflicht, die Freiheitsrechte zu wahren. Die Rechte auf Leben und auf Eigentum sind Naturrechte, geschützt durch das Widerstandsrecht. Diese Lehre wurde für den Calvinismus, der im Kampf gegen die altgläubigen Obrigkeiten in Frankreich und anderen Ländern stand, zu einer nicht zu unterschätzenden Quelle ständiger politischer Tatkraft. Durch die stärkere Übernahme naturrechtlicher Gedanken im letzten Viertel des 16. Jahrhunderts gewannen die calvinistischen Anhänger neue Impulse für ihr religiöses Ringen, das sich mit dem Kampf um die alten ständischen Rechte aufs innigste verwob. In den vom Calvinismus bestimmten oder beeinflußten Ländern wie den Niederlanden und England wurde der Sieg des Absolutismus verhindert. Erst mit der Einbeziehung der Glaubenslehren, die hinter diesem Kampf standen, wird das Bild der politischen Geschichte des frühneuzeitlichen Ständestaates vollständig.

VII. Vertragstheorien des 16. und 17. Jahrhunderts

Die frühe Neuzeit ist die Epoche der ersten Ausbildung des modernen Staates. Der dualistische Ständestaat wandelte sich zum absolutistischen Staatstyp. Der moderne Staat begann, immer weitere Bereiche des sozialen Lebens seiner Rechtsetzung und Verwaltung zu unterwerfen. Die monarchische Gewalt versuchte, die so mannigfaltigen und untereinander verschiedenen Rechtsverhältnisse zu vereinheitlichen, die Zwischengewalten der Stände und ihre Mitwirkung aus den alten zentralen und den neu ergriffenen Aufgaben zurückzudrängen. Das neue Heerwesen wurde auch als innerer Ordnungsfaktor begründet, der allein vom Fürsten abhängig war. Das Steuerwesen als finanzielle Basis fürstlicher Unabhängigkeit erfuhr eine Um- und Neugestaltung, eine monarchische, straff organisierte Bürokratie wurde geschaffen, das Gerichtswesen allmählich verstaatlicht. In diesem sich bildenden Staat änderte sich das Verhältnis von Freiheit und Zwang zu ungunsten der behaupteten Fundamentalrechte und ständischen Privilegien. Die fürstlichen Regierungen und ihre Verwaltungsapparate sahen in einem ungestörten Wirken und in der Unabhängigkeit, das Wohl des Ganzen zu bestimmen, Aufgabe und Ziel. Die neue Lehre von der Staatsräson beherrschte die regierenden Schichten. Sie trieb zur Vermehrung der Macht nach außen, um sich im flüssigen europäischen Staatensystem behaupten zu können, zur Macht im Innern, um das Gemeinwesen nach den Forderungen und Belangen der Zeit zu ordnen. Der Herrscher blieb in seinen Entscheidungen an das christliche Gewissen oder an philosophisch-ethische Normen, an das göttliche oder das natürliche Recht gebunden, aber die ständischen Vertretungen, die die Freiheitsrechte erzwungen und gestützt hatten, wurden niedergehalten oder nicht mehr einberufen und praktisch ausgeschaltet. Die bisherigen ständischen Freiheitsrechte wurden teils vom absolutistischen Staatsrecht aufgenommen, teils aber unterdrückt. Der dynastische Absolutismus des 16. bis 18. Jahrhunderts ist als ein großer Disziplinierungsprozeß zu verstehen, der sich aller Gebiete des öffentlichen Lebens bemächtigte und sie mehr oder minder stark der neuen Staatsmacht unterwarf. Der Monarch mit seinem zivilen und militärischen Apparat wurde zur alleinigen Verkörperung des Gemeinwesens. In ihm konzentrierte und vereinheitlichte sich alle öffentliche Gewalt. Der absolutistische Herrscher gestaltete als unabhängiger Gesetzgeber das neue Recht und konnte sich als Repräsentant des Gemeinwohls zum Herrn über Leben und Eigentum aufwerfen.

Neben die Privilegien und Freiheiten oder oft an ihre Stelle traten die fürstlichen Edikte und Mandate. Dieser Entwicklungsprozeß, die Bildung des modernen Fürstenstaates mit der sozialen Bevorrechtung des politisch entmachteten Adels und mit der politischen Unfreiheit des auch wirtschaftlich aufsteigenden Bürgertums bildet den Hintergrund, auf dem der ideelle und der reale Kampf um die Menschenrechte der frühen Neuzeit zu sehen ist.

Die spanischen Spätscholastiker des 16. Jahrhunderts, besonders vertreten durch die Schule von Salamanca, deren Begründer *Francisco de Vitoria* war, haben in Auseinandersetzung mit der absolutistischen Politik *Karls V.* und *Philipps II.* die konziliaren naturrechtlichen Lehren von der begrenzten Herrschergewalt und von der Staatsgründung durch Vertrag weitergeführt und alle politische Macht vom Volke abgeleitet. Von gleicher Bedeutung war die Wendung der spanischen Theologen-Juristen gegen die Methoden der Kolonisatoren und Konquistadoren auf dem neu entdeckten Kontinent. Der Moraltheologe und Thomist Vitoria kämpfte gegen die bisherige Rechtfertigung der Sklaverei, wie sie das antike Völkerrecht in der Kriegsgefangenschaft kannte und wie sie noch durch *Thomas von Aquin* vertreten worden war. Er holte sich die humanen und humanistischen Argumente zur Verteidigung des Prinzips der Gleichheit von Spaniern und Eingeborenen aus der stoischen (und christlichen) Lehre von der wesenhaften Gleichheit und Gleichberechtigung der Menschen und der natürlichen Einheit des Menschengeschlechts. Daß er diese beiden Vorstellungskreise zur Grundlage seiner wirkungsmächtigen naturrechtlichen Auffassung machte, blieb für die Weiterentwicklung des Naturrechts bedeutsam. Vitoria vertrat in seinen berühmten Relectiones die Universalität des Naturrechts: „Der Unglaube hebt weder das Naturrecht noch das menschliche Recht auf; das Eigentum aber gehört zum Naturrecht oder zum menschlichen Recht. Also kann es durch Unglauben nicht verloren gehen."

Das spätmittelalterliche Naturrecht wurde durch die Verbreitung des stoischen Humanismus auf antike Grundlagen zurückgeführt und von dem kritisch-offenen Geist des großen Theologen-Juristen Vitoria und seiner unmittelbaren Schüler wesentlich gewandelt. Aber erst der weltliche Jurist Fernando *Vasquez* hat auf seinen beiden Kronzeugen, den römischen Stoikern *Cicero* und *Seneca,* unmittelbar ein moralphilosophisch-juristisches System aufgebaut, das nicht aristotelisch-thomistisch den Gemeinschaftstrieb des Menschen zum Urprinzip macht, sondern den Selbsterhaltungstrieb. Auf humanistischer Grundlage werden naturrechtliche Lehren mit einer schärferen Stringenz erneuert: die Lehre von den natürlichen Rechten, von der natürlichen Freiheit und der natürlichen Gleichheit aller Menschen.

Die Sklaverei wird als absolut naturrechtswidrig abgelehnt. Die rechtlichen Schranken des Herrschers, die Ableitung seiner Gewalt vom Volke und ihre vertragliche Begründung werden fest herausgearbeitet.

Die antiabsolutistische Literatur des späten 16. und frühen 17. Jahrhunderts hat diese Gedankengänge des Vasquez und der Spanier genutzt. Dabei hat sich dann gerade eine Verbindung des in Frankreich, den Niederlanden und England bekämpften und bedrohten Protestantismus mit dem durch die spanische Spätscholastik vermittelten und weiterentwickelten naturrechtlichen Gedankengut des Spätmittelalters ergeben, die durch die Aufrechterhaltung ständisch-freiheitlicher Gesetze sich in der ersten Phase des Absolutismus als Gegenkraft bewährte. Der antike Stoizismus mit seiner Betonung der rationalen Natur des Menschen und der Pflichtenlehre, die bald eine Rechtelehre mit umschloß, wurde durch den europäischen Humanismus und besonders durch den niederländischen Späthumanismus im ausgehenden 16. Jahrhundert wiederbelebt. Er bot eine wesentliche Grundlage für die Erneuerung des antiken Naturrechts, ob in Verbindung mit der christlich-theologischen Dogmatik oder dem neustoisch-humanistischen Wertsystem. Der führende Denker des politischen Neustoizismus, der Niederländer Justus *Lipsius*, erhob die römisch-stoische Tugendlehre zur politischen Ethik seiner Zeit. Die neuzeitliche Entwicklung revolutionär-naturrechtlicher Gedanken wurde nicht zuletzt von Calvinisten gefördert. Die protestantischen Monarchomachen Frankreichs, der Deutsche Johannes *Althusius*, der Niederländer Hugo *Grotius*, die Engländer John *Milton* und John *Locke*, deren Lehren die großen Stationen auf dem naturrechtlichen Weg der Idee der Menschenrechte im 16. und 17. Jahrhundert bildeten, sie alle stammten aus dem calvinistischen Lager. Die erste gesetzliche Anerkennung der vorstaatlichen Rechte fand in Nordamerika statt auf einem Boden, der von religiösen und säkularisierten Gedanken des Puritanismus durchtränkt war.

Im Laufe der Zeit aber wurde das überkommene Ideengut mehrfach in Form, Inhalt und Richtung verändert und erweitert:

1. Die christlichen Grundlagen der natürlichen Rechte schwanden mehr und mehr. Im Zuge der allgemeinen Enttheologisierung der europäischen Kultur entchristlichte sich das Naturrecht, gewann in der römisch-stoischen Philosophie seine festen sittlichen Grundlagen, bis es durch die französische Aufklärung zuletzt eine antikirchliche und religionsfeindliche Prägung erhielt.

2. Im Zuge dieser Wandlungen gründeten sich die Naturrechtslehren stärker auf die menschliche Vernunft und ihre sittliche Autonomie. Die Menschenrechte wurden aus der ratio und aus dem Wesen des mit Vernunft begabten Menschen abgeleitet. Der Begriff der ratio aber gab seine Bindungen an die Theologie und schließlich die Ethik auf.

3. Die Naturrechtsdenker wandten sich dem Wohl des isolierten Individuums zu. Der von der Renaissance entdeckte Einzelne, die durch die Reformation und die Spiritualisten neu bewertete Einzelpersönlichkeit wurde verabsolutiert. Der Staat erhielt die wesentliche Aufgabe, das ‚Glück' der Einzelnen, die Selbstentfaltung ihrer Fähigkeiten und Anlagen zu gewährleisten und zu fördern.

4. Die zur Sicherung der persönlichen Freiheiten vom übermächtigen neuzeitlichen Staat geforderten politischen Rechte traten in den Vordergrund. Die Verwirklichung demokratischer und konstitutioneller Anschauungen durch eine Mitbestimmung der Staatsbürger an der Gesetzgebung, Regierung und Verwaltung wurde zu einer untrennbaren Voraussetzung für die Grundrechte.

Die großen Kulturbewegungen der Neuzeit, der Enttheologisierungs- und Säkularisierungsprozeß, der Rationalismus des 17. und 18. Jahrhunderts, der moderne Individualismus und der politische Liberalismus, schlugen sich in der Idee der Menschenrechte nieder. Die Losung der Französischen Revolution „Freiheit, Gleichheit, Brüderlichkeit" aber war von einer religiösen Weihe umgeben. Das Bild des Menschen hatte sich vom christlichen zum spätaufklärerischen gewandelt.

Die calvinistischen Staatstheoretiker Frankreichs nahmen in der 2. Hälfte des 16. Jahrhunderts den Kampf um eine freie religiöse Existenz gegen die Macht des katholischen Königtums auf. Die naturrechtliche Lehre vom Staatsvertrag, der Gründung der politischen Gemeinschaft durch Vereinbarung, wurde mit der religiösen Vertragsidee verbunden. Die alttestamentliche Lehre vom doppelten Bunde, vom Bunde Gottes mit den Menschen und vom Bunde des Königs mit dem Volk, gab der bisherigen Vertragstheorie eine biblische Legitimation. Die Vertragslehre wurde zu einem Kernpunkt naturrechtlicher Staatslehren und zu einem Ausgangspunkt für die Vorstellungen von Menschenrechten. Die Analogien des religiösen und des politischen Covenant, des feierlichen Vertrages, beherrschten das Denken der englischen Calvinisten und blieben auch im amerikanischen Geistesleben bestimmend. Die großen Naturrechtslehrer der Neuzeit nahmen diese Vorstellungen mit auf, um sie in immer erneuerten Theorien und Systemen umzuwandeln. Die Lehre vom staatsgründenden Vertrag unterschied zwei Verträge:

1. Das ursprünglich freie und unabhängige Volk schließt mit dem künftig Herrschenden einen „Vertrag" ab, in welchem es ihm unter Vorbehalt gewisser Rechte die Gewalt zur Aufrechterhaltung von Ruhe und Ordnung überträgt. In diesem sog. Herrschaftsvertrag verpflichten sich Herrscher und Beherrschte wechselseitig. Der dualistische Ständestaat zeigte ähnliche vertragliche Abmachungen.

2. Dem Herrschaftsvertrage kann eine Vereinbarung der noch einzeln lebenden Menschen zu einem Zusammenschluß, zur societas, vorausgehen, der sog. Gesellschaftsvertrag. Denn im Urzustand oder, wie die Naturrechtler sagen, im Naturzustand leben alle Menschen nebeneinander frei und sind gleich. Sie schließen untereinander den Gesellschaftsvertrag ab, um sich diese angeborenen Rechte der Gleichheit und Freiheit zu wahren. Die Menschen behalten ihre ursprünglichen Rechte unter allen Umständen, sie geben sie keineswegs auf.

Die mehr oder weniger konkrete Vorstellung des Naturzustandes hatte bisher die philosophisch-staatstheoretische Grundlage für die angeborenen, ursprünglichen und natürlichen Rechte abgegeben. Mit der Betonung des vorstaatlichen, ja vorgesellschaftlichen Charakters der Rechte wurden diese dem politischen Zugriff entzogen und unangreifbar. Mit der Betonung des Vertragszweckes wurde die moderne Staatsgewalt an den Schutz der natürlichen Rechte gebunden. Aus dem Naturzustand heraus trat das Gebot der Wahrung der Urrechte von Freiheit und Gleichheit mit einer ursprünglich-naturhaften Gewalt an jeden Menschen heran. Er konnte sich ihm nicht entziehen. Der Glanz eines goldenen Zeitalters, eines vergangenen Paradieses lag zudem über dem Gedanken der natürlichen Freiheit und Gleichheit, auf der Vorstellung der ursprünglich guten und harmonischen Natur des Menschen.

Die französischen Monarchomachen wie *Duplessis-Mornay* legten den Nachdruck auf die Bindung des Monarchen im Herrschaftsvertrag. Durch ihn verpflichte sich das Volk nur zu einem bedingten Gehorsam gegen den Herrscher, soweit dieser nach den Grundsätzen des natürlichen und historischen Rechtes regiere. Diese näher festzulegen, ist die vornehmste Aufgabe der berühmten Schrift Vindiciae contra tyrannos. Der Rechtslehrer an der reformierten Hochschule Herborn und Syndikus der Stadt Emden, Johannes *Althusius*, vereinigte ständische Staatselemente und reformierte Kirchenordnung, begriff den Menschen als ein durch Gott und Religion sittlich gebundenes und durch stillschweigende oder ausdrückliche Zustimmung sich bindendes politisches Wesen. Neben der potestas suiipsius des Menschen, der persönlichen Freiheit sittlicher Wahl, steht die potestas aliena, die Herrschaftsgewalt, die jene beschränkt. Die durch Vereinbarung jeweils entstehenden Gemeinschaften wie Familie, Korporation, Gemeinde, Provinz bilden zuletzt die oberste Vereinigung, den Staat. Auch er geht auf eine mutua obligatio zurück, durch die der Inhaber der Staatsgewalt nur zu einem unter festen Bedingungen Verwaltenden wird. Der oberste Magistrat ist gebunden an den Vertrag; bei Vertragsverletzung ist das Volk, vertreten durch die Ephoren, die Stände, zum Widerstand berechtigt. Noch sichert das ständische Widerstandsrecht die Freiheiten, die in einem Grundgesetz festgelegt werden sollen.

VII. Vertragstheorien des 16. und 17. Jahrhunderts

Der um eine Generation jüngere Zeitgenosse des Althusius, Hugo *Grotius,* eine von christlichem Glauben und humanistischem Geiste geprägte Persönlichkeit, löste den engen Zusammenhang des Naturrechts mit dem strengen Calvinismus. Seine Schöpfung eines dem lebendigen Rechtsleben dienenden Systems des Natur- und Völkerrechts ging wesentlich von stoischen Prinzipien aus, nutzte die Scholastiker und umfaßte die Lehre von den natürlichen Rechten. Sie sind unentziehbar, weil sie unlöslich mit dem sittlichen Wesen des Menschen und seiner vernünftigen Natur verbunden sind. Im Staatsvertrage gebe der Mensch aber seine angestammte Freiheit zum größten Teil auf, um in den Genuß des Rechts (durch die staatlichen Gesetze) und der allgemeinen Wohlfahrt — beides Zwecke des Staates — zu gelangen. Aus den natürlichen Rechten werden so geordnete bürgerliche Rechte. Dennoch erkannte Grotius eine begrenzte bürgerliche Freiheit gegenüber dem Staate an. Das Eigentum war unter allen Umständen zu wahren, es galt geradezu als durch einen Weltvertrag geschützt, denn es war „eingeführt, um die Gleichheit in dem Sinne zu wahren, daß jeder das Seine habe" (De jure belli ac pacis II, 10 § 2 no. 1). Der holländische Humanist enthüllte wirkungsvoll den ganzen Reichtum des modernen Naturrechts in seinen vielgelesenen Werken. Mit seinen Vorstellungen vom Recht der ganzen Menschheit und jedes einzelnen Menschen im jus naturale et gentium hat er das sittliche Bewußtsein von Freiheitsrechten geradezu neu begründet.

VIII. Civil Liberties im revolutionären England

Während *Luther* strikt ablehnte, von der religiös verstandenen Freiheit eines Christenmenschen eine Brücke zur politischen Freiheit zu schlagen, erfolgte dieser Brückenschlag nach schwachen früheren Versuchen in der ersten englischen Revolution nach 1640. Die radikalen Puritaner stützten sich auch auf das Naturrecht, um bei der Debatte über die Wahl der Parlamentsmitglieder das gleiche Wahlrecht aller aus der natürlichen Gleichheit der Menschen zu folgern. Einige der unterdrückten Sekten forderten Toleranz und religiöse Freiheit im neuen Staate.

Unter den Verteidigern der Freiheiten ragte der Latein-Sekretär Cromwells, der vom Geiste des Humanismus und des Puritanismus in gleicher Weise erfüllte Dichter John *Milton,* hervor. Mit John *Locke* gehört er zu den Begründern der klassischen Freiheitsrechte. In ihm begegneten sich die oftmals weit auseinandergehenden Bestrebungen vorwärtsdrängender Geister einer ganzen Epoche, das Gemeinwesen auf einer festen freiheitlich-religiösen Grundlage zu erneuern. In zahlreichen Schriften kämpfte er für das Recht der vollen protestantischen Religions- und Gewissensfreiheit, die er zum Mutterrecht der übrigen Freiheiten erklärte. Andererseits führte er auch die religiöse Freiheit auf die bürgerliche zurück, wie es bereits in den politischen Diskussionen der 40er Jahre des 17. Jahrhunderts geschah. Die enge und oft unlösliche Verbindung von Forderungen nach bürgerlichen Freiheiten und religiöser Toleranz wird gerade an dem Werke Miltons deutlich. Er proklamierte das Recht der Selbstbestimmung des Menschen. Zweck des „beschränkten Vertrages" sollte sowohl der Schutz der Rechte des Einzelnen als auch das Wohl der Gesamtheit sein. Der Staat ist durch das Recht beschränkt, das über ihm steht. Milton entwickelte mehrere religiöse und bürgerliche Freiheitsrechte, die in einem organischen Zusammenhang stehen: Die Trias der Rechte auf Leben, Eigentum und Freiheit, die seit alters her durch den staatengründenden Vertrag zwischen König und Reich jedem freigeborenen Engländer zustehen, wird ergänzt durch die Forderung nach Religions- und Gewissensfreiheit, die allerdings nicht für den Katholiken gilt. Der Kampf für die Redefreiheit, für die Pressefreiheit, gegen die Bücherzensur durchzieht Miltons Leben. Angesichts dieses von ihm selbst als Bollwerk der Freiheiten verteidigten Grundrechtes schrieb Milton jenen vielzitierten Satz nieder: „Wer einen Menschen tötet, der tötet ein vernünftiges Wesen, ein Ebenbild Gottes. Derjenige aber, der ein gutes Buch vernichtet, tötet die Vernunft selbst." Christliche und frührationalistische Gedanken finden sich bei ihm zusammen. Den Satz, „daß alle Menschen von Natur frei geboren wurden", begründet er: „da sie das Ebenbild und Gleichnis Gottes selbst sind".

In der Zeit der ersten englischen Revolution offenbarte sich auch das Janushaupt des modernen Naturrechts. Der Zeitgenosse Miltons, Thomas *Hobbes*, lebte als Hofmeister und politischer Sekretär in englischen Hochadelskreisen, die mehr mit dem Königtum als der Hochkirche verbunden waren. In den heraufziehenden religiösen und politischen Auseinandersetzungen des sozial von der Gentry geführten Puritanismus trat Hobbes für die Aufrechterhaltung von Frieden und Sicherheit und damit für die feudale Besitz- und Rechtsordnung ein. Er benutzte die naturrechtliche Vertragstheorie zur Rechtfertigung des absolutistischen Staates. Er sprach nur von einem Vertrag, der Verpflichtung eines jeden mit jedem zur Unterwerfung unter den Herrscher, ohne daß dem Bürger natürliche Rechte erhalten bleiben. Der Vorbehalt des Rechtes zur Selbstverteidigung gegen Gewalt ist gegenstandslos, da der Herrscher (Souverän) allein die Gesetze bestimmt. Das Prinzip der Selbsterhaltung ist oberstes Gesetz im Naturzustand wie in der absolutistischen Staatsordnung. Der Bürger kann die Ausführung von Befehlen verweigern, die gegen das natürliche Gesetz und gegen die Sittlichkeit verstoßen. Aber letztlich ist die absolute Gewalt des Inhabers der höchsten Staatsgewalt maßgebend, sie muß auch für den Schutz des Bürgers aufkommen, der bei Nichterfüllung dieser Bedingung frei vom Vertrage ist. Bedeutsam wurde für die Entwicklung vom korporativen zum individuellen Rechtsdenken, daß Hobbes stärker als frühere Denker den Einzelnen betrachtete und damit das soziale Denken in Familie und Gemeinde, die strenge Zuordnung des Menschen in eine Gemeinschaft, aufgab. Durch eine neue moralphilosophische Grundlegung löste er ferner den durch den stoischen Humanismus bestimmten engen Zusammenhang von Rechten und Pflichten weitgehend. Hobbes sprach von Menschenrechten, die jedem einzelnen von Natur zukommen, nur für den Urzustand, den status naturalis. In ihm besitzt jeder Rechte, hat aber keine Pflichten. Mit dem Aufhören des Naturzustandes durch den Gesellschaftsvertrag werden diese Rechte jedoch aufgehoben.

Die Wendung zu individuellen, jedem zukommenden Rechten ist systematisch von John *Locke* durchgeführt worden. Er nahm die humanistischen und puritanischen Elemente auf und glättete die radikalen Schärfen in den Gedanken Miltons. So machte er die Trias der Menschenrechte zum Besitz des freiheitlichen Bürgertums nicht nur Englands und des Kontinents, sondern auch Amerikas. Fast gleichzeitig mit der Bill of Rights der zweiten englischen Revolution 1689 erschienen die Two Treatises on Civil Government, die in den Jahren davor konzipiert waren. In der Zweiten Abhandlung gab Locke der Idee der fundamentalen Rechte die Begründung und Form, die seither als die klassische gilt. Leben, Freiheit, Eigentum sind angeborene Rechte der im Naturzustand gleichen und unabhängigen Individuen. Das Gesetz der Natur, das den Naturzustand lenkt, verpflichtet einen jeden, und „die Vernunft, die dieses ist", lehrt die ganze Menschheit, die Rechte des anderen zu achten und ihn in seinem Leben nicht einzuschränken, „denn die Menschen sind alle die Geschöpfe eines allmächtigen und allweisen Schöpfers". Naturgesetz, Vernunft und ergänzend Gott bilden die moralphilosophische Basis jener Rechte, die mit der Pflicht zur Selbsterhaltung wie zur Sorge der Erhaltung der anderen verbunden sind. Da aber der Naturzustand ohne durch öffentlichen Beschluß anerkanntes, begründetes, bekanntes Gesetz, ohne bekannten und unparteiischen Richter mit Autorität und ohne entsprechende Macht, den Rechtsspruch durchzusetzen, unsicher und voll Furcht und Gefahr ist, vereinigen sich die Menschen „zur gegenseitigen Sicherung ihres Lebens, ihrer Freiheit und ihres Vermögens". Das große und entscheidende Ziel, der alleinige Zweck des menschlichen Zusammenschlusses und der Staatsbildung ist die Bewahrung ihres Eigentums, das ist Leben, Freiheit und Vermögen. Man being born with a title to perfect freedom and uncontrolled enjoyment of all rights and privileges of the law of nature, equally with any other man, or number of men in the world, hath by nature a power... to preserve his property, that is, his life, liberty and estate, against the injuries and attempts of other men (Second Treatise § 87; vgl. auch § 123).

Der Begriff der „property" = proprietas war im Mittelalter und noch im 17. Jahrhundert viel weitgespannter als heute. Zu seinem Bereich gehörte die Gesamtheit der Freiheitsrechte einer Person. Liberty und property waren im 17. Jahrhundert untrennbar; zugleich bedeutete property für den einzelnen die freie Verfügung über seine Arbeitskraft und über seine Fähigkeiten zur Selbsterhaltung. Es war der eigene Rechtsbereich mit Fehde- und Widerstandsrecht. Ihm gegenüber stand die Sphäre des „government" mit der umstrittenen Prärogative des Königs. Locke hat den älteren umfassenderen Begriff des Eigentums auf das erworbene Gut eingeengt, indem er den bürgerlichen Begriff der Arbeit als Erwerbstitel des Eigentums gegenüber dem feudalen Erbrecht betonte. Eine Sicherung der angeborenen Rechte im Staate ist nur möglich, wenn die gesetzgebende von der vollziehenden Gewalt getrennt wird, wenn die beschränkte Staatsgewalt von dem altenglischen Gedanken der vom Volke stammenden Treuhandschaft für das Volk, der trusteeship, erfüllt ist. Die

Sicherung der Freiheitsrechte erfordert den beschränkten neuzeitlichen Staat, dessen Kerngedanken *Montesquieu* in seiner Lehre der Trennung der Gewalten stärker formulierte. Die Freiheitsrechte aber, die Civil Liberties, wurden durch die politischen und rechtlichen Bestimmungen von 1689 gesichert. In der Verknüpfung von positivem und natürlichem Recht liegt eine Eigenart der angelsächsischen Entwicklung.

Das englische 17. Jahrhundert ist für die Theorie der Freiheitsrechte von großer Bedeutung, noch stärker aber für ihre gesetzliche Festlegung. Die kontinentale Auseinandersetzung zwischen Fürsten und Ständen besaß eine Parallele in den Kämpfen zwischen Krone und Parlament. Nicht dem Absolutismus eines *Hobbes* gehörte die Zukunft, sondern dem Parlament, das sich in der Erhaltung alter Freiheiten und der Anerkennung neuer Rechte durchsetzen konnte. Die Veränderungen durch den Aufstieg von Landadel und Bürgertum, der Gentry, die absolutistische Kirchenpolitik der landfremden Stuarts, der Widerstand der Puritaner gegen die Unterdrückung durch die anglikanische Staatskirche schufen eine neue Situation. Als *Karl I.* wie sein Vater *Jacob I.* die Besteuerung im Interesse des auch in England vom Monarchen geführten Staates durchführte und die unentschiedene Frage nach der Souveränität zugunsten der Krone zu lösen versuchte, praktisch ein absolutistisches Regiment drohte, stellte sich das Parlament dem König entgegen. Alte Rechte seien verletzt. Das House of Commons legte 1627 die Petition of Rights vor, eine Zusammenstellung der Rechte der Person und des Eigentums. Nachdem noch 1621 Sir Edward *Coke*, der hervorragende Jurist und parlamentarische Führer der Opposition, das Recht der Regierung zur Verhaftung von Personen ohne Angabe von Gründen verteidigt hatte, wurde jetzt dieses Recht bestritten. In Coke müssen wir heute den eigentlichen Schöpfer der Trias der just rights and liberties (persönliche Freiheit, Leben und Eigentum) sehen, die er als birthright, als inheritance (haereditas), als Erbgut eines jeden englischen Untertans sah, geschützt durch das Common Law, „by due process of Law".

Unter maßgebender Einwirkung von Coke, der sich allein auf das positive Recht stützte, bekräftigte und erweiterte das Parlament Grundsätze der Magna Charta in einer neuen politischen und gesellschaftlichen Situation. Der König erkannte für die Zukunft das Bewilligungsrecht aller Steuererhebungen durch das Parlament an und sicherte die Freiheit des Bürgers, die Unantastbarkeit seines Eigentums sowie im Falle der Verhaftung die Bekanntgabe des Grundes und ein schnelles richterliches Verfahren zu. Das Parlament bekämpfte im Schatten des Dreißigjährigen Krieges und dank der insularen Lage mit Erfolg die Schaffung eines königlichen Machtinstruments, des stehenden Heeres, indem es das Steuerbewilligungsrecht behauptete.

VIII. Civil Liberties im revolutionären England

In der Revolutionsarmee kam es zu grundsätzlichen Überlegungen über die künftige Gestaltung des Gemeinwesens und die Rechte der Bürger. In den Verhandlungen der Armee spiegeln sich die Ansichten der Traktatliteratur. Nach den Entwürfen zu einem Agreement of the people, die der Generalrat des Heeres 1647/49 in Putney vorlegte und diskutierte, sollte das höchste Organ grundsätzlich folgende Schranken finden: Religions- und Gewissensfreiheit, Freiheit vom erzwungenen Kriegsdienst, Amnestie für die politische Haltung aller Anhänger des Parlaments, Gleichheit aller vor dem Gesetz. Gegen Person und Eigentum kann nicht ohne vorheriges Gesetz vorgegangen, Recht, Freiheit, Sicherheit und Eigentum dürfen nicht verletzt werden. Hier liegt die Formulierung einer ersten Grundrechteerklärung überhaupt vor. Mag auch die religiöse Freiheit die politische nicht „mit hindurchgerissen" haben *(Troeltsch)*, sondern eher umgekehrt, so steht doch keineswegs die Religionsfrage weit zurück. Die fünf Rechte, an denen auch das Parlament nicht rütteln dürfe, wurden als birth rights oder native rights bezeichnet. *Cromwell* war entsetzt über diese Vorschläge. Sein Schwager *Ireton* wies jede Argumentation, die die Forderungen nach allgemeinem Wahlrecht auf das natürliche Recht gründete, zurück, weil dadurch alle historischen bürgerlichen Freiheiten, insbesondere das Recht auf Eigentum, unsicher würden.

John *Lilburne*, der demokratische Führer der radikalen Puritaner, der Levellers, stützte sich auf das Naturrecht. Seine Forderungen lauteten auf Toleranz und volle Gewissensfreiheit, Freiheit der Rede und der Presse, Gleichheit aller vor dem Gesetz, gesetzliche und prozessualrechtliche Garantien für den einzelnen, Unabhängigkeit der richterlichen Gewalt von der Exekutive, Geschworenengerichte und Anspruch auf eine Anklageschrift. Ursprünglich religiöse Vorstellungen waren von den Levellers auf der Grundlage des Naturrechts weiter durchdacht worden. Aus dem Gleichheitsrecht wurde eine radikale Einebnung der Unterschiede, eine demokratische Verfassung gefolgert, daher der Name Levellers. Die Forderung nach Beseitigung der Schuldgefängnisse und Aufhebung der Monopole, jener großen, durch den König privilegierten Handelsgesellschaften, die den Verdienst anderer Kreise ausschlossen, beweist die Verbindung von ökonomischen und politischen Gegebenheiten und weist darauf hin, daß auch wirtschaftliche Momente bei der Aufstellung freiheitsrechtlicher Forderungen maßgebend wurden. Einer der Führer der Levellers, Richard *Overton*, faßte 1646 die Grundsätze kurz zusammen: By natural birth, all men are equally and alike borne to like propriety, liberty and freedom, and as we are delivered of God by the hand of nature into this world, every one with a natural innate freedom and propriety, as it were written in the table of every man's heart, ... never to be obliterated even so are we to live every one equally and alike to enjoy his Birthright and prevelage.

1679 mußte *Karl II.* das Grundgesetz der Habeas Corpus Akte unterzeichnen, nach dem niemand ohne schriftlichen Befehl verhaftet werden durfte, der Verhaftete aber innerhalb einer Frist von 20 Tagen dem ordentlichen Richter zuzuführen war. Es wurde zu einem der grundlegenden Gesetze, wenn es auch nur eine Zusammenfassung alter Freiheitsrechte zu sein schien. Karl II. wollte die absolutistischen Methoden aus Frankreich nach England übertragen und war auf den Widerstand des Parlaments gestoßen, das zudem die katholisierenden Neigungen des Hofes scharf bekämpfte, alle Katholiken von den öffentlichen Ämtern und aus dem Parlament ausschloß. Die Habeas Corpus Akte galt auch für alle Engländer in den Kolonien. Nach dem Sturz des katholischen Jakobs II. wurden in der Bill of Rights 1689 Grundregeln des englischen Rechts- und Staatslebens niedergelegt und mit der Beschränkung der königlichen Gewalt durch das Parlament Sicherungen geschaffen für die nicht aufgezählten alten Civil Liberties. Besonders zugestanden wurde die Straffreiheit für die Petitionen aller Untertanen.

War so der königliche Absolutismus verhindert, so entstand doch ein parlamentarischer Absolutismus, indem der englischen Aristokratie die Macht zufiel. Die neue Thronfolgeordnung, der Act of Settlement von 1701, verpflichtete alle künftigen Herrscher auf die bestehenden Gesetze und sicherte die Grundgesetze. Es waren Freiheitsrechte des englischen Bürgers, keine Rechte für jeden Menschen, in ganz konkreten Situationen und aus ganz bestimmten politischen oder religiösen, sozialen oder wirtschaftlichen Anlässen erkämpft. Diese Gesetze haben ebenso wie die politischen Theorien Englands auf das überwiegend absolutistische Europa eingewirkt. Aber auch hier fand eine wechselseitige Beeinflussung der Soziallehren statt.

IX. Bauernkrieg und Religionsfrage in Deutschland

In Deutschland wurden ähnliche Konflikte ausgetragen und Lehren über das Verhältnis von Herrscher und Untertan und die rechtliche Stellung des Untertans entworfen. Aus der mittelalterlichen Rechtswelt war die Vorstellung der wechselseitigen Treueverpflichtung lebendig geblieben. Der Herrscher war zu Schutz und Schirm seiner Untertanen verpflichtet, diese wiederum zu Rat und Hilfe für den Fürsten. Adel und Geistlichkeit, Bürger und Bauern hatten verschiedene Pflichten und Rechte. Die Rechte der oberen Stände waren in verbrieften Freiheiten und Privilegien zumeist korporativ garantiert. Als im Wandel des Staatslebens von jenen keine entsprechenden Dienste für das Gemeinwohl mehr geleistet wurden, waren die Standesrechte zu reinen Privilegien geworden. Aber im Rahmen der bestätigten Landesfreiheiten gab es auch Rechte und Rechtssicherungen, die allen Bewohnern des Landes zugute kamen. Darum ging es in allen Auseinandersetzungen um die Erhaltung des alten Rechts, der bestehenden Rechts- und Freiheitsordnungen. Das zeigt sich sogar in dem großen deutschen Bauernkrieg von 1525.

Die Epoche der deutschen Reformation wurde durch die revolutionäre Bewegung von 1525 am stärksten erschüttert. Das Programm des Bauernkrieges forderte in 12 Artikeln, gestützt auf das alte Recht, das göttliche Recht und die Heilige Schrift, die Wiederherstellung der alten genossenschaftlichen Sozialordnung. Die Forderung nach Aufhebung der Leibeigenschaft wurde begründet mit der Erlösung aller Menschen ohne Standesunterschied durch Christus und ihrer aller Freiheit. Das Zitat aus dem Ersten Korintherbrief (7, 23): „Ihr seid teuer erkauft; werdet nicht des Menschen Knechte", macht die Auffassung deutlich, daß jeder Mensch eine von Christus gegebene Würde besitze, die er nicht aufgeben dürfe. Der Artikel 1 des Programms verlangte das Recht der Pfarrerwahl und -absetzung durch die Gemeinde, um frei über die Verkündung des Evangeliums in dieser von den religiösen Problemen aufgewühlten Zeit entscheiden zu können. Im Ortenauer Vertrag vom Mai 1525, einem Kompromiß zwischen Bauern des Oberrheins und ihren geistlichen und weltlichen Herren aufgrund der 12 Artikel, wurde die Freizügigkeit gewährt, die bereits Herzog *Ulrich von Württemberg* im Tübinger Vertrag dem gemeinen Mann zugesichert hatte.

Das Erlebnis des großen Bürgerkrieges beeinflußte die deutsche politische Literatur tief und übte nicht nur auf die Obrigkeitsauffassung des Luthertums eine anhaltende negative Wirkung aus. So lehnte der mansfeldische Kanzler Georg *Lauterbeck* 1559 in seinem Regentenbuch, einer Regierungs- und Fürstenlehre, das Widerstandsrecht unter direktem Bezug auf „die aufrührerischen Bauern" ab. Das sich entwickelnde Täufertum hatte bereits auf das Gedankengut von 1525 einzuwirken begonnen. Seine Vorstellungen sind dann wesentlich von den niederländischen und englischen Täufern weitergetragen und ausgebildet worden, um dort am stärksten das Recht auf Religions- und Gewissensfreiheit zu vertreten.

Die Obrigkeitslehre des deutschen Protestantismus schloß den Rechtsschutz, den Schutz von Person und Eigentum und die Verpflichtung zu sozialen Aufgaben ein, aber ein Recht auf die Erfüllung der Schutzpflichten wurde den Untertanen nicht zugesprochen. Als wirkliches Recht blieb dem einzelnen nur das Recht auf Auswanderung aus religiösen Gründen. Es wurde als Reichsrecht 1555 im Augsburger Religionsfrieden verankert, als die Reichsstände das jus reformandi, das Recht der Bestimmung der Konfession in ihrem Gebiet, erhielten. Nunmehr stand jedem andersgläubigen Untertan der Abzug frei, wenn die übliche Nachsteuer bzw. der Loskauf von der Leibeigenschaft geleistet war. Im Westfälischen Frieden wurde das jus emigrationis erweitert. Alle Untertanen, denen nach dem Friedensvertrag keine private oder öffentliche Religionsausübung gewährt war, erhielten ein freies Abzugsrecht innerhalb von fünf Jahren, bei späterem Glaubenswechsel von drei Jahren. Ihr Haus- und Grundbesitz war unantastbar. Das jus emigrationis galt auch für die Leibeigenen. Die neue reichsrechtliche Regelung erkannte nunmehr die Gewissensfreiheit und häusliche Andacht an. Das Eindringen naturrechtlicher Vorstellungen in die Staatsreformen des 18. Jahrhunderts brachte dann neue Grundsätze für die Auswanderungsfreiheit, die eingeschränkt wurde durch im merkantilistischen Sinne erlassene Auswanderungsverbote für bestimmte Berufsgruppen.

X. Deutsche naturrechtliche Theorien

Die naturrechtlichen Lehren wurden aufgrund der Hinwendung des späten Melanchthon zum scholastischen Naturrecht auch auf den protestantischen Hochschulen Deutschlands vertreten. Die Universität Wittenberg wandte sich kurz nach der Mitte des 16. Jahrhunderts gegen die Einführung des Gesindezwanges in Kursachsen und stützte ihre Ablehnung auf die „libertas et aequitas naturae" und das jus migrandi. An der Universität Altdorf lehrte der Hugenotte Hugo *Donellus* 1589, daß das Recht an der eigenen Person die Rechte auf Leben, körperliche Unversehrtheit, Freiheit und öffentliches Ansehen (existimatio) umfasse. Durch die Weiterbildung der niederländisch-englischen Auffassung der natürlichen Rechte wurde gerade die deutsche Naturrechtslehre von entscheidender Wichtigkeit für die Lehre der individuellen, angeborenen, unaufgebbaren Rechte. Hier sind drei Namen zu nennen: Samuel *Pufendorf*, Christian *Thomasius* und Christian *Wolff*. Pufendorf und Wolff wirkten über Europa hinaus auch auf die amerikanische Philosophie der Menschenrechte ein.

Fast gleichzeitig mit Pufendorfs Büchern erschienen in Holland die Schriften *Spinozas*, dessen Anliegen darauf zielte, die Glaubens- und Gewissensfreiheit und die freie Meinungsäußerung in einem starken und mächtigen Staate zu sichern. Spinoza war befreundet mit Jan *de Witt*, der der großbürgerlichen, späthumanistisch gebildeten und freisinnigen Handels- und Herrschaftsschicht der Niederlande, den Regenten in Stadt und Staat, zugehörte. In seinem Theologisch-politischen Traktat von 1670 wies Spinoza auf das große Glück hin, dort zu leben, wo einem jeden die volle Freiheit zustehe, zu urteilen und Gott nach seinem Sinn zu verehren. Diese Rechte aufzuheben, hieße den Frieden in einem Staate und die Frömmigkeit selbst aufzuheben (Tractatus theol. polit. Prooemium). In der Tat war die Toleranz in den Vereinigten Provinzen am weitesten verwirklicht. Den Mennoniten, einer auch in den späteren Jahrhunderten wegen ihrer religiös begründeten politischen Rechteforderungen besonders verfolgten Sekte, war in der Provinz Holland schon 1575 Befreiung vom Militärdienst, 1585 Entbindung von der Eidesleistung, 1617 Freistellung von jedem öffentlichen Amt zugestanden; andere Provinzen hatten sich der Gewährung solcher Rechte angeschlossen. Spinoza forderte die Unabhängigkeit der Vernunft von der Theologie, ein eigenes Reich für die Philosophie und für die Religion, um eine Vorherrschaft der Kirchen im Geistesleben zu verhindern. Er stützte sich dabei auf das natürliche Recht des Menschen, frei über alles zu urteilen und eigene Schlüsse zu ziehen. Im Vertragsabschluß, der Übertragung aller natürlichen Rechte auf die Gesellschaft, kann niemand dieses Recht auf einen anderen übertragen noch dazu gezwungen werden. Was jeder als wahr annehmen oder als falsch verwerfen soll, welche religiösen Ansichten einen jeden erfüllen, gehört nach Spinoza zum Recht des Einzelnen, das keiner, auch wenn er wollte, abtreten kann (Haec enim uniuscujusque juris sunt, quo nemo, etsi velit, cedere potest. Cap. XX). So wird, allgemein gesprochen, die libertas philosophandi ein unaufgebbares Urrecht des Menschen. Aufgabe der Regierungsgewalt ist Schutz der Denk- und Lehrfreiheit. Für Spinoza gehörte die geistige Freiheit auch zur unerläßlichen Grundlage jeder menschlichen Entfaltung in Kunst und Wissenschaft. Kämpfte *Milton* gegen den politisch-kirchlichen Absolutismus der Stuarts für Meinungs- und Pressefreiheit, so sah Spinoza im Freiheitsraum des Denkens und Glaubens eine notwendige Beschränkung der europäischen Staaten. Die Menschen treten aus dem Naturzustande, durch Furcht und Hoffnung getrieben, in den status civilis, um Frieden und Sicherheit des Lebens zu gewinnen als Voraussetzung ihrer freien Entfaltung.

Hatte Spinoza, ausgehend von Lehren der niederländischen Späthumanisten und des Hobbes, eine staatsfreie Individualsphäre des Geistes abgegrenzt, so versuchte *Pufendorf*, die Grundanliegen von Grotius und Hobbes auf höherer Ebene zu versöhnen und den bürgerlichen Anliegen einen Platz im absolutistischen Staat einzuräumen. Als Universitätslehrer und Historiograph stand Pufendorf wie Thomasius und Wolff in Verbindung zur monarchischen Gewalt und ihrem säkularen Herrschaftsapparat. Sie verteidigten die Lehre von den natürlichen Rechten der Menschen literarisch sehr wirkungsvoll und wandten sich in ihrer Weiterentwicklung mehr gegen die scholastischen Vertreter der Kirchen als gegen die von ihnen selbst miterzogene aufgeklärte Bürokratie. Pufendorf bestimmte in seinem Hauptwerk De jure naturae et gentium (1672) den Menschen als sittlich freies Wesen, als Träger menschlicher Würde, die allen Menschen zukommt.

Pufendorf geht von der Anthropologie, der Natur des Menschen aus, deren Kennzeichen, der Selbsterhaltungstrieb und die imbecillitas, jene gänzliche Hilflosigkeit, das Angewiesensein auf andere, schon im Naturzustand offenbar werden. Im Naturzustand hat der Mensch keinen Herrn über sich außer Gott. „Alle Menschen haben von Geburt gleiche Freiheit, die ihnen ohne ihre ausdrücklich oder stillschweigend zu verstehen gegebene Einwilligung oder Verschuldung nicht geschmälert werden darf" (3 II 8). In der natürlichen Freiheit (libertas naturalis) liegt aber auch die Würde der menschlichen Natur beschlossen, ihr Vorrang vor den übrigen Lebewesen. Die von Pufendorf hervorgehobene Dignitas humanae naturae setzt die Selbstachtung wie die Achtung der anderen, die Bindung an Pflichten und Rechte voraus. Die natürliche Gleichheit (aequalitas naturalis) zwingt jeden, das zu tun oder zu lassen, was er von anderen fordern oder erwarten will. Auf vertraglicher Basis erfolgt die Vereinigung der Menschen zum status civilis, dem Staate, der als persona moralis composita den Willen aller vereinigt. Werden bestimmte Rechtssicherungen, leges fundamentales, eingegangen, so beschränken sie die Macht des Herrschers und müssen von ihm eingehalten werden. Der Regent ist durch das Naturrecht gebunden, die allgemeinen Pflichten zu achten, er darf nicht einen ehrenwerten Mann grundlos kränken, gegen Leib und Leben des Untertans vorgehen oder das Privateigentum verletzen. Dem Untertan steht aber gegen unrechtmäßige Handlungen des Souveräns kein Widerstandsrecht zu. Einzig und allein hat Pufendorf das Auswanderungsrecht genau festgelegt, das gleichsam für viele Theoretiker und Praktiker der Neuzeit an die Stelle des mittelalterlichen Widerstandsrechtes trat.

Gerade diese Lehren zeigen, wie ungefestigt noch der „Staat" ist, wie viele Krücken und Stützen man ihm geben muß, um Sicherheit, Ruhe und Ordnung für alle auf Kosten der Gerechtigkeit für alle zu erhalten. Pufendorf fordert jedoch wie Hobbes und Spinoza die Freiheit des Gewissens. Dem Staate wird jedes Recht und jede Macht, über die Gewissen der Untertanen zu verfügen, abgesprochen. Denn jeder einzelne steht allein vor Gott und muß sich allein verantworten. Die Untertanen besitzen das Recht, sich vom Glauben ihrer Kirche loszusagen, sich einem andern Glauben zuzuwenden und eine neue Kirche zu gründen, d. h. das 1648 im Reiche ausgesprochene Recht des freien Gewissens und der Religionsausübung im Hause wird erweitert. Der Staat aber hat das Recht der Zensur. Pufendorf setzt voraus, daß die Menschen, die sich zum Staate vereinigen, schon das Naturrecht gekannt haben, und bezeichnete bereits vor Locke als einen der Hauptzwecke der Staatsgründungen die Wahrung der natürlichen Gesetze. Enimvero heic praesupponi debet, homines in civitatem coituros iam tum iuris naturalis fuisse intelligentes; ac inter fines civitatum constituendarum vel hunc praecipuum fuisse, ut leges naturales, quibus pax generis humani regitur, secure possent exerceri (De jure nat. 8, I, 2).

Pufendorf bespricht drei Arten des staatlichen Eingriffs in das Privateigentum: erstens die Steuern, wobei die leges fundamentales über die Zustimmung eines Rates oder einer Ständeversammlung eingehalten werden müssen und die Steuer nur zum Wohle des Staates erhoben werden darf. Zweitens: eine Enteignung darf nur in dringenden Fällen gegen eine angemessene Entschädigung erfolgen. Und drittens kann der Staat durch Zwangsanleihen oder Zwangskäufe und -verkäufe vorschreiben, wie das Eigentum genutzt wird. In dem großen naturrechtlichen System des gesamten Sozial- und Rechtslebens, das das Privat- und Strafrecht wie das Staats- und Völkerrecht umfaßt, stellte Pufendorf die Normen für das menschliche Zusammenleben auf. Sie sah er in den Pflichten gegeben, die der Mensch zur Wahrung und Förderung des geselligen und friedlichen Lebens der Menschheit zu erfüllen hat. Mit den Pflichten des einen sind auch die Rechte des anderen gegeben. Die an fast allen deutschen und vielen anderen Universitäten, auch den amerikanischen Hochschulen, verwendete Kurzfassung des Hauptwerkes von Pufendorf, das Handbüchlein der Moral- und Staatslehre De officio hominis et civis juxta legem naturalem (1673), förderte und belebte das Wissen um die Rechte des Menschen und Bürgers in Westeuropa und den neuenglischen Kolonien dank vieler Übersetzungen.

Der für Pufendorf zentrale Gedanke einer auf der sittlichen Freiheit ruhenden Menschenwürde gab eine neue feste Grundlage für die Idee der Freiheit und Gleichheit aller Menschen. Pufendorfs Einfluß auf die Vorgeschichte der amerikanischen Rechteerklärungen ist sicher nachgewiesen (*Welzel*). Sein Vermittler John *Wise*, der den Deutschen „my chief guide and spokesman" nannte, hat gerade die Idee der Menschenwürde benutzt, um die unaufgebbaren Rechte des Menschen festzustellen und zu sichern. Aber auch in den kontinentalen Rechtskodifikationen des aufgeklärten Absolutismus wie im Rechts- und Staatsdenken des 18. Jahrhunderts wird Pufendorfs starke Nachwirkung auf die menschen- und bürgerrechtliche Vorstellungswelt sichtbar.

Pufendorf sah in Christian Thomasius den Fortsetzer seiner Lehren in Preußen. Auch *Thomasius* ging von einem Naturzustand aus, den er aber als ein confusum chaos bezeichnet, aus dem keine verbindlichen Sätze oder Rechte abgeleitet werden können. Vielmehr wird das Recht ganz durch den Staatsvertrag begründet, worin der Herrscher als Urheber des Gesetzes zum Sachwalter des allgemeinen Wohls bestätigt wird. Das Recht wird der inneren sittlichen Verpflichtung entkleidet und steht allein im Dienst der Sozialordnung. Thomasius findet wie die Staatslehrer des 17. und 18. Jahrhunderts eine große Schwierigkeit vor: gegenüber ständischen und kirchlichen Sonderansprüchen und Hemmnissen eine starke fürstliche Macht aufzubauen als freie Verfügungsgewalt, als summa potestas, diese zur Weiterentwicklung des Staatslebens notwendige innere Souveränität aber wiederum zugunsten der Freiheiten und Rechte des einzelnen zu beschränken. Thomasius' Staatslehre der societas mixta läßt die Rechte des Untertans gegenüber dem Herrscher, auch wenn sie vertraglich gesichert sind, als jura imperfecta, die Rechte des Herrschers dagegen als jura perfecta erscheinen, was letztlich bedeutet, daß die vollkommenen Rechte durch Machtmittel erzwungen werden können. Dennoch wollte Thomasius sich gegen einen willkürlichen Absolutismus wenden, indem er die höchste Gewalt des Herrschers den Schranken des Naturgesetzes unterwarf. Nur kann der Herrscher — im Besitze des dominium eminens — in Fällen dringender Not sich über die einzelnen Reservatrechte zugunsten des Allgemeinwohls hinwegsetzen. Ein Widerstandsrecht wird auch von Thomasius abgelehnt. Jenem dominium eminens steht aber das dominium vulgare gegenüber, das Recht der freien Verfügung über das private Eigentum. Schafft der Staat auch erst das Gesetz als solches, so bringt doch der einzelne bei seinem Eintritt gewisse ‚Urrechte' mit, die jura connata, zu denen neben dem Recht auf Eigentum das auf persönliche Freiheit, auf Glaubens- und Gewissensfreiheit gehören.

Die deutsche naturrechtliche Staatslehre hat also die fundamentalen Bürgerrechte auch mit Nachdruck vertreten bei aller Anerkennung der absolutistischen Gewalt. Der preußische Staat verwirklichte die Toleranz seit Ausgang des 17. Jahrhunderts und führte in der Kriminalordnung von 1717 die Grundsätze der Habeas-Corpus-Akte durch.

Auf dem Wege der Bestimmung und Festigung der angeborenen Rechte ist Christian *Wolff*, der jüngere Kollege von Thomasius an der Universität Halle, fortgeschritten. Hatte Thomasius Rechtslehre und Morallehre getrennt, so vereinigte sie Wolff aufgrund seines naturrechtlichen Prinzips der perfectio hominis. Helmut *Coing* hat jüngst darauf aufmerksam gemacht, wie Christian Wolff als erster in seiner Bestimmung der persona moralis die allgemeine Rechtsfähigkeit des Menschen als das entscheidende Kriterium herausgearbeitet hat. Dadurch wird der Mensch zur Rechtsperson, zum Träger von Rechten und Pflichten. Coing meinte, daß dieser Begriff bei Wolff nicht im Zusammenhang mit der Lehre von den Menschenrechten stehe. Nun handelt Wolff, bevor er die persona moralis und den status moralis bestimmt, den status naturalis mit den natürlichen Rechten des Menschen ab. Der status moralis ist der umfassendere, der status naturalis der engere, für den im Sinne des rationalistischen Naturrechts der anthropologische Ausgangspunkt gewählt wird. Nicht der sogenannte Naturzustand, sondern „das Wesen und die Natur des Menschen" bilden den Ansatz der Rechtsbeziehungen. Die menschlichen Handlungen und Verrichtungen und die natürlichen Pflichten als ihre Motive erregen das Interesse. Aus ihnen werden Menschenrechte begründet, aus dem einen wird das andere abgeleitet (jus oritur ex obligatione, obligatio prior est jure). Das Gesetz der Natur selbst findet seinen hinreichenden Grund unmittelbar in der Natur des Menschen und der Dinge. Dieses Gesetz verpflichtet nicht nur alle Menschen miteinander, sondern jeden einzelnen, auch mit vereinten Kräften, mit Hilfe anderer, zur Beförderung der eigenen Vollkommenheit. Aus diesem principium juris naturae geht in einer ununterbrochenen Folge von Schlüssen ein System von Verbindlichkeiten und Rechten hervor. Die obligatio universalis und das ihr entsprechende jus universale verpflichten „jeden Menschen, insofern er ein Mensch ist". Die allen Menschen gemeinsame Natur scheint so beschaffen, daß sie das Gute bejahen, das Böse verabscheuen. Das aufklärerische Menschenbild der guten Natur, der Perfektionsmöglichkeit, des ‚Fortschritts' bildet hier die Grundlage für die Lehre von den Menschenrechten.

Bei der Aufblätterung der rechtsphilosophischen Anthropologie werden die angeborenen von den erworbenen Rechten des Menschen unterschieden (jura connata, jura acquisita). Die angeborenen Rechte entstammen seiner unveränderlichen Natur, können von ihm nicht getrennt und ihm nicht genommen werden (Institutiones juris naturae § 74). Da wir uns in ihrem Rechtsgebrauch zur Erfüllung der notwendigen und unveränderlichen natürlichen Verpflichtungen von niemandem hindern lassen dürfen, handelt es sich bei jedem angeborenen Recht um ein jus perfectum (§ 81), d. h. man kann jeden zwingen oder gezwungen werden. Eine Vielzahl von Rechtsbestimmungen, eine umfassende Enumeration, ein erster Katalog von Menschenrechten wird aufgestellt. Diese sind einem jeden Menschen aufs engste verbunden, von Natur mit- und aufgegeben und unveräußerlich. Die Aufzählung der angeborenen Rechte beginnt mit dem Gleichheitssatz: „Die Menschen sind von Natur einander gleich (aequales)." Das heißt: Es gibt kein natürliches Vorrecht. Um nicht die Gleichheit aufzuheben, darf keiner anderen etwas tun, was diese ihm nicht tun dürfen bzw. hat jeder gegen andere das auszuüben, was er von ihnen erwartet. Niemand hat von Natur ein Recht über die Handlungen anderer. Jeder ist in seinen Handlungen von Natur nur seinem eigenen Willen unterworfen. Von Natur sind alle Menschen frei. Das heißt: Sie sind niemandem Rechenschaft schuldig. Jeder hat ein Recht auf Gerechtigkeit. Gegen ungerechte Behandlung besitzt er das jus securitatis, das Recht auf Befreiung von der Furcht vor Verletzungen und Schaden. Um sich gegen diese verteidigen zu können, steht ihm das jus defensionis zu. Er kann den, der ihm schadet, strafen (jus puniendi). Die jura connata faßt Wolff noch einmal (§ 95) zusammen, bevor er sich mit der sittlichen Person beschäftigt und die Lehre von den erworbenen Rechten, die aus den obligationes contractae entstehen, entwickelt.

Wolff handelt zunächst die Pflichten des Menschen gegen sich selbst ab, aus denen er die verschiedensten Rechte zur Erhaltung und Vervollkommnung des Lebens — von Rechten auf Essen, Trinken und Arznei über Kleidung und Wohnung bis zur Glückseligkeit (felicitas) — ableitet, sodann die Pflichten gegen andere und gegen Gott. Erst an späterer Stelle kommt eine Begründung des Eigentums. In Wolffs Rechtekatalog findet sich das Recht auf Erziehung und Bildung, während die Freiheit von Forschung und Lehre nicht den Schulen und Universitäten, sondern den Akademien der Wissenschaften zugesprochen wird. Wolff tritt wie Thomasius für die Gewissens- und Gedankenfreiheit und Toleranz im Staate ein.

XI. Der aufgeklärte Absolutismus

Scheint Christian Wolff auch bei seiner mathematischen Betrachtung der sozialen Relationen die historisch-politische Bahn weitgehend verlassen zu haben, so hat er dennoch nicht die Wirklichkeit des aufgeklärten Absolutismus in Deutschland verkannt. Er sah den realen Menschen oft weit entfernt von „Verstand und Tugend" und meinte daher, dem aufgeklärten Fürsten, dem mit dem Ziel der Vervollkommnung des Menschen vertrauten Herrscher, ein Recht auf die Lenkung und Leitung der Untertanen zugestehen zu müssen. So findet sich neben dem Katalog der Menschenrechte ein Katalog der Majestätsrechte. Dem Herrscher bleibt die Gesetzgebungsgewalt wie auch die letzte Entscheidung über alle Fragen der salus publica. So kann die Staatsgewalt die natürliche Freiheit der einzelnen einschränken, aber nur in den Bereichen, die zur Beförderung der gemeinen Wohlfahrt, dem Zwecke des Staates, gehören.

Gerade diese Auffassungen Wolffs, daß die natürliche Freiheit vom Menschen nicht zu trennen, sondern nur rechtlich einzuschränken ist, haben über *Blackstones* Commentaries on the Laws of England weitergewirkt auf die amerikanischen Vorstellungen der Rechteerklärung. Blackstone ist auch in den englischen Kolonien sehr viel gelesen worden, er behandelte jedoch nur die rights of the people of England, keine Menschenrechte.

Die europäische Aufklärung, die nicht zuletzt die Gedanken von *Grotius, Pufendorf* und *Locke* weitertrug, blieb auf dem Boden der antiständischen Monarchie, um sie im Sinne der naturrechtlichen Forderungen umzugestalten. Sie verbreitete die Idee der individuellen Rechte des Menschen, dessen selbständiger Wert und eigene Würde betont wurden. Ihre wissenschaftlichen Methoden strebten oft auf naturwissenschaftliche und mathematische Sicherheit und verließen die moraltheologische Argumentierkunst, um Unabhängigkeit von der unsicher gewordenen und umstrittenen kirchlichen Basis zu gewinnen. Ihr letztes Streben ging auf feste Lebensprinzipien, die durch die menschliche Vernunft erkennbar und aussprechbar sind. Der Rationalismus wollte sichere, unabänderliche Grundsätze für eine umfassende Gesellschaftsgestaltung. Das öffentliche wie das private Sein des Individuums und aller sozialen Verbände wurde auf die Natur als das ursprünglich Gegebene, stets Gleichbleibende gegründet. Die Sozialtheorien über die einzelnen Lebenskreise und höheren Herrschaftsbereiche bewahrten das abendländische humane Geistesgut, vornehmlich die Grundvorstellungen der Stoa. Kein Wunder, daß das Urbild des aufgeklärten Monarchen, *Friedrich der Große*, persönlich Stoiker war. Er regte auch die Schaffung einer Rechtskodifikation an, die das gesamte Recht für den preußischen Staat nach einheitlichen Gesichtspunkten aus dem Geist des Naturrechts zusammenfassen sollte. So entstand das Allgemeine Landrecht (ALR) von 1794.

Sein Schöpfer, Carl Gottlieb *Svarez*, hat seine Grundsätze nach dem Abschluß der ersten Fassung des preußischen Gesetzbuches 1791/92 in Vorträgen über Recht und Staat vor dem Kronprinzen dargelegt. Hier bekannte er sich zu den „natürlichen Rechten und Freiheiten" und zu den „unveräußerlichen Menschenrechten". Zu ihnen gehören das Leben, die moralische Freiheit, seine Handlungen nach Gründen der Vernunft zu bestimmen, und das Recht, durch Vervollkommnung seiner Fähigkeiten und Kräfte seine Glückseligkeit zu befördern (Vorträge S. 217 f.). Der Staat darf in diese Rechte nicht eingreifen, der Staatsbürger nicht auf sie verzichten, das ist moralisch unmöglich und rechtlich wirkungslos. Der Geist der Kronprinzenvorträge und des Allgemeinen Gesetzbuches von 1791 ist der Geist der rechtsstaatlichen Entwicklung und der Einschränkung der Staatsgewalt. Die Rechtsschranken ergeben sich aus dem bürgerlichen Vertrage. Kaum aber kann die Einleitung zum Allgemeinen Gesetzbuch „als eine Art von Grundrechtskatalog" (*Conrad*) bezeichnet werden, denn einzelne Grundrechte werden nicht formuliert.

Im Kampf gegen das Wöllnersche Religionsedikt (1788) wie schon in der Staatswissenschaft der deutschen Spätkameralisten werden die natürlichen Rechte herangezogen. Joseph *von Sonnenfels* begründete 1765 seine Ablehnung der Leibeigenschaft und der bestehenden grundherrlichen Verfassung mit dem Satze, daß beide durch die „unvernichtbaren Rechte der Menschheit sehr zweifelhaft" gemacht würden. Und kurz vor der Revolution stützte sich ein Publizist in Berlin (Heinrich *Würtzer* 1788) auf die „unveräußerlichen Menschenrechte", um die Preßfreiheit zu fordern, die entgegen der Zeit Friedrichs des Großen durch Wöllners Religions- und Zensuredikt sehr eingeengt wurde. Der Gedanke der natürlichen Rechte und Freiheiten ist in den jahrzehntelangen Beratungen der Rechtskodifikationen Österreichs seit 1753 oftmals vorgebracht worden. Besonders setzte sich Karl Anton *von Martini* für die Aufnahme von Menschenrechten in die neuen Landesgesetze ein, was ihm allerdings nur zum Teil für das Bürgerliche Gesetzbuch für Westgalizien (1797) gelang. Hier wurde das Naturrecht in den uns bekannten Formulierungen der Naturrechtler selbst verankert: Bei der Staatsbildung gibt der Mensch einige seiner natürlichen Rechte freiwillig auf, er ordnet sie dem Endzweck der Gesellschaft unter. Die allgemeine Wohlfahrt, deren Förderung Zweck des Staates ist, ist die Sicherheit der Personen, des Eigentums und aller übrigen Rechte seiner Mitglieder (WGGB I, § 7). Die vom Menschen in die bürgerliche Gesellschaft mitgebrachten natürlichen und angeborenen Rechte und Pflichten gehen nicht verloren, es findet „nur eine gewisse Richtung und Beschränkung dieser Rechte... insofern statt, als sie zur Erreichung der allgemeinen Wohlfahrt notwendig ist" (I, § 28). Diese Rechte sind umschrieben: „das Recht sein Leben zu erhalten, das Recht die dazu nöthigen Dinge sich zu verschaffen, das Recht seine Leibes- und Geisteskräfte zu veredeln, das Recht sich und das Seinige zu vertheidigen, das Recht seinen guten Leumund zu behaupten, endlich das Recht mit dem, was ihm ganz eigen ist, frey zu schalten und zu walten" (I, § 29). Somit waren die wesentlichen Grundrechte gesetzlich anerkannt. Das Verbot der Leibeigenschaft und Sklaverei (I, § 276) war aufgenommen, aber schon vorher in den verschiedenen Landesteilen des Hauses Habsburg gesetzlich festgelegt, in der großen Kodifikation des Allgemeinen Bürgerlichen Gesetzbuches 1811 erneut gesichert.

Doch mit diesem Gesetzwerk ist bereits die Schwelle der Einwirkung der Französischen Revolution weit überschritten. Svarez und Martini mußten mit den Ständen um die Durchsetzung der natur- und menschenrechtlichen Staatskonzeption ringen; der Widerstand der Landstände hat das Vorhaben an wesentlichen Punkten eingeschränkt. Die korporativen Freiheiten, die nun reine Privilegien einzelner Stände, besonders des landbesitzenden Adels, geworden waren, standen der Bewahrung der natürlichen Freiheiten im Staate, den allgemeinen individuellen Grundrechten, entgegen. So mußte der Kampf um die Verwirklichung der Grundrechte zugleich ein Kampf gegen die Privilegien werden.

XII. Die Bills of Rights in Amerika

Die großen Erklärungen der Menschenrechte sind auf amerikanischem und französischem Boden erfolgt. Hat auch die Déclaration des droits de l'homme et du citoyen eine größere unmittelbare Wirkung ausgeübt, so sind doch die Erklärungen der amerikanischen Einzelstaaten als Vorbild von nicht minderer Bedeutung. Über die Entstehungsgeschichte dieser Erklärungen ist ein langer wissenschaftlicher Streit ausgefochten worden. Georg *Jellinek*, dem wir den Anstoß zur energischen Beschäftigung mit der Geschichte der Menschenrechte verdanken, hat die gesetzlichen Festlegungen und den Inhalt der amerikanischen Menschenrechte wesentlich aus der Forderung nach Religionsfreiheit ableiten wollen und glaubte, sie somit als eine ‚Frucht der Reformation' nachweisen zu können. Die entscheidende Frage für den Juristen Jellinek war, wie es zur Proklamierung und Kodifizierung von Menschenrechten, zur Erhebung des Naturrechts zum unabänderlichen Gesetzrecht und zu einer Liste spezieller Rechte kommen konnte, „die erst dem Gedanken der allgemeinen Menschenrechte praktische Bedeutung gegeben haben". Er meinte, daß die religiösen Interessen und der Widerstand gegen den schweren Gewissensdruck, den die politischen Gewalten ausübten, nicht nur im Hintergrund gestanden haben, daß eben die Religionsfreiheit, die schon einmal in der englischen Revolution unter die native rights gezählt worden war, den Antrieb und den Ausschlag gegeben habe. Die mehrfache Untersuchung der einzelstaatlichen Bills of rights aber ergab, daß von einer Ableitung jener Erklärungen aus irgendwelchen religiösen Toleranzforderungen nicht die Rede sein kann. Der Artikel über religiöse Gewissensfreiheit wurde erst nachträglich als 16. Artikel in die erste Bill, in die von Virginia, gebracht. Dabei leisteten die Anhänger der anglikanischen Kirchenvorstellung Widerstand gegen eine allgemeinere und freiheitlichere Fassung. Es ist klar, daß die vorangehenden 15 politischen Freiheitsartikel in keinem unmittelbaren Zusammenhang mit dem hinzugefügten Religionsartikel stehen. In Massachusetts gab der Religionsartikel in der Erklärung allein den gläubigen Protestanten eine Freiheit und schloß die Katholiken und Deisten aus. Weder existierte eine allgemeine Gewissens- und Kultusfreiheit in den Kolonien, noch war die Forderung nach voller Religionsfreiheit kräftig genug, die profanen politischen Rechte durchzusetzen. Die einzelnen Kolonien waren kirchlich-religiös sehr verschieden organisiert: von Anglikanern (Virginia), Katholiken

(Maryland), Puritanern (Neu-England-Kolonien), Quäkern (Pennsylvania) und anderen Sekten (wie Rhode Island).

Es handelt sich vielmehr um sehr profane Anlässe, aus denen die amerikanischen Rechteerklärungen erwuchsen. Sie sind in ihrer letzten Fassung ein Ergebnis der Revolutionsgeschichte, in taktisch-propagandistischer Absicht als Mittel des Kampfes formuliert, zugleich auch als menschheitliche Rechtfertigung der kriegerischen Loslösung von England und als sittliche Zielgebung der neuen Staatsgründungen verfaßt. Wirtschaftliche und politische Gründe hatten zu dem Aufstand geführt. Als nach der Beendigung des Siebenjährigen Krieges das englische Parlament den amerikanischen Eigenhandel nach Westindien unterbinden wollte, kam der Schmuggelhandel zu hoher Blüte, worauf die Engländer mit Haussuchungen und Verhaftungen antworteten. Die Kolonisten empfanden dies als Verletzung der altenglischen Rechte, insbesondere der Habeas Corpus Acte von 1679. In gleicher Weise wirkte die nach 1765 einsetzende neue Steuerpolitik des Parlaments von London, die von den Kolonisten unter der verfassungsrechtlichen Devise ‚No taxation without representation' bekämpft wurde. Ein enger Zusammenhang zwischen wirtschaftlicher und politischer Freiheitsbewegung bestand von vornherein. Aus der Abwehr der Übergriffe wurde ein Angriff auf die altenglische Gesellschafts- und Staatsordnung überhaupt. In einer Vielzahl von Schriften wurden die Forderungen der britischen Kolonien aufgezeichnet und mit den ewigen Gesetzen der Freiheit gleichgesetzt. Es ist ja auffällig, wie bis ins einzelne hinein gerade Fragen des Straf- und Zivilrechts schließlich einen Niederschlag in den Rechteerklärungen fanden.

Ein Katalog all dieser Forderungen war durch die Bills of rights des 17. Jahrhunderts vorgebildet. Die neuen Rechtsansprüche brauchten nur in gleicher Weise wie die altenglischen Civil Liberties aneinandergereiht und nun zu Menschenrechten gesteigert zu werden. Die Rechte des Menschen bildeten einen wichtigen Teil der naturrechtlichen Sozial- und Staatslehren. Die europäischen Auffassungen wurden von den führenden Kolonisten, ob Puritaner oder Anglikaner, genau beobachtet. Die Lehren von den natürlichen Rechten und die Vertragstheorien, auf denen diese natürlichen Rechte basierten, waren bekannt. Nicht nur speziell die englische Literatur wie *Locke* und *Blackstone*, sondern auch die kontinentale von *Pufendorf* und *Wolff* bis zu *Mably* wurde studiert. Die Rezeption des Naturrechts war eine generelle. Diese natürlichen Rechte und Pflichten wurden in den englischen Kolonien als wirkliche Rechte und Pflichten empfunden. Zweierlei Gründe waren hierfür entscheidend: Auf kolonialem Boden hatte es nie den Absolutismus mit seinem Staatsdenken und seiner Staatspraxis gegeben. Weder der monarchische Absolutismus des Kontinents noch der parlamentarische Absolutismus des Mutterlandes hatten das Lebensgefühl der Amerikaner verändert. Hier blieben Naturrecht und positives Recht genauso wie in den großen Darstellungen der naturrechtlichen Systematiker der frühen Neuzeit nahe aneinandergerückt und vermischten sich oft. War in Europa die Vorstellung vom Naturzustand der Menschen vor Abschluß des Gesellschafts- oder Herrschaftsvertrages deutlich zu einer Fiktion geworden, einer fernen unwirklichen Vorstellung, so hatten die Amerikaner einen ähnlichen vorstaatlichen Zustand an den sich vorschiebenden Grenzen ohne Schutz oder Eingriff staatlicher Gewalten wirklich erlebt. Die Anfänge und die Begründungen von Kolonien durch Privilegien-Verträge, durch Compacts und Covenants der Siedler gaben im Gedächtnis der Nachfahren den Theorien von der Entstehung eines Staates durch Vereinbarungen eine historische Wirklichkeit. Auch die puritanische Theologie mit ihrem Grundgedanken des Covenant, des Bundes zwischen Gott und Menschen oder zwischen Regent und Volk, sorgte für die Verlebendigung politischstaatlicher Grundprinzipien des Naturrechts. Der Kampf eines jeden Kolonisten mit der Wildnis setzte ihn unmittelbar in einen natürlichen Zustand, während die Kluft zwischen der alles ordnenden monarchischen Gesetzgebung und dem natürlichen Recht in Europa sich beständig vergrößerte.

So ließ auch der erlebnisbedingte Unterschied bei der Bewertung des Naturrechts zwischen Mutterland und Kolonien den amerikanischen Schritt von den Civil Liberties Altenglands zur revolutionären Ausgestaltung von Human Rights nicht so groß sein. Auch in den Kolonien wurde wie im englischen Staatsleben die Auffassung von der Herrschaft des Rechts, das ein absolutes Recht ist, bewahrt. Während auf dem Kontinent die souveräne Staatsgewalt eine scharfe Scheidung von positivem und absolutem Recht herbeigeführt hatte, blieb in England und in seinen Kolonien die Vorstellung vom gerechten, vernünftigen, natürlichen oder göttlichen, kurz absoluten Recht, das keinen Widerspruch zum positiven Recht darstellt, erhalten. Auch diese Verbindung und oftmals Vermischung vom guten alten, ererbten, historischen Recht mit dem Vernunft- und Naturrecht oder dem göttlichen Recht erleichterte den Übergang zu den absoluten Menschenrechten. Entscheidend war die Übernahme von positiven Freiheitsrechten und von naturrechtlich geforderten Rechten in das Ethos ewiger, für alle und jeden Menschen zutreffender Rechte. Mit diesen Erklärungen war aufs engste die Verkündung des Staatszweckes verbunden: die Rechte des Menschen zu sichern. Die Erklärung Pennsylvaniens warf dem englischen Könige vor, durch die Verletzung der natürlichen Rechte den Staatszweck verfehlt zu haben.

Das europäische Naturrechtsdenken war nicht nur den Juristen, die an den Rechteerklärungen mitarbeiteten, vertraut, es bot auch die grundlegende philosophisch-sittliche Aussage über die sozialen Beziehungen. Die Aufständischen rechtfertigten sich durch die Anerkennung der naturrechtlichen Sozialethik und -anthropologie, die das Fundament jeder gerechten Staats- und Gesellschaftsordnung bilden soll. Bei der neuen Staatsgründung, als das Band mit dem Mutterland zerrissen wurde, mußten die von der englischen Krone den auswandernden Kolonisten verbrieften Freiheiten und Privilegien eine naturrechtliche Basis erhalten. Daher in allen Erklärungen der menschenrechtliche Introitus, dem die auf dieser Grundlage erneuerten und erweiterten alten Freiheitsrechte folgen. Denn englische Rechte, besonders das fundamental law, lebten auch in den Kolonien. Man war vertraut mit der Magna Charta, man las besonders den Kommentar des Sir Edward *Coke* zur Magna Charta und den Statutes Eduards I., den berühmten Second Institute, der 1642 auf Anordnung des House of Commons publiziert worden war. Die hier bestimmten Begriffe des Law of the land (lex terrae) und des due process of law erschienen in der amerikanischen Verfassung. Cokes weitgespannte Definitionen wurden für das amerikanische Rechtsdenken von grundlegender Bedeutung. Die Juristen der Kolonien studierten an den englischen Rechtsschulen (inns of court) und nahmen die Ideen von den unsterblichen rights of Englishmen, den Geburtsrechten der Engländer, auf. Cokes und Blackstones zusammenfassende Werke über das englische Recht ersetzten gleichsam die fehlenden Kodifikationen. Kein Wunder, daß sich die Kolonisten in der Auseinandersetzung mit London in ihren Traktaten und der declaration of rights des Kontinentalkongresses auf die common law rights of Englishmen bezogen. Der Kongreß berief sich direkt auf the immutable laws of nature, the principles of the English constitution and the several charters and compacts. Die innige Verbindung des Naturrechts mit den Prinzipien des englischen Verfassungslebens und den Freiheitsbriefen der Kolonien weist den Weg, der zwei Jahre später gegangen wurde. Schon im Anfang der Auseinandersetzung hatte John *Adams* gegen die finanzpolitischen Maßnahmen des Mutterlandes, gegen die Stamp Act 1765, mit der Begründung protestiert, daß diese erstens gegen die natürlichen Menschenrechte und zweitens gegen die liberties of Englishmen verstoßen.

In dieser engen Verbindung von Civil Liberties des Engländers und Rechten des Menschen mag ein wesentlicher Grund dafür liegen, daß die Frage der Sklaverei bei der Proklamation von allgemeinen Rechten auf Freiheit und Gleichheit nicht zum vollen Austrag kam. Letztlich meinte man nur die dem englischen Kolonisten bisher zustehenden Grundrechte. Die propagandistische Formulierung von Menschenrechten ließ die Haltung gegenüber den Sklaven durchaus offen. Gewiß war schon über 100 Jahre lang hier und dort in den Kolonien der Kampf gegen den Sklavenhandel wie gegen das Institut der Sklaverei überhaupt geführt worden, seitdem 1688 in Germantown in Pennsylvanien deutsche Einwanderer, die sich den Quäkern angeschlossen hatten, in einer Resolution die Abschaffung der Sklaverei aus religiösen Gründen gefordert hatten. Die Emanzipation der Sklaven, die in den Nordstaaten 1777 begann, erfolgte jedoch weniger mit einer menschenrechtlichen Motivierung, wenngleich die Klage eines Sklaven aufgrund des Artikels der Verfassung, daß alle Menschen frei und gleich geboren sind, in Massachusetts 1781 zur Aufhebung der Sklaverei führte. Daß die Südstaaten mit ihrer Zahl an Sklaven, einem Drittel der Gesamtbevölkerung, dem damals nicht folgten, lag nicht nur an der wirtschaftlichen Situation, sondern war auch in der sozialen Problematik begründet.

Neue Gedanken traten zu den altenglischen Rechten hinzu. Die Freiheit der Presse, die erstmalig in der Virginia Bill 1776 (Sect. 12) aufgenommen wurde, fehlte bisher in den englischen Gesetzen. Der Artikel steht im engen Zusammenhang mit dem Zenger-Prozeß (trial of Zenger 1735) und seiner berühmten Verteidigung durch Andrew *Hamilton*, kaum aber mit der Bekenntnisfreiheit. Die einzelstaatlichen Bills of rights und Constitutions sind in Reihenfolge und Inhalt sehr unterschiedlich. Der Grundartikel, der gewisse natürliche, angeborene, wesentliche und unveräußerliche Rechte den von Natur gleichermaßen freien und unabhängigen Menschen einräumt, folgt den naturrechtlichen Prinzipien. Diese Rechte werden bestimmt auf Genuß und Verteidigung von Leben und Freiheit, auf Erwerb, Besitz und Schutz von Eigentum und auf Verfolg und Erhalt von Glück und Sicherheit.

Der Grundsatz der Volkssouveränität beherrscht alle politischen Folgerungen: „Alle Macht kommt dem Volke zu und wird folglich von ihm hergeleitet. Beamte sind seine Treuhänder und Diener und ihm jederzeit verantwortlich" (Virginia 2, ähnlich Pennsylvania 4, Massachusetts part I, 5 usw.). Gegen eine dem Schutz und der Sicherheit des Volkes nicht mehr dienende Regierung hat die Mehrheit ein „unbezweifelbares unveräußerliches und unverletzbares Recht", sie zu reformieren, umzugestalten oder abzuschaffen, so wie es für das allgemeine Wohl am nützlichsten zu erachten ist. Das entscheidende Recht zum Widerstand und zur Revolution wird dem Volke zugesprochen. In weiteren Artikeln ist die Trennung der Gewalten festgelegt wie der Wechsel in den Beamtenstellen, die durch Wahlen besetzt werden sollen. Das Recht zu den Wahlen für die Volksvertretung wird allen Männern zugestanden, „die ihr dauerndes Interesse an der Gemeinschaft und ihre dauernde Bindung an sie hinlänglich erhärtet haben".

XII. Die Bills of Rights in Amerika

Auffallend ist die umfangreiche Sicherstellung rechtsstaatlicher Prinzipien, die ebenso deutlich wird in der sog. Federal Bill of Rights von 1791, den 10 Amendments zur Bundesverfassung von 1787. Es sind Bestimmungen für den Zivil- und Strafprozeß und die Prozeßordnungen, die während der Auseinandersetzung mit dem Mutterland von den englischen Behörden verletzt worden waren. In den Erklärungen von Virginia, Massachusetts und Maryland, von New Hampshire und Pennsylvania, von Georgia und North Carolina sind diese Rechte niedergelegt. Privateigentum darf nicht ohne Ermächtigung für öffentliche Zwecke verwendet werden, die Unabhängigkeit der Richter wurde gesichert, Einquartierung von Soldaten in Privathäusern zu Friedenszeiten verboten. Zwei Artikel erscheinen fast überall: Niemand darf wegen desselben Verstoßes zweimal bestraft werden, und niemand kann zum Verbrecher gestempelt werden ohne ordentliche Verurteilung durch ein Großes Geschworenengericht. Die Maßnahmen für einen unverzüglichen, öffentlichen, gerechten Prozeß wurden bis ins einzelne festgelegt. Aber die Sklaverei und Zwangsdienstbarkeit in den Vereinigten Staaten oder irgendeinem ihrer Hoheit unterworfenen Gebiete wurde erst im Zusatzartikel 13 vom Jahre 1865 verboten. Nach über sechzigjährigem Kampf seit der Feststellung der Bill of Rights kam es zur endgültigen Abschaffung der Sklaverei.

Es ist festgestellt worden, daß das amerikanische politische Denken tief in der Staatsphilosophie *Lockes* wurzelt. Dies kommt deutlich in der Unabhängigkeitserklärung vom 4. Juli 1776 zum Ausdruck. *Jefferson* erklärte: „We hold these truths to be selfevident, that all men are created equal, that they are endowed by their Creator with certain unalienable rights, that among these are Life, Liberty and the pursuit of Happiness. That to secure these rights, Governments are instituted among Men, deriving their just powers from the consent of the Governed." Jefferson war es auch, der sofort eine Bill of rights als Bestandteil der Bundesverfassung sehen wollte und sich gegen eine Ratifizierung ohne diese Bill wandte.

Roscoe *Pound* hat im einzelnen die englische Verfassungsgeschichte als den realgeistigen Hintergrund der amerikanischen Verfassungen und Rechteerklärungen aufgewiesen. Daß die politischen Ideen meistens aus der puritanischen Revolution kommen und die Lehre von den natürlichen Menschenrechten im Anschluß an die Theorien des europäischen Kontinents in Amerika rezipiert wurde, gibt Pound zu, ohne diese differenzierten Theorien als neuen Ausgangspunkt näher zu untersuchen. Dies scheint mir eine um so wichtigere Aufgabe zu sein, als die Auffassung *Jellineks,* den Kern der Rechteerklärungen in der Gewissens-, Religions- oder Gedankenfreiheit zu suchen, um den sich alle weiteren Rechte gruppiert hätten, widerlegt worden ist. Auch der

XII. Die Bills of Rights in Amerika

Hinweis auf die Tradition eines Roger *Williams,* der als erster 1636 in der von ihm begründeten Stadt Providence in Rhode Island eine allgemeine Religionsfreiheit praktisch durchsetzte, die 1647 bzw. 1663 für diese Kolonie Gesetz wurde, kann angesichts der atoleranten Grundhaltung der amerikanischen Puritaner nicht das Gegenteil beweisen. Es bleibt gewiß eine bemerkenswerte Tatsache, daß in den meisten einzelstaatlichen Erklärungen die Frage der Glaubens- und Gewissensfreiheit gerade unter den ersten Artikeln angeführt worden ist. Dennoch behandelten die Artikel im wesentlichen die Sicherung altenglischer Freiheitsrechte und des Common Law. Sie sind in der Sprache des Juristen für den Gerichtsgebrauch verfaßt, wie schon *Boutmy* bemerkte. Wie verschieden auch die Zahl der Artikel sein mag — die Virginia Bill und Pennsylvania Declaration haben 16, die von Maryland führt 42 an —, so stimmt ihr Inhalt im Grunde überein. Das Auswanderungs-, das Versammlungs- und das Petitionsrecht hat als erster der Staat Pennsylvania im September 1776 anerkannt, dem die späteren Bills of rights zumeist folgten.

Die neue Begründung durch Sätze des Naturrechts versuchte allein, den Rechteerklärungen einen größeren Nachdruck und eine innere Einheit zu geben. Aber es blieb bei einer gewissen Unausgeglichenheit, ja man hat von einer geheimen Spannung zwischen Freiheit und Gleichheit gesprochen, die von Anfang an in der Erklärung der Menschenrechte verborgen lag (G. *Ritter).* In den sozial weniger scharf geschiedenen und vom absolutistischen Staat nicht geprägten amerikanischen Kolonien brachte die Lösung von den älteren Gesellschaftsverhältnissen und der bisherigen Staatsordnung, wie sie die Rechteerklärungen forderten, weit geringere Schwierigkeiten und Probleme mit sich als der gleiche Vorgang auf dem europäischen Kontinent, wo das Nachahmen des amerikanischen Vorbildes nicht nur befreiende Wirkungen ausübte, sondern große Gefährdungen hervorrief. Der universale Impuls für Europa und die ganze Welt aber ging erst von der französischen Deklaration von 1789 aus.

XIII. Vorgeschichte der französischen Erklärungen

Die Französische Revolution hat nicht nur die Idee der Rechte des Menschen im öffentlichen Bewußtsein fest verankert, sondern durch ihre Kodifikation der Menschen- und Bürgerrechte auch ein staatsrechtliches Vorbild für die Gestaltung in den künftigen Verfassungen gegeben. Man kann sagen, daß jene feierliche Erklärung ohne das aufklärerisch-rationalistische Klima Europas, ohne den revolutionär-politischen Geist des 18. Jahrhunderts nicht denkbar ist, daß diese Gedanken in ihr zum Ausdruck kommen. Zugleich scheint sie wieder unmittelbar aus der Geschichte Frankreichs selbst zu erwachsen. Hier, wo die Aufklärung in besonderem Maße leidenschaftlich vertreten wurde, gab es viele Soziallehren, die der Anerkennung von Menschenrechten vorarbeiteten. Die größte geistige Autorität des damaligen Europa, *Voltaire*, gab auf die Frage: Was heißt denn frei sein? die stolze und wegweisende Antwort: Es heißt, die Rechte des Menschen kennen, denn kennt man sie einmal, so verteidigt man sie von selbst. Nicht nur gegen die absolute Monarchie, sondern auch gegen die mit der monarchischen Gewalt und der absolutistischen Staatsgesellschaft Frankreichs aufs engste verbundene katholische Kirche war der Angriff Voltaires gerichtet, um die Freiheit des Denkens und der Lehre sicherzustellen.

Der selbst dem Beamtenadel entstammende *Montesquieu* muß als ein weiteres Beispiel der französischen politischen Theorie genannt werden. Er untersuchte „le rapport de la liberté politique avec le citoyen", stellte allgemeine Prinzipien für Gewinn und Erhaltung der politischen Freiheit auf und begünstigte die Atmosphäre, in der das Thema der Menschen- und Bürgerrechte zum gesellschaftlichen Gespräch gehörte. In seinem Hauptwerk De l'esprit des lois 1748 sicherte er die gemäßigte Staatsführung nicht nur durch die Lehre von der Teilung der drei Gewalten. Montesquieu definierte die politische Freiheit u. a. als das Recht, alles zu tun, was die Gesetze erlauben (L'esprit XI, 3 f.). Diese Freiheit findet sich nur in den „Gouvernements modérés", d. h. in dem Staate, in dem le pouvoir arrête le pouvoir und die ausführende und die gesetzgebende (und die richterliche) Gewalt sich gegenseitig ins Gleichgewicht setzen. Montesquieu bekämpfte die Ansicht von *Grotius* und *Pufendorf* über den völkerrechtlichen Titel der Sklaverei und schränkte das bestehende Kriegsrecht ein (L'esprit X, 3). In diesem Zusammenhang fällt der entscheidende Satz: Le citoyen peut périr, et l'homme rester. Über die Pflichten des Menschen handelnd, stand für ihn als oberstes

Gebot fest, überall und zu allen Gegebenheiten den Menschen als Menschen zu behandeln: „Alle besonderen Pflichten stehen zurück, wenn man sie nicht ohne Erfüllung der Pflichten, die man als Mensch hat, erfüllen kann. Darf man an das Wohl des Vaterlandes denken, wenn es um das Wohl der Menschheit geht? Nein! Die Pflicht, die man als Bürger erfüllt, ist Verbrechen, läßt sie uns die Pflicht vergessen, die man als Mensch hat."

Montesquieus Gedanken kreisten um die Sicherung der Freiheit im Staate, um einen wesentlichen Teil der späteren Grundrechte. Seine Theorie von der Teilung und Hemmung der Gewalten wurde zu einem Grundbestandteil der französischen Verfassung, der sich schon in der Rechtedeklaration von 1789 findet. Auch *Rousseaus* Denken war auf die liberté civile gerichtet. Gewiß hat er das Pathos der Freiheit als Voraussetzung revolutionären Wollens mit dem berühmten Anfang des Contrat Social 1762 genährt: Der Mensch ist frei geboren und überall ist er in Ketten. Oder mit einem anderen Satz: „Auf seine Freiheit verzichten heißt, auf sein Menschsein verzichten, auf die Rechte, ja sogar auf die Pflichten des Menschseins. Für den, der auf alles verzichtet, gibt es keine Entschädigung. Ein solcher Verzicht ist mit dem Wesen des Menschen unvereinbar. Er nimmt seinen Handlungen jede Moral wie seinem Willen jede Freiheit." Aber der Gesellschaftsvertrag schafft einen Staat, in dem der einzelne erst sich selbst als sittliches Wesen ganz finden und als für das Gemeinwohl Handelnder verwirklichen kann. Der totale Verzicht (l'aliénation totale) eines jeden auf alle seine Rechte zugunsten der Gemeinschaft, die er eben selbst bestimmt, selbst gestaltet und ist, bedeutet für Rousseau nur, daß der Mensch die natürliche Freiheit verliert, um die bürgerliche zu gewinnen. So entfällt für den Demokraten Rousseau das eigentliche Problem der Menschenrechte, eine reservierte individuelle Sphäre des Menschen gegenüber einer ihm fremden staatlichen Macht zu schaffen. Schon 1754 hat Rousseau in dem Artikel Economie politique für die Encyclopédie nur die droits du citoyen als die allein maßgebenden Rechte im Staate der gleichberechtigten Bürger gefordert. Man hat daher, sicher vom Motiv her zu Unrecht, in der totalen Übergabe ein Moment oder sogar eine Wurzel totalitären Denkens späterer Zeiten gesehen. Dennoch ist nicht nur die Sprache des Contrat Social in der Deklaration von 1789 wiederzufinden.

Erst die einflußreiche Gruppe der *Physiokraten,* zu denen auch *Mirabeau* gehörte, der in der Nationalversammlung den Verfassungsausschuß für die Deklaration leitete, hat die öffentliche Diskussion der Rechte durch ihr Reformprogramm angefacht. Das seit der Mitte des 18. Jahrhunderts entwickelte Menschen- und Staatsbild der Physiokraten entsprach den Vorstellungen der Kreise, die die ökonomische, insbesondere die agrarwirtschaftliche Entwicklung Frankreichs neu gestalten und beleben wollten, frei von jeder Reglementierung des Staates und doch von ihm gestützt, ohne Bindung an die privilegierte ständische Gesellschaft und voll Vertrauen auf das säkulare Glücksstreben eines jeden. Für sie war der Mensch völlig frei zur Selbstvervollkommnung, aber auch zur Selbstzerstörung. Die Vernunft, die seinen Willen lenkt, kann und muß jedoch durch Erziehung gestärkt und beeinflußt werden. Die freie wirtschaftliche Betätigung des Menschen gemäß seinem natürlichen Wesen steht in enger Verbindung mit den natürlichen Rechten, den droits naturels.

Um 1770 begegnen wir nun zum erstenmal dem Begriff der droits fondamentaux, den Grundrechten. Seit dieser Zeit stellte Mirabeau die Forderung nach den Menschenrechten in den Vordergrund und leitete sie nicht erst von den Pflichten ab wie die bisherige politische Ethik der Naturrechtslehren. Ein Zusammenhang mit den alten Staatsgrundgesetzen wurde hergestellt und damit bereits eine Annäherung an das bestehende Verfassungsrecht erreicht. Wie die lois fondamentales auch die absolute Monarchie einschränkten, sollten die individuellen lois fondamentales gegen jeden Eingriff der Krone schützen. Die Physiokraten verstanden die lois fondamentales als die unabänderlichen Gesetze der Natur und ordneten ihnen die Rechte des Individuums propriété, liberté und sureté ebenso wie die naturgesetzlichen Prinzipien der Wirtschaft zu. Mirabeau sprach allgemein von fünf lois fondamentales: vom Recht der freien Entfaltung der ganzen Person (auch propriété personelle genannt), von den Rechten auf bewegliches und auf Grundeigentum, auf wirtschaftliche Freiheit und auf rechtliche Sicherheit.

Nicht der Staat und die Gesellschaft bildeten den eigentlichen Gegenstand des physiokratischen Interesses, sondern die Wirtschaft und ihre Voraussetzungen im ordre naturel. So finden sich in den physiokratischen Lehren neben der naturrechtlichen Grundtrias neue ‚soziale' Rechte wie das auf Arbeit. Kein Wunder, wenn in dem königlichen Edikt von 1776, das im Sinne der physiokratischen Reformen die Zünfte aufhob, das Recht auf Arbeit als ‚unveräußerliches Menschenrecht' deklariert wurde. Die Physiokraten gingen von einer natürlichen Ungleichheit der Menschen aus, forderten aber die Gleichheit vor dem Gesetz. Ihre Menschenrechte gruppierten sich um einen Kern, die propriété naturelle. Diese widerstreitet sowohl der Negersklaverei wie der feudalstaatlichen Leibeigenschaft. Aus dem Bereich der propriété naturelle ließen sich Rechte ableiten wie das auf freie Berufswahl, auf Freizügigkeit, Aufhebung von Zwangsrekrutierungen, aber auch auf Erziehung als Voraussetzung für den wirtschaftlichen Aufstieg aller Schichten. Wie in England der Begriff der property, so umfaßte auch in

XIII. Vorgeschichte der französischen Erklärungen

Frankreich die propriété eine weite Sphäre ökonomischer Existenzgrundlagen, deren Bestimmung in den verschiedenen Zeitaltern verschieden war. Die Pressefreiheit als Grundlage der öffentlichen Meinung, die der neue Staats- und Wirtschaftsbau erfordert, gehört zu den droits naturels. In ihrem wirtschaftspolitischen Kampf gegen die Privilegien und exklusiven Vorrechte des Adels haben die frühen Physiokraten durch die antifeudale Auslegung des Rechtes auf Eigentum ein wirtschaftsrevolutionäres Element in die vorindustrielle Menschenrechtsauffassung gebracht.

30 Jahre lang war die auf Reformen dringende Elite Frankreichs, voran der fortschrittlich gesonnene Teil des Bürgertums wie des Adels, mit diesen Gedanken vertraut gemacht worden, die auch in dem an *Pufendorf* erinnernden, aber revolutionär-stoischen Manifest *Mablys*, „Droits et devoirs du citoyen", oder in *Condorcets* „Déclaration des droits" (1789) und Baron *von Holbachs* Werk entwickelt wurden. Sie wirkten nun auf eine andere Ebene hinüber.

In der politischen Luft Frankreichs stauten sich geradezu die Forderungen aus dem Naturrecht, auf dem die Rechts- und Sozialtheorie immer stärker fußte. Die allgemeine Publizistik, auch die Arbeiten der führenden Juristen beweisen dies. Und die „Vorstellungen und Einwände" der hohen Gerichtshöfe, jene Remonstranzen der Parlamente, nahmen die neuen Rechteauffassungen auf und argumentierten mit ihnen. Die Freiheit der Person und die Unverletzlichkeit des Eigentums rechnete man seit den sechziger Jahren unter die lois fondamentales. Zu ihnen zählte z. B. das Parlament von Bordeaux 1771 die Gewährleistung von „Ehre, Freiheit und Eigentum des Bürgers". In ihren Auseinandersetzungen mit der Krone erklärten die Parlamente als eine ihrer ersten Aufgaben, die so erweiterten Grundgesetze zu wahren — gewiß auch im eigenen Interesse, denn die königlichen Lettres de cachet, die die hohe Gerichtsmagistratur bedrohten, sie in die Bastille brachten oder in die Verbannung zwangen, wurden mit dem natürlichen Recht der Freiheit des Bürgers bekämpft. Gegen die Eingriffe in den erblichen Status der unabsetzbaren Beamten berief man sich auf die naturrechtliche Unverletzlichkeit des Eigentums. So war im Rechtsdenken und im Rechtsleben durch die Verquickung von historischem und natürlichem Recht einer Deklaration von Grundrechten der Boden bereits bereitet. Sie bedurfte nur des revolutionären Elans, eines Anstoßes, der von innen kam, und eines zusätzlichen Modells, das die Amerikanische Revolution bot.

XIV. Die Deklarationen von 1789 bis 1795

Jedoch vollzog sich das Werk nicht ohne deutliche Schwierigkeiten. Der Marquis *de Lafayette*, ein Freund Washingtons und Mitkämpfer in der amerikanischen Revolutionsarmee, legte im Juli 1789 der Nationalversammlung den Antrag auf Verkündung von Menschenrechten in einem staatlichen Grundgesetz vor. *Jefferson,* damals Gesandter in Paris, hatte bei dem Entwurf mitgewirkt. Aber nicht erst mit diesem Antrage wurde die Idee einer solchen Erklärung in dem revolutionären Frankreich ausgesprochen, vielmehr geht die Vorstellung zurück auf Forderungen des Wahlkampfes. Viele Beschwerdehefte, die die wählende Bevölkerung aufstellte und ihren Abgeordneten als Instruktion zur Versammlung der Generalstände mitgab, verlangten, daß das erste Kapitel der neu zu schaffenden Verfassung eine Erklärung der unverjährbaren Rechte enthalten sollte. Denn die politische Gesellschaft werde zur Wahrung dieser Rechte begründet, und bevor man die Rechte der Gesellschaft festsetze, müsse man die Rechte des Menschen sicherstellen. In den Debatten der Nationalversammlung sprach aber eine große Gruppe die Befürchtung aus, daß eine solche Erklärung mißbraucht werden könne, indem das Recht der Gleichheit zu wörtlich genommen werde. Man war sich der sozialen Verschiedenheit gegenüber dem amerikanischen Vorbild durchaus bewußt. Die Gleichheit der Lebensweise und des Besitzes in Amerika erlaube die Erklärung des Rechtes der Gleichheit, während sie in der französischen, bisher feudalständischen Gesellschaft wie überhaupt in Europa nur verheerende Folgen haben könne. Gerade in Frankreich sei die breite Schicht der Bevölkerung ohne eigenen Besitz; sie könnte diese Menschenrechte mißverstehen. Lafayette sprach der Erklärung einen pädagogischen Zweck zu. Sie solle das Volk zur Freiheit erziehen und seinen Willen zur Behauptung der Rechte stärken, bei den Abgeordneten jedoch das Gefühl für die Prinzipien der Revolution lebendig erhalten. Andere stellten sich unter der Deklaration einen nationalen Katechismus vor, der, in den Schulen gelehrt, gleichsam zum Alphabet der Kinder werden solle. Sie verlangten daher ein Maximum an Klarheit. Wieder andere wollten ein Programm der generellen Regeneration. Über 50 Entwürfe lagen vor.

Mirabeau übernahm die Leitung des Redaktionsausschusses. Er war kein überzeugter Anhänger einer solch weitgehenden Erklärung, aber er ließ sich, getrieben vom Ehrgeiz, mitreißen. Schon 1770 riet er dem

Markgrafen *Carl Friedrich von Baden,* in einer Ständeversammlung eine Erklärung der fünf physiokratischen Grundrechte zu bewirken. Und noch ein Jahr vor der Revolution hatte er in einer Schrift „Aux Bataves sur le Stathouderat" eine Erklärung der Menschen- und Bürgerrechte für die Niederlande entworfen, die in einem Gesetz kodifiziert werden sollte: eine Mischung von Artikeln, die aus den amerikanischen Bills of rights, besonders von Virginia und Massachusetts, stammten und solchen, die auf die realen niederländischen Verhältnisse bezogen waren. Es handelte sich um die Fortbildung der freiheitlich-föderalistischen Verfassungsentwicklung in den Niederlanden, während es jetzt in Frankreich um den Umsturz der bestehenden Ordnung ging.

Wie fern der Gedanke an eine weltweite Wirkung ursprünglich lag, zeigt die Debatte über die Präambel der Erklärung. Man wollte zuerst von den folgenden ‚Artikeln' sprechen, ehe man die Formel ‚Rechte' übernahm. Während eine Gruppe deren Ursprung in der Natur sah, berief sich die andere auf Gott. Dann setzte sich die rationalistisch-individualistische Philosophie der französischen Aufklärung durch. In der Erklärung schien mehr negative Abwehr als positiver Inhalt zu liegen: Das Individuum hat die Pflicht, sich zu erhalten und seine Ziele zu erstreben. Man hat daher die Überwachung der Selbsterhaltung als ihr wichtigstes Prinzip angesehen. Es ist kein Zweifel, daß das Bürgertum zauderte, die Rechte der sozialen ‚Minderheiten' zu erklären.

Der königliche Despotismus und die lettres de cachet waren ein so tiefes Erlebnis, und die revolutionäre Stimmung war so anfeuernd, daß die 1200 Deputierten innerhalb von acht Tagen in öffentlicher Debatte die Erklärung der Rechte durchformulierten. Am 26. August 1789 wurde die Déclaration des droits de l'homme et du citoyen unter Anruf von Gegenwart und Schutz des Allerhöchsten beschlossen. Man wählte diese Formel, weil die Masse des Volkes aus überzeugten Katholiken bestand, die anderen Deisten waren, und man benötigte die Geistlichkeit.

Die Erklärung der Rechte des Menschen und des Bürgers gleicht in vielen Teilen den amerikanischen Artikeln, obwohl ihr französische Verhältnisse zugrundeliegen und in einem gewissen Prozeß nationale Forderungen zu allgemeinen Menschheitsansprüchen und Kollektivrechte zu individuellen Rechten umgewertet worden sind. Während die Amerikaner in ihrer Unabhängigkeitserklärung die heftigsten Angriffe gegen die Tyrannei des englischen Königs richteten, lag die Schärfe der französischen Deklaration in der Abstrahierung der Angriffe gegen den Staat mit den Worten, „daß die Unkenntnis, das Vergessen oder die Mißachtung der Rechte des Menschen die alleinigen Ursachen des öffentlichen Unglücks und der Verderbtheit der Regierungen sind". So beschloß die Nationalversammlung, „in einer feierlichen Erklärung die natürlichen und unveräußerlichen und geheiligten Menschenrechte darzulegen, damit diese Erklärung allen Gliedern des öffentlichen Verbandes ständig gegenwärtig sei und sie ohne Unterlaß an ihre Rechte und Pflichten erinnern möge; damit die Handlungen der gesetzgebenden und der ausübenden Macht, wenn sie in jedem Augenblick mit dem Endzweck aller politischen Satzungen verglichen werden können, mehr geachtet werden und damit die Ansprüche des Bürgers des Staates, welche künftig auf einfache und unwidersprechliche Grundsätze gegründet sein sollen, sich immer auf die Wahrung der Verfassung und das allgemeine Wohl richten mögen". Und noch einmal hieß es im Artikel 2: „Der Endzweck aller politischen Vereinigung ist die Erhaltung der natürlichen und unabdingbaren Menschenrechte. Diese Rechte sind die Freiheit, das Eigentum, die Sicherheit, der Widerstand gegen Unterdrückung". Der Artikel 1, die Menschen werden frei und gleich an Rechten geboren und bleiben es, schränkte von vornherein weitergehende Gedanken an eine allgemeine Gleichheit ein, erläutert durch den Zusatz, daß gesellschaftliche Unterschiede bestehen, die gewiß „nur auf den gemeinsamen Nutzen gegründet sein können". Die Freiheit aber, so hieß es sehr allgemein, besteht darin, alles tun zu können, was einem anderen nicht schadet. Die Grenzen der Ausübung der natürlichen Rechte jedes Menschen können nur durch das Gesetz bestimmt werden. Das Gesetz, an dessen Festlegung alle Staatsbürger persönlich oder durch ihre Repräsentanten mitwirken, ist der Ausdruck der volonté générale. Ihr muß jeder gehorchen.

Die Frage des Strafrechts wurde im Verhältnis zu den kolonialen Bills of rights sehr kurz behandelt und ganz generell hierüber gesagt, daß Anklageerhebung, Verhaftung und Bestrafung mit Gefängnis nur „in den durch das Gesetz bestimmten Fällen und in den Formen, welche es vorgeschrieben hat", vorgenommen werden darf, daß die Strafgesetze keine rückwirkende Kraft besitzen, jeder bis zur Schuldigerklärung für unschuldig zu halten ist und daher jede nicht notwendige Härte bei einer Verhaftung streng unterbunden werden soll. Die freie Mitteilung der Gedanken und Meinungen galt als „eins der kostbarsten Rechte des Menschen", die Preßfreiheit wurde aber nur „vorbehaltlich der Verantwortung für den Mißbrauch dieser Freiheit in den gesetzlich vorgesehenen Fällen" gewährt. Die Frage der Religions- und Gewissensfreiheit wurde allein im Sinne der Toleranz beantwortet: Niemand solle wegen seiner Ansichten, auch nicht wegen seiner religiösen, beunruhigt werden —, eingeschränkt noch durch den Zusatz: sofern ihre Äußerung nicht gegen die gesetzliche öffentliche Ordnung verstößt. Diese Menschen- und Bürgerrechte können nur durch eine öffentliche Macht verbürgt werden, die für den Vorteil aller und nicht für den besonderen Nutzen der Machtinhaber eingesetzt ist. Für ihren Unterhalt sind von allen Bürgern Steuern zu bewilligen. Die öffentlichen Beamten können über ihre Amtsführung zur Rechenschaft gezogen werden. Der Artikel 16 stellte unwiderleglich fest, daß eine Gesellschaft, in der weder die Garantie der Rechte zugesichert noch die Trennung der Gewalten festgelegt ist, keine Verfassung habe. Jede Verfassung muß also beide Institutionen enthalten: individuelle Freiheitsrechte der Regierten und Trennung der Gewalten. Zwei Elemente des liberalen Staats- und Gesellschaftslebens sind damit für die kommende Zeit aufs engste verbunden worden; sie haben das Europa des ancien régime umgewandelt.

Diese Déclaration Girondine ist nun in die Verfassung vom 3. September 1791 aufgenommen worden. Es ist die Konstitution, die das besitzende und gebildete Bürgertum im Bunde mit jungen Adligen an der Macht zeigt. Das bestätigt auch der letzte Artikel (17) über das Eigentum. Es darf als „ein geheiligtes und unverletzliches Recht" nur bei gesetzlich festgestellter öffentlicher Notwendigkeit gegen eine vorherige gerechte Entschädigung angetastet werden. War auch in der Erklärung das Prinzip der Souveränität der Nation und die Gleichheit der Chancen zu staatsbürgerlichen Würden und Ämtern niedergelegt worden, so wurde doch das Wahlrecht an die Zahlung einer Mindeststeuer gebunden. Der Ausschluß weitester Kreise vom aktiven Staatsbürgertum schien durch tiefe Bildungsunterschiede und uralte Gewohnheiten gerechtfertigt.

Vor die demokratisch-republikanische Verfassung vom 24. Juni 1793 wurde die Déclaration Jacobine gestellt. Sie vermehrte die bisherigen 17 Artikel auf 35. An die Spitze der natürlichen und unabdingbaren Rechte setzte sie die Gleichheit, der die Freiheit, Sicherheit und das Eigentum folgten. Scharf wurde die Gleichheit vor dem Gesetz betont und das Gesetz als ein gleiches für alle bestimmt. Das Versammlungsrecht wurde aufgenommen, die Pressefreiheit uneingeschränkt deklariert und der Schutz der allgemeinen und individuellen Freiheit gegen die Unterdrückung der Regierenden als Aufgabe des Gesetzes bezeichnet. Man behandelte die speziellen Rechtsartikel ausführlicher und erklärte das Eigentumsrecht als Genuß der „Früchte der Arbeit und des Fleißes". Wirtschaftliche und soziale Rechte traten auf: die freie Berufs- und Arbeitswahl wurde anerkannt. Jede Dienstbarkeit im Sinne der Leibeigenschaft wurde aufgehoben, denn die Person ist kein veräußerliches Eigentum. Das Recht auf Arbeit oder auf Unterhalt bei Arbeitsunfähigkeit wurde zugestanden. Die öffentliche Unterstützung ist eine heilige Schuld der Gesellschaft, die durch Gesetz einzulösen ist. Jedermann hat Anspruch auf Unterricht. „Die Gesellschaft soll mit ihrer ganzen Macht die Fortschritte der öffentlichen Bildung fördern und den Unterricht nach dem Leistungsvermögen aller Bürger anordnen". Die Grenzen der öffentlichen Ämter sollen vom Gesetz klar bestimmt werden, die Verantwortlichkeit aller Beamten muß gewährleistet sein. Das Recht auf Verfassungsänderung wurde dem Volke ausdrücklich gewährt, denn „eine Generation kann die kommende nicht an ihre Gesetze binden". Die Teilnahme an der Gesetzgebung und bei der Ernennung seiner Bevollmächtigten oder seiner Beamten wurde jedem Bürger zugesichert, die Petitionsfreiheit bei den öffentlichen Behörden garantiert. Der Schluß zeigt das Fortschreiten der revolutionären Gesinnung. In den letzten drei Artikeln finden wir das Widerstandsrecht des Volkes und jedes einzelnen Volksteiles herausgearbeitet und die Volkserhebung als „das heiligste seiner Rechte und die höchste seiner Pflichten" bezeichnet. Die verfassungsrechtliche Verpflichtung zum revolutionären Aufstand hätte nicht nur die Sicherung der sozialen Rechte, sondern auch eine weitere Egalisierung des Staatsbürgertums bedeutet, aber diese konsequenteste demokratisch-republikanische Verfassung trat niemals in Kraft.

Die dritte Verfassung vom 22. August 1795, die der bürgerlichen Republik, nahm auch die Pflichten des Menschen und des Bürgers durch neue gesonderte Artikel in ihre Erklärung auf. Sie proklamierte nicht mehr natürliche, unveräußerliche, geheiligte Menschenrechte und ließ den Satz, daß die Menschen frei und gleichberechtigt geboren werden und bleiben, aus. Sie sprach vielmehr schlicht von den vier 'Rechten des Menschen innerhalb der Gesellschaft': Freiheit, Gleichheit, Sicherheit und Eigentum. Die Freiheit steht wieder an der ersten Stelle. Die Gleichheit besteht darin, daß das Gesetz für alle das gleiche ist. Es blieb letztlich nur die Gleichheit des Rechts, die égalité civile, während von der politischen und einer möglichen Besitzgleichheit nicht mehr die Rede war. Die rechtsstaatlichen Grundsätze im Gerichtsverfahren traten mehr in den Vordergrund. Die Schlußartikel legten die Pflichten eines jeden gegen die Gesellschaft und die des Bürgers zur Verteidigung des Vaterlandes, der Grundrechte und der Gesetze fest. Diese Pflichten wurden hergeleitet aus „zwei von der Natur in alle Herzen eingegrabenen Grundsätzen": Tut andern nicht, was ihr nicht wollt, daß man euch tue, und: Erweist andern beständig das Gute, welches ihr selbst zu erhalten wünscht. Andere Artikel bestehen aus allgemeinen Phrasen.

Daß man 1795 nicht nur das Recht auf Arbeit aus der Erklärung von 1793, sondern auch jede Beziehung auf das Gemeinwohl — ein Prinzip der ersten Erklärung von 1789/91 — ausschloß, deutet die neue Situation an, gegen die sich Grachus *Babeuf* mit seiner Herbst 1794 gegründeten Partei der Verteidiger der Menschenrechte offen auflehnte. Babeuf sah in einer kommunistischen Gesellschaftsordnung das Ziel der Revolution. Hierzu bot die Deklaration von 1793 einen guten Ausgangspunkt. Aber sie war durch den Konvent suspendiert worden, und in der verwirklichten neuen Staats- und Gesellschaftsordnung sollten die

Grundrechte durch Zensur oder Aufhebung der allgemeinen Versammlungsfreiheit beschränkt werden.

Die erste Erklärung von 1789 hat historisch am stärksten gewirkt und wurde immer wieder gelesen und überall verbreitet. Der Geist des Generalangriffs gegen die auf dem Prinzip der korporativen Privilegien ruhende Rechts-, Staats- und Gesellschaftsordnung bestimmte die Grundfreiheiten. Der bisher unprivilegierte Untertan sollte als freies Individuum in dem neuen Verfassungsstaate leben und sich entfalten können, den letztlich das Besitz- und Bildungsbürgertum lenken würde. Die historische Verbindung zur älteren öffentlichen Ordnung war bewußt aufgehoben. Es wird oft vergessen, daß erst zu Beginn der eigentlichen Verfassungsurkunde, in ihrer Präambel und ihrem Titel I: Dispositions fondamentales garanties par la Constitution, die vollen staatsrechtlichen Schlußfolgerungen aus der vorhergehenden Deklaration gezogen wurden: „Da die Nationalversammlung die Verfassung auf den Grundsätzen aufbauen will, die sie eben anerkannt und erklärt hat, schafft sie unwiderruflich die Einrichtungen ab, welche die Freiheit und Gleichheit der Rechte verletzen". Und nun folgt die Zertrümmerung des Privilegienstaates und der Feudalordnung: „Es gibt keinen Adel mehr, ... keine Standesunterschiede, keine Lehnsherrschaft, keine Patrimonialgerichtsbarkeit... Für keinen Teil der Nation, für kein Individuum gibt es mehr irgendein Privileg oder eine Ausnahme vom gemeinsamen Recht aller Franzosen". Der Titel I enthält 15 „Grundeinrichtungen", durch die die Verfassung natürliche und bürgerliche Rechte verbürgt. Dies ist der eigentliche Grundrechtskatalog, der sogar umfassender ist als die Menschen- und Bürgerrechtsdeklaration. Die Freizügigkeit, das Versammlungsrecht kommen hinzu; allgemeine Einrichtungen öffentlicher Hilfe sollen geschaffen werden, um verlassene Kinder zu erziehen, armen Kranken zu helfen und verarmte Gesunde bei der Arbeitsbeschaffung zu unterstützen. Ein gemeinsames öffentliches Schulwesen für alle Bürger soll eingerichtet werden, es ist kostenlos in den Bereichen des Unterrichts, die für alle notwendig sind. Die gesetzgebende Gewalt wird an die Grundrechte gebunden. Sie „kann keine Gesetze erlassen, welche die Ausübung der droits naturels et civils, die in diesem Abschnitt aufgeführt und durch die Verfassung garantiert sind, beeinträchtigen oder hindern". Der allgemeinen Erklärung von Menschen- und Bürgerrechten folgte also die Verfassungsgarantie der natürlichen und bürgerlichen Rechte und die Bindung der Gesetzgebung.

Der neue Begriff der Freiheit wandte sich gegen die korporativen Freiheitsrechte, die jura et libertates der im Absolutismus konservierten ständestaatlichen Gesellschaft. „Man ist nicht frei durch Privilegien, sondern durch Rechte, die allen gehören", hatte schon *Siéyès* in seiner

Schrift über den dritten Stand gesagt. War die Gleichheits-Forderung der amerikanischen Erklärungen stärker verfassungspolitisch ausgerichtet — gegen die ungleiche Behandlung der Kolonisten bei der steuerlichen Heranziehung ohne Vertretung im Londoner Parlament —, so wandte sich die französische Gleichheits-These stärker gegen die Privilegien, welche lokale Gerichts- und Polizeiherrschaft, soziales Prestige und wirtschaftliche Vorteile zu einem Bündel von Vorrechten des Adels ohne entsprechende Leistung vereinigt hatten. Nunmehr sollte der Einzelne auf sich selbst gestellt werden, wie es auch die oben zitierte Definition des Freiheitsbegriffes erweist, die weiterlautet: „so hat die Ausübung der natürlichen Rechte eines jeden nur die Schranken, die den andern Gliedern der Gesellschaft den Genuß der gleichen Rechte sichern". An dieser vom Rationalismus und Individualismus des 18. Jahrhunderts geprägten Vorstellung des Menschen haben die Deklarationen der späteren Verfassungen im Kern nichts verändert, wenn sie auch den Rechten sehr vage Pflichten des Menschen, des guten Bürgers und des Ehrenmannes hinzufügten.

XV. Der deutsche Idealismus

Die amerikanischen Bills und die französischen Deklarationen haben im europäischen Kulturkreis nicht nur Zustimmung gefunden. Insbesondere ist es Edmund *Burke* gewesen, der in seinen Reflections on the Revolution in France 1790 die Menschenrechte und ihre geistigen Grundlagen einer scharfen Kritik unterzog. Er erhob die grundsätzlichen Einwände, die sich der Konservativismus gegen jede Form einer Rechteerklärung aneignete. Alle Kodifikationen ruhten auf dem Deismus, während Burke von der Überzeugung ausging, daß die christliche Religion die alleinige Grundlage des Staates und letztlich die „große Quelle alles Segens und alles Trostes in jeder menschlichen Verbindung" sei. Seine scharfe Ablehnung richtete sich auch gegen das einseitige Menschenbild, das die Aufklärung mit der Identifizierung von natürlichem und vernünftigem Wesen des Menschen geschaffen hatte. Burke weigerte sich ferner, den Naturzustand als gesunden Ausgangspunkt für eine Betrachtung der gesellschaftlichen Ordnungen anzunehmen. So konnte er auch nicht die Bedeutung der natürlichen Rechte für die politische Gesellschaft anerkennen. Während Thomas *Paine* in dem popularisierenden Erfolgswerk, den „Rights of Man", 1791 das aufklärerisch-individualistische Menschenbild und die naturrechtliche Sozialtheorie als Grundlage der Doktrin von den Menschenrechten übernahm und weiter radikal ausgestaltete, wandte sich Burke den durch die neuen Freiheits- und Gleichheitsrechte bedrohten politischen und gesellschaftlichen Zuständen Englands und Europas zu. Für ihn war, wie er einmal sagte, die soziale Freiheit nur ein anderer Name für Gerechtigkeit. Sie sah er vornehmlich verkörpert in der Herrschaft des Rechts (rule of law) und in der Sicherheit des Eigentums, in der Familie, der Erziehung, der Religion und der persönlichen Freiheit, den real rights of men der englischen Entwicklung. Die christlich-konservativen Gedanken Burkes wurden durch die Übersetzung der Betrachtungen von Friedrich *Gentz* 1793/94 auch in Deutschland stark verbreitet.

Es kann kein Zweifel sein, daß die deutsche naturrechtliche Tradition von der französischen Deklaration einen wirkungsvollen Anstoß erhielt. Die natürlichen Rechte des Menschen, die Fragen der Freiheit und des Verhältnisses von Freiheit und Pflicht wurden neu durchdacht und diskutiert. Neben der hymnischen Anerkennung in den Anfängen der Revolution stand früh die Ablehnung. Gottfried August *Bürger* pries

„die lange verdunkelten Menschenrechte", und *Hölderlin* betete „für die Franzosen, die Verfechter der Menschenrechte". In den Werken der beiden Weimarer Dichterfürsten finden sich vielfache Niederschläge der die Gemüter erregenden Grundgedanken der Deklaration. In Zeitschriften und Broschüren wurde Stellung genommen. Als Justus *Möser* 1790 in der Berliner Monatsschrift „das Prinzip der Gleichheit der Menschen für einen Wahn" erklärte, antwortete ihm am gleichen Orte Friedrich *Gentz*. Er verteidigte die philosophischen Köpfe, die die Idee der ursprünglichen Rechte der Menschheit verfolgten, und stellte selbst drei unveräußerliche Rechte auf: das Recht eines jeden auf seine eigene Person, das Recht des Eigentums und das Recht auf Aufrechterhaltung geschlossener Verträge. Doch vier Jahre später, nach der Schreckensherrschaft, übte er in einer gesonderten Abhandlung „Über die Deklaration der Rechte" schärfste Kritik an der berühmten Tafel der Menschenrechte, da die Verwandlung von abstrakten Prinzipien „in politische Glaubensartikel" die furchtbare Gefahr des Mißbrauchs in den Händen des Pöbels heraufbeschwöre. Das „bunte Gemisch ungleichartiger Partikel ... ohne Leitfaden, ohne Ordnung, ohne Einheit, ohne Präcision in Sinn und Ausdruck" habe in Frankreich die in der Geschichte bisher schärfste Verletzung aller Menschenrechte nicht verhindern können. Es fehle der Deklaration zudem eine Erklärung der Pflichten. Damit wurde zum Teil eine Kritik wiederholt, die Ernst *Brandes* und August Wilhelm *Rehberg* im Kampf gegen die Französische Revolution und gegen ihre künstliche, nicht organisch gewachsene Verfassung vorgebracht hatten. Der bedeutendste deutsche staatswissenschaftliche Publizist, A. L. *Schlözer*, hatte 1791 in der zwar so fehlerhaften und mangelhaften Deklaration einen „Kodex der ganzen, durch allgemeine Kultur sich der Volljährigkeit nähernden europäischen Menschheit" begrüßt.

Die geistige Arbeit, die zur Vertiefung und Übernahme der Gedanken jenes Kodex führte, leisteten erst die Philosophen des deutschen Idealismus. An ihrer Spitze ist Immanuel *Kant* zu nennen, der als ein „klassischer Ethiker der Rechtsidee des 18. Jahrhunderts" einen starken Einfluß auch auf das juristische Denken in Deutschland ausübte. Kant bildete die freiheitlich-aufklärerische Vernunftrechtslehre weiter. Freiheit des Menschen, Gleichheit des Untertans und Selbständigkeit des Bürgers wurden für ihn zu Prinzipien jeder Gesetzgebung. Diese sind vorgegebene allgemeine Richtlinien, „nicht sowohl Gesetze, die der schon errichtete Staat gibt, sondern nach denen allein eine Staatseinrichtung, reinen Vernunftprinzipien des äußeren Menschenrechts überhaupt gemäß, möglich ist" (Theorie und Praxis 1793). Kant hatte unmittelbar dem Beginn der Französischen Revolution zugestimmt, aber die Freiheit blieb auch später als das „einzige, ursprüngliche, jedem Menschen kraft seiner Menschheit zustehende Recht" der Ausgangspunkt für die Entfaltung der Gerechtigkeit, und Freiheit wurde durch das moralische Gesetz und durch die Erfüllung der Pflicht gekennzeichnet. Gerade in dieser liege die eigentliche Aufgabe des Menschen und zugleich der Wert, „den sich Menschen allein geben können". So blieb die strenge Korrelation von Recht und Pflicht der bisherigen deutschen Naturrechtslehre erhalten. Rechte ohne Pflichten bedeuten subjektive Willkür. Kants Staatsideal lag weder in der „harten Hülle" des den Menschen reglementierenden absolutistischen Staates der Aufklärung noch im Eudämonismus liberaler Menschenrechte, den die Nachfolger *Lockes* ausgebildet hatten. Vielmehr entsteht Kants Staat gleichsam aus der Idee des Rechts. Das Recht ist sein alleiniges Ziel, ja, der Staat erscheint als das Rechtsgesetz selbst. Mit den Worten, „das Recht der Menschen muß heilig gehalten werden, der herrschenden Gewalt mag es auch noch so große Aufopferung kosten", hat Kant die Macht eines jeden Staates einschränken wollen. Kants Ethik ist am Begriff der 'Achtung' und am Ethos der Menschenwürde orientiert. Die höchsten Pflichten sind die gegen sich selbst, denn die Selbstachtung wehrt in der Wahrung der eigenen Menschenwürde und Person eine Verletzung der Menschheit ab. Die tiefe Ehrfurcht vor dem Recht des Menschen, die Anerkennung der „angeborenen, zur Menschheit notwendig gehörenden und unveräußerlichen Rechte", zu denen er Freiheit, Gleichheit und Sicherheit des Seinen rechnete, sind in dem zentralen Begriff der Person verankert. Freiheit ist nun die „Befugnis, keinen äußeren Gesetzen zu gehorchen, als zu denen ich meine Beistimmung gegeben habe". Und Gleichheit ist nicht eine Gleichheit 'an Rechten', sondern nur 'dem Rechte nach', ist die Geltung der einen Rechtsnorm für alle. So erscheint das Menschenrecht im Rechtsstaat voll gewahrt.

Fichte und Hegel zeigen stärkere Wandlungen in ihren Grundeinstellungen. J. G. *Fichte,* der 1794 als der mutigste Verteidiger der Menschenrechte bezeichnet wurde, gab in Auseinandersetzung mit A. W. *Rehbergs* Untersuchungen über die Französische Revolution (1793) dem Gedanken der Menschenrechte eine zentrale Stellung. Schon der Titel einer seiner Jugendschriften, „Zurückforderung der Denkfreiheit von den Fürsten Europas, die sie bisher unterdrückten", bezeugt den angreifenden Ton. Fichte ging von dem unveräußerlichen Recht des Menschen auf die Person und von der „Pflicht zum Wollen" aus. Aus ihnen folgerte er die Bedingungen für die Erfüllung der sittlichen Bestimmung, Mensch zu sein: zunächst das Recht auf Leben, sodann einen Komplex von Rechten um die Denkfreiheit, die Voraussetzung jeder Freiheit: die Freiheit des Forschens, die in der Bestimmung des Menschen als eines vernünftigen Wesens liege, die Freiheit des gemeinsamen Forschens mit den Weiterführungen, d. h. der Freiheit von Rede und Mitteilung, der Pressefreiheit, der Freiheit der Bildung und Lehre. Zu den wichtigsten persönlichen Freiheitsrechten zählt er das der Kultfreiheit. Das Recht auf Gleichheit als unveräußerliches Menschenrecht wird doppelt begründet, aus der Teilhabe aller an der Vernunft und als notwendige Voraussetzung zur Bildung des Staates durch den 'Bürgervertrag'. Das Recht auf Eigentum, das auch aus dem Begriff der Person abgeleitet und im Sinne der Physiokraten als Arbeitseigentum verstanden wird, umschließt mehrere Rechtsforderungen bis zum Recht auf Arbeit, Existenzminimum und Unterstützung. Jeder hat aber auch die Pflicht zu arbeiten. Der Mensch als sittliches Wesen ist zur Selbstentfaltung verpflichtet. Fichtes Individualismus ging 1793 so weit, den Staat nur noch als eine nicht notwendige Schutzmacht, als Werkzeug des Individuums zu betrachten, da der Rechtszustand bereits vor dem Staate erreicht ist. Der vom Sittengesetz bestimmte Naturzustand des Menschen mit den Menschenrechten wird nicht durch den bürgerlichen Vertrag aufgehoben, „er läuft ununterbrochen durch den Staat hindurch".

Das von Fichte unter dem Eindruck *Kants* und der Französischen Revolution entwickelte umfassende System von Menschenrechten, das auf dem konsequenten Gedanken der individuellen Freiheit als Grundlage einer dauernden sittlichen Vervollkommnung aufgebaut war, wurde durch die Zeitereignisse variiert und modifiziert. Staats- und Menschenbild standen im engen Zusammenhang. Es lösten sich die Bilder des Rechts-, des Kultur-, des Machtstaates ab, um im Kultur- und Erziehungsstaat die Tendenz zum Reich der Vernunft am reinsten zu verkörpern. In ihnen allen erhielt das Menschenrecht jeweils eine sehr verschiedene Aufgabe und Stellung, es trat aber zurück aus seiner beherrschenden Position. Die Erkenntnis der gesellschaftlichen Natur und Bindung des Menschen gab dem Gemeinschaftsdenken Raum. Die 'Urrechte' wurden nicht mehr im Sinne eines vorstaatlichen Rechtes, des Naturrechts verstanden, sondern als positives Recht des Staates gesehen. So erklärt sich der Satz: „Es gibt keinen Stand der Urrechte und keine Urrechte des Menschen". Fichte rückte in den „Grundzügen des gegenwärtigen Zeitalters" (1800) die historische Entwicklung stärker in den Mittelpunkt. Er sah in der Freiheit des Menschen, „zu dem Vernunftgesetze sich zu erheben, das höchste und unveräußerliche Recht der Menschheit". So wurden die Rechte des Einzelnen in Rechte der Menschheit umgewandelt. Dennoch blieb die Sicherung der Geistes- und akademischen Lehrfreiheit das zentrale Anliegen Fichtes. Dieses Grundrecht war eine neue Verkörperung der protestantischen Predigtaufgabe, in ihm hat *Smend* „eine säkularisierte Form der Stellung des evangelischen Pfarramts" gesehen.

Der späte Fichte, der Philosoph der Rechtslehre und der Staatslehre von 1812/13, ging von einer Vorstellung des Menschen aus, dessen sittliche Aufgabe es ist, die Freiheit, d. h. das Bild Gottes zu verwirklichen. Die persönlichen Rechte der Unverletzlichkeit und Freiheit, der Arbeit und des Eigentums, der Unterstützung im Falle von Arbeitslosigkeit oder unzureichender Entlohnung und der Selbsterhaltung bilden die Voraussetzung des Staatsvertrages (= Eigentumsvertrag). Die Notwendigkeit des übermächtigen Staates, der zur Verwirklichung der sittlichen Freiheit für unumgänglich gehaltene Zwang, wird anerkannt, wenn auch Fichte sich die Frage nach dem Verbleib des freien Menschen stellt. Das kommende Reich der Vernunft und des Rechts soll das Bild Gottes verwirklichen, seine Verfassungsprinzipien werden bestimmt durch das Christentum, das „Evangelium der Freiheit und Gleichheit". Die Erziehung schafft den Übergang vom historischen Staat als Notstaat zu jenem Vernunftreich. Das Recht auf Erziehung ist daher ein Urrecht jedes Menschen. Der christlich-pädagogische Grundzug des utopischen Staatssozialismus führte zur Forderung nach Veränderung des Staates, nach seiner sittlichen Vervollkommnung, nicht zur Sicherung von Menschenrechten gegen den Staat. Die Freiheit und die Entwicklung zur Freiheit sind die Ziele Fichtes geblieben, aber der Staat wurde zum Zwingherrn der Freiheit. Aus der Verpflichtung des Menschen, seine Ziele zu erreichen, vernünftig zu handeln und vollkommen zu werden, erwuchsen ihm Rechte, die Fichte in wachsender Skepsis gegenüber den Fähigkeiten des Menschen und in der Höherbewertung des nationalen Staates einschränkte. Das Erlebnis der schnellen Unterwerfung der deutschen Staaten durch Napoleon hat nicht zuletzt diese Wandlung bewirkt.

Damit betrat Fichte die Bahn der Hochschätzung des Staates, die auch *Hegel* beschreiten sollte. Wenn Hegel auch später, nachdem er anfänglich die Deklaration der Menschen- und Bürgerrechte begrüßt hatte und ihm der Staat als ihr Garant notwendig und wertvoll schien, keine vorstaatlichen Menschenrechte anerkannte, so gehörten doch Freiheit des Eigentums, Freiheit der Person und Freiheit der Gewerbe zu den Gesetzen der Vernünftigkeit, des Rechts an sich. Die württembergischen Landstände zogen Hegels scharfe Kritik auf sich, als sie 1815/16 die ihnen vom König vorgelegte neue Verfassung und den in ihr enthaltenen Grundrechtskatalog ablehnten. Die „Rechte und Verbindlichkeiten der Untertanen" seien staatsrechtliche Grundsätze, die die Reichsstände nie verwerfen dürften. Denn die 20 Paragraphen fassen die Grundlagen der Staatseinrichtungen „als einen elementarischen Katechismus" zusammen und stellen einen unendlich wichtigen „Fortschritt der Bildung" dar. Sie sollten „auf Tafeln in den Kirchen aufgehängt... und zu einem stehenden Artikel des Schulen- und kirchlichen Unterrichts gemacht" werden. Hegel nennt diese Grundrechte „die bleibenden Regulatoren... für eine bestehende Gesetzgebung und schon vorhandene Verwaltung" wie für jede künftige Gesetzgebung. Er fordert die Stände auf, die Gleichheit aller vor dem Gesetz, den freien Zutritt zu allen Staatsämtern, die verhältnismäßige Gleichheit aller öffentlichen Lasten und Abgaben, das Recht der Auswanderung, Berufs- und Ausbildungsfreiheit näher in Gesetzen zu bestimmen und festzulegen.

Was Hegel hier aus einem historisch-aktuellen Anlaß 1817 über die Grundrechte und ihre Realisierung durch Gesetze sagte, hat in seiner Philosophie, die auch eine Theorie der Zeit der Französischen Revolution ist, Niederschlag gefunden — besonders in seiner Rechtsphilosophie (1821) wie im Abschnitt „Der Staat" seiner Encyclopädie (§ 539 ff.). Danach machen Freiheit und Gleichheit zwar „die Grundbestimmung und das letzte Ziel und Resultat der Verfassung" aus, aber diese Kategorien sind mangelhaft, weil sie „ganz abstrakt" und „die oberflächlichsten" sind. Der Satz, daß alle Menschen von Natur gleich sind, enthält „den Mißverstand, das Natürliche mit dem Begriffe zu verwechseln". Denn die Menschen sind von Natur ungleich; daß die Menschen als gleich verstanden werden, daß der Mensch „als Person anerkannt ist und gesetzlich gilt" und nicht nur 'einige Menschen wie in Griechenland und Rom', danken wir der Entwicklung des Begriffs der Freiheit in dem Gang der Geschichte. Freiheit ist die Möglichkeit des Menschen, sein Menschsein zu verwirklichen; Freiheit und Menschsein gehören untrennbar zusammen. In den modernen Staaten sieht Hegel „die höchste konkrete Ungleichheit der Individuen in der Wirklichkeit", zugleich aber auch „durch die tiefere Vernünftigkeit der Gesetze und Befestigung des gesetzlichen Zustandes um so größere und begründete Freiheit". Hegel erkannte eben die Freiheit aller als Recht an und bejahte die gesetzliche Sicherung der Freiheitssphäre der Person, wenn auch nicht im Gegensatz zum Staat wie die Französische Revolution, sondern als Grundlage des nachrevolutionären Rechtsstaates. Zur Freiheit gehört Sicherheit des Eigentums, Möglichkeit, seine Talente und guten Eigenschaften zu entwickeln und geltend zu machen usf. Die Verfassung aber bestimmt die Rechte und Freiheiten und die Organisation zur Verwirklichung all der Rechtsprinzipien, die im Laufe des philosophischen Systems und der Weltgeschichte entwickelt worden sind, wovon noch einmal die persönliche Freiheit neben der Freiheit des Eigentums genannt wird. Es gibt keine natürlichen, sondern nur bestimmte, vom Staate festgesetzte Rechte.

XVI. Der Vormärz

Auch Hegels Lehren gewannen eine mächtige Wirkung und Nachwirkung auf das deutsche Rechts- und Staatsdenken, ob in Anerkennung und Weiterführung oder in Ablehnung und Umkehrung. In der Staatspraxis hatte sich in der Tat eine Wandlung vollzogen. Aus den vorstaatlichen Rechten des Menschen wurden verfassungsmäßig garantierte Rechte der Staatsbürger. Maßgebend war hier zunächst die Charte constitutionelle française vom 4. Juni 1814, die unter der Überschrift Droit public des Français einige öffentliche Rechte der Franzosen verkündete (Art. 1-12). Der Gleichheit vor dem Gesetz und der gleichen Behandlung bei der Besteuerung und Besetzung der zivilen und militärischen Stellen folgte eine Garantie der individuellen Freiheit. Religionsfreiheit und freie Religionsausübung war allen garantiert, wenn auch die katholische Religion zur Staatsreligion erklärt wurde. Auch das Recht der Meinungsfreiheit sollte grundsätzlich für alle gelten, wurde aber an Gesetze gegen den Mißbrauch dieser Freiheiten gebunden. Die Unverletzlichkeit des Eigentums schloß auch die sogenannten Nationalgüter ein, die im Laufe der Revolution erworben worden waren. Die Staatsrechte der Franzosen brachten als letzten Artikel die Abschaffung der militärischen Dienstpflicht, der verhaßten Konskription.

Die französische Charte beeinflußte die deutschen Verfassungsurkunden und ihre Festlegungen von staatsbürgerlichen Rechten. Anders verlief die Entwicklung auf der Bundesebene. Gewiß waren die Freiheitsrechte der deutschen Untertanen in den Entwürfen für eine Bundesverfassung auf dem Wiener Kongreß mehrfach gefordert und erörtert worden. Die Vorschläge Wilhelm *von Humboldts* vom Februar 1815 gingen darin am weitesten. Freizügigkeit und Freiheit, in den Zivil- und Kriegsdienst eines jeden anderen Bundesstaates zu treten, gesetzmäßige Freiheit und Sicherheit der Person, Sicherheit des Eigentums, richterlicher Schutz von Person und Eigentum durch Staat und Bund gegen jede Beeinträchtigung, volle Aufhebung der Leibeigenschaft, die Freiheit, sich auf jeder Lehranstalt zu bilden, waren die Hauptpunkte Humboldts, während für die Preßfreiheit eine nähere Ausführung erfolgen sollte. Aber diese wie andere Vorstellungen, die vornehmlich Preußen, Österreich und Hannover vertraten, scheiterten am Souveränitätsdenken Bayerns und Württembergs, die jede Beschränkung ihrer inneren Unabhängigkeit ablehnten. So brachte die Deutsche Bundesakte von 1815 nur die Gleichberechtigung der (drei) christlichen Konfessionen, das Recht auf Erwerb von Grundeigentum in allen Staaten, Freizügigkeit ohne Nachsteuer und die Freiheit des Eintritts in den zivilen oder militärischen Dienst. Die Bundesversammlung sollte bei ihrem ersten Zusammentritt die Verhältnisse der Juden, die Preßfreiheit und das Urheber- und Verlagsrecht regeln (BA Art. 16 u. 18). Die provisorische Kompetenzbestimmung vom 12. Juni 1817 übertrug der Bundesversammlung die Überwachung der Durchführung der beiden Artikel. Doch die Überwachung und das Beschwerderecht bei der Bundesversammlung wurden dann durch die Wiener Schlußakte 1820 nur ungenügend geregelt. Auf diesem Wege zu einer weitergehenden Kodifikation von Grundrechten zu kommen, war unmöglich, denn die Karlsbader Beschlüsse mit ihrer scharfen Pressezensur und die Politik Metternichs gegen die liberalen Bestrebungen verschlossen eine solche Entwicklung. Sie überlagerten und hemmten auch aufs stärkste die freiere Ausgestaltung der Grundrechte der Einzelstaaten.

Wie die neuen Konstitutionen selbst, so standen auch ihre grundrechtlichen Inhalte zugleich im Dienste der nachrevolutionären Staatsbildung und der inneren Festigung der neuen Mittelstaaten, deren ursprüngliche Teile ein sehr verschiedenes historisch-politisches Bewußtsein entwickelt hatten. Die Rechte erschienen in diesen Verfassungen nicht als außer- und vorstaatliche Voraussetzungen, sondern als verfassungsrechtliche Gegebenheiten des Untertanenverhältnisses oder des allgemeinen Staatsbürgertums. So verkündete der König von *Bayern* aus „freiem Entschlusse" und als Werk seines „ebenso freien als festen Willens" in einem feierlichen Vorspruch zur Verfassung vom 26. Mai 1818 folgende „Grundzüge" der Verfassung und „Grundsätze eines Königs": Freiheit der Gewissen und der Meinungen, gleiches Recht zu allen Graden des Staatsdienstes, Gleichheit der Gesetze und vor dem Gesetz, Unparteilichkeit und Unaufhaltbarkeit der Rechtspflege, Gleichheit der Pflichten, Selbstverwaltung der Gemeinden und ständische Vertretung aus allen Klassen. Unter der Bezeichnung „Von allgemeinen Rechten und Pflichten" (IV, § 1-14) wurden die königlichen 'Grundsätze' als 'Bestimmungen' der Verfassung teils wiederholt, teils näher erläutert. Neben dem Verbot der Leibeigenschaft stand die jedem Einwohner vom Staat gewährte „Sicherheit seiner Person, seines Eigentums und seiner Rechte" mit entsprechenden rechtsstaatlichen Sicherungen. Vollkommene Gewissensfreiheit und einfache Hausandacht wurden jedem Einwohner zugestanden. Die Angehörigen der drei christlichen Kirchen waren gleichberechtigt, die Nichtchristen erhielten aber nicht die vollen staatsbürgerlichen Rechte. Die Freiheit der Presse und des Buchhandels war nach den Bestimmungen eines gleichzeitig erlassenen Ediktes zugesichert. All diese Verfassungsrechte wurden ga-

XVI. Der Vormärz 83

rantiert durch das Recht der Stände auf Beschwerde und Minister-Anklage.

Die Verfassung des Großherzogtums *Baden* begann nach einem allgemeinen Teil mit dem Abschnitt „Staatsbürgerliche und politische Rechte der Badener und besondere Zusicherungen". Noch stärker als in der bayerischen Verfassung trat die enge Verbindung von staatsbürgerlichen Grundpflichten und Grundrechten hervor, indem die unterschiedslose Verpflichtung aller zur Steuer- und Militärdienstleistung vorangestellt wurde. Erst dann folgten die Erklärungen über Wegzugsfreiheit, Eigentum und persönliche Freiheit „für alle auf gleiche Weise unter dem Schutz der Verfassung", über Rechtsvollzug, Preß- und Gewissensfreiheit. Die neu geregelten Rechtsverhältnisse der Staatsdiener, die sozialen Institute der Witwenkassen und der Brandversicherung wurden unter den Schutz der Verfassung gestellt.

Um die Verfassung des dritten süddeutschen Staates, des Königreiches *Württemberg*, hatte es eine längere Auseinandersetzung gegeben. Friedrich *List* griff hier aktiv ein. In seiner Kritik des Verfassungsentwurfes der württembergischen Ständeversammlung begründete er „angeborene Rechte der im Staate lebenden Individuen": Alle Einwohner werden in ihrer natürlichen Freiheit und in ihrem Eigentum durch die Konstitution nur insoweit beschränkt, als der Gesamtzweck es erfordert, und nur auf diejenige Weise, wie er es erfordert. Er führte in einem Gegenentwurf folgende Rechte auf: die persönliche Freiheit der Individuen, die Freiheit des Glaubens und unbeschränkte Ausübung desselben, die Sprech- und Preßfreiheit und ungehinderte Einführung ausländischer Schriften, das Recht der Waffenfähigen, Waffen zu tragen, die freie Befugnis in Ausbildung und Ausübung der Individualwohlfahrt — worunter er das Recht, seinen Stand frei zu wählen, ins Ausland zu reisen, freie Ausübung der verschiedenen Erwerbszweige verstand —, die gesetzliche Grundlage von Verhaftung oder Strafe und die höchste Achtung der Haus- und Familienrechte des Familienvaters. Die Verfassung vom 25. September 1819 betonte im Abschnitt III, Von den allgemeinen Rechts-Verhältnissen der Staats-Bürger (§ 19-42), neben den gleichen staatsbürgerlichen Rechten die Gleichheit der Pflichten. Der Inhalt der individuellen Grundrechts-Artikel aus den beiden süddeutschen Verfassungen erscheint auch hier wieder. Auch sind Berufswahl und Bildung frei. Die Gewährung von wirtschaftlichen Monopolen und Privilegien soll an das Gesetz oder eine ständische Bewilligung gebunden sein. Die Auswanderungsfreiheit gilt ohne jede Nachsteuer, und das schriftliche Beschwerderecht wird stufenweise bis zur höchsten Behörde geregelt.

In allen drei Verfassungen waren aber die meisten der erwähnten Grundrechte in Wirklichkeit durch bestimmte Klauseln bestehender

6*

oder zu erlassender Gesetze eingeschränkt. Die mannigfachen Versuche, eine bessere Sicherung und Erweiterung dieser Grundrechte zu erreichen, schlugen fehl. Sie scheiterten nicht nur an der reaktionären Haltung von Bund, Monarchie und Bürokratie, sondern auch am Widerstand der Ersten Kammer, welche die noch vorhandenen feudalstaatlichen Zustände bewahren wollte. Es ging dabei nicht nur um die Pressefreiheit, sondern auch um die Gleichheit vor dem Gesetz, die durch gewisse Sonderrechte des Adels durchbrochen war, um das Bürgerrecht der Juden, um die Freiheit der Berufsausbildung für Handwerker und Studenten, um Grundrechte der Parlamentarier.

Die einschlägigen Bestimmungen der im Gefolge der Französischen Revolution erlassenen Reformgesetze waren vielfach in die Rechtekataloge der ersten deutschen Verfassungen aufgenommen worden. Aber auch dort, wo keine Konstitution den individuellen Rechten eine erhöhte verfassungsmäßige Garantie gab, existierten nunmehr gesetzliche Fundamentalrechte und Freiheiten. In Preußen traten zu den Bestimmungen des Allgemeinen Landrechts über Glaubens- und Gewissensfreiheit und Sicherheit des Eigentums die Freiheit der Person, die freie Berufswahl, die Freizügigkeit innerhalb des Landes und der freie Erwerb von jeder Art Eigentum hinzu. Doch fehlten hier wie dort die freie Meinungsäußerung, Pressefreiheit und Vereins- und Versammlungsfreiheit. So hat auch *Humboldt* in seinem Entwurf einer preußischen Verfassung 1819 vier Grundrechte vorgesehen: „die individuelle persönliche Sicherheit, nur nach dem Gesetz gerichtet zu werden, die des Eigentums; die Freiheit des Gewissens, die der Presse". Die ersten drei bezeichnet er „mit wenigen, seltenen, und vielleicht in sich noch zu entschuldigenden Ausnahmen" als wirklich im preußischen Staat vorhanden. Und *Hardenberg* notierte in seinem Verfassungsplan von 1819: „Gleichheit aller Staatsbürger vor dem Gesetz; Gleichheit der christlichen Konfessionen und Duldung und Freiheit aller Religionsübungen; gleiche Pflichten gegen den König und den Staat; das Recht eines jeden, auf einen unparteiischen richterlichen Urteilsspruch zu provozieren und binnen einer bestimmten Zeit verhört und jenem Urteilsspruche unterworfen zu werden; die in der preußischen Monarchie schon lange bestehende Unabhängigkeit der Gerichte in Absicht auf ihre richterlichen Aussprüche; die Befugnis eines jeden, seine Bitten und Beschwerden in geziemenden Ausdrücken an den Thron zu bringen — alles dieses sind Dinge, die in die Verfassung aufzunehmen sind". Dazu sollten Vorschriften über Preßfreiheit und ihre Mißbräuche, öffentliche Erziehung und öffentliche Rechtspflege kommen.

Auch in Österreich waren durch das Allgemeine Bürgerliche Gesetzbuch von 1811 einige Grundrechte anerkannt worden. Sein Verfasser, Franz *von Zeiller*, stand unter dem Einfluß *Kants*. Der § 16 lautet: „Jeder

Mensch hat angeborene, schon durch die Vernunft einleuchtende Rechte, und ist daher als eine Person zu betrachten. Sklaverei und Leibeigenschaft ... wird in diesen Ländern nicht gestattet". Zehn Jahre vorher hatte Zeiller die Absicht dieses Paragraphen näher gekennzeichnet: „Daß man in jedem Mitgliede der Gesellschaft die von dem Begriffe eines vernünftigen Wesens und von dem Begriffe eines Staatsbürgers unzertrennbaren Rechte respektiere, daß man jedem die rechtlichen Arten zu erwerben offen lasse, daß man die persönliche Sicherheit, die Ehre und die Eigentumsrechte der untersten Bürgerklassen ebenso heilig achte als jene der ersten, mächtigsten und angesehensten Stände — diese Gleichheit sei eine unerläßliche Grundbedingung des Staatsvereins". Jedoch der Anerkennung eines jeden Menschen als Rechtsperson im ABGB folgte nicht die bürgerliche Gleichheit, nicht die Gleichheit vor dem Gesetz. Nach dem Wiener Kongreß wurde jede Weiterentwicklung grundrechtlicher Inhalte in Österreich für fast ein halbes Jahrhundert unterbrochen. Aber die bis 1811 erreichte Rechtssituation blieb erhalten, damit auch die Freiheit der Berufswahl, die Freizügigkeit innerhalb des Landes und die Glaubensfreiheit der drei großen christlichen Konfessionen sowie der griechisch-orthodoxen Kirche.

Die Konstitutionen des deutschen Frühkonstitutionalismus wie auch die nach der französischen Revolution von 1830 in der deutschen Staatenwelt gegebenen Verfassungsurkunden brachten ihren Grundrechtsteil in engsten Zusammenhang mit der Lehre von der Staatsangehörigkeit und nicht mit dem Naturrecht. Die nach dem Wiener Kongreß sich konsolidierenden neuen Staaten gewährten Grundrechte, die zumeist die Überschrift „Rechte der Untertanen" trugen. Sie wurden in der politischen Publizistik und in der staatsrechtlichen Literatur diskutiert, und zwar nicht nur von den Liberalen mit ihrem Streben nach Erweiterung der mit Recht als unvollständig und unvollkommen empfundenen Kataloge, viel mehr noch reizte die allgemeine theoretische und praktische Rechteunsicherheit in allen Verfassungen wie auch die Willkür reaktionärer Regierungen zum Widerspruch. Der Vormärz war eine Zeit lebhaftester Diskussion über die Freiheitsrechte, die in der Öffentlichkeit vom akademischen Bereich bis zum Frühproletariat geführt wurde. Sie gilt es noch zu erforschen und auszuloten, denn in unserer gegenwärtigen rechtsphilosophischen Situation erscheinen viele Stimmen geradezu aktuell. Der Vormärz ist eine Zeit immer neuen Bestrebens, den Komplex der Grundrechte zu gliedern und zu systematisieren. Die Entwicklung der vollen bürgerlichen Gesellschaft, die nachrevolutionäre Umgestaltung des modernen Staates, das Eindringen der industriellen Wirtschaftsformen, der Kampf für und gegen die landständische Verfassung und um den Artikel 13 der deutschen Bundesakte, das zähe Festhalten an der monarchischen

XVI. Der Vormärz

Staatsorganisation und die Geltung des Monarchischen Prinzips in allen Verfassungsbereichen der konstitutionellen Monarchie, die demokratisch-liberalen Gegenvorstellungen, all dies bildete den Hintergrund der erregenden Diskussion.

Die systematischen Theorien versuchten eine umfassende Sammlung und strenge Ordnung nach inneren und äußeren Merkmalen, wobei der philosophische Standpunkt ebenso entscheidend war wie das politische Wollen. Die Grundtendenz des Naturrechts, der ständige Rekurs auf den Menschen, auf sein Wesen und seine Aufgabe (Pflichten und Rechte), blieb überwiegend erhalten. Der philosophische und rechtliche Ausgang wurde von der Person, der in sich notwendig freien Persönlichkeit, genommen, die als das wesentliche oder alleinige Ziel allen Rechts erscheint. *Kant* und *Hegel* rückten bei diesem Bemühen, ein philosophisches Fundament für die Ableitung der Rechte zu finden, dichter nebeneinander als für uns. Die Zeit sah stärker auf die verbindenden als auf die trennenden Momente; sie blickte auf das Gemeinsame ihrer Aussagen zum Menschen als Person und nicht auf ihre divergierenden Meinungen über den Staat. Hegels Analyse der Weltgeschichte, daß der Mensch auf dem ständigen Wege zur Verwirklichung seiner Freiheit sei, wurde als wahr empfunden. Die Zuordnung der Rechte zur bürgerlichen Gesellschaft oder zum Staat konnte bei manchen schwanken, wie die sich erst verfestigenden Grenzen zwischen bürgerlicher Gesellschaft und Staat noch oft sehr fließend waren. Hegels Einfluß mit seiner Unterscheidung von Staat und bürgerlicher Gesellschaft im Sinne der englischen politischen Ökonomie ist unverkennbar wirksam.

Die Idee der Menschenrechte wurde zur Lebensidee, von der H. *Ahrens* in seiner ersten kurzen Geschichte der Menschenrechte von 1861 spricht. Daß ihr Entwicklungsgang in der Antike, im Christentum, im Mittelalter und weiter verfolgt wurde, stellte nicht nur eine Folge der vorherrschenden Strömung des Historismus dar, sondern stammte aus dem Bedürfnis der Rechtfertigung durch eine Traditionssumme und aus der Erkenntnis des überzeitlichen Bedeutungsgehaltes: „So hat auch die Idee eines allen Menschen angeborenen Rechtes, obwohl sie als Hebel angewandt wurde, um die ganze Gesellschaft aus ihren geschichtlichen Wurzeln, aus allen Angeln der überkommenen Zustände herauszureißen, durch die ganze von ihrem Impulse geleitete Bewegung zur Befestigung der Wahrheit beigetragen, daß es Rechte des Menschen gibt, die von jeder positiven staatlichen Anerkennung unabhängig sind, den Grund der Geltung in dem vernünftig-freien Wesen des Menschen haben, zur Ermöglichung der menschlichen Bestimmung dienen und bei allen äußeren positiv-rechtlichen Bestimmungen die leitende Norm sein sollen" (Ahrens, in Bluntschli-Brater, Deutsches Staatswörterbuch, VI). Denn in der Idee der Menschenrechte sahen die Programmatiker

XVI. Der Vormärz

eine unumstößliche, im Wesen des Menschen wurzelnde Wahrheit, einen Ausfluß des ewigen göttlichen Prinzips, das in jedem Menschen lebt. Dieses Prinzip verlangt für die Erfüllung der menschlichen Pflichten die entsprechenden Rechte und ihre Gewähr im Staate. So ist die Existenz von Menschenrechten als Vorbild und leitende Norm für die rechtliche Regelung der wichtigsten Lebensbeziehungen an sich über alle Zweifel erhaben. Ahrens gab mit diesen Worten eine noch im Vormärz sehr verbreitete Stimmung wieder.

Naturrechtliche und positivrechtliche Behandlung der Grundrechtsmaterie standen sich im Vormärz nicht so sehr gegenüber, sie gingen vielmehr nebeneinander her. Während Friedrich *List* für seinen Entwurf einer württembergischen Verfassung die Überschrift „Besondere vertragsmäßige Bestätigung der angeborenen Rechte" in Übereinstimmung mit vielen Zeitgenossen wählte, sprach die Verfassung selbst nur „Von den allgemeinen Rechtsverhältnissen der Staatsbürger". Die Theorien waren getragen von naturrechtlichen Prämissen und der Philosophie des deutschen Idealismus, die das Natur- und Vernunftrecht Westeuropas weitergeführt und vertieft hatte. Wer die grundrechtlichen Gedankengänge des Vormärz und der Paulskirche kennt und die führenden staatsrechtlichen Systeme studiert, kann die von Meinecke und Troeltsch vertretene These einer schroffen Trennung des deutschen politischen Denkens von der westeuropäischen Entwicklung für jene Zeit nicht anerkennen.

Das Standardwerk der liberalen Staatswissenschaft, das 18bändige Staatslexikon von Rotteck und Welcker (1834-1848) behandelte in dem zentralen Artikel „Freiheit" (VI, 1838) die Rechte und Freiheiten. *Rotteck* definierte: Die „größtmögliche und gleiche Freiheit Aller nennen wir — das Recht". Freiheit und Gleichheit seien schon gegeben durch den Begriff des Rechts. Das erste Prinzip des vernünftigen Rechts ist nach ihm Gleichheit, da für die gleichartigen (sinnlich vernünftigen) Wesen eine allgemeine, d. h. auf alle gleichmäßig anwendbare Regel aufzustellen ist. Das zweite Prinzip ist sodann die größtmögliche Freiheit, die allen zu gewähren ist. Rotteck hält es für abgeschmackt, von einem Recht zur Freiheit zu reden, denn der Staat als Rechtsanstalt hat die Freiheit als ein seinen Angehörigen schon schlechthin als Personen zukommendes Recht nur anzuerkennen und zu schirmen. Er verleiht sie nicht und gewährt sie nicht. Alle besonderen Freiheiten werden als angeborenes Recht in den Staatsverband mitgebracht. In dem üblichen Umfang zählte Rotteck die Rechte der menschlichen, bürgerlichen und politischen Sphäre auf, darunter auch Gewerbe- und Handelsfreiheit, Studienfreiheit, Wahlrecht, Publizität und öffentliches Erziehungssystem.

In der gleichen Enzyclopädie entwickelte Paul *Pfizer* 1843 eine rechtsphilosophische Theorie, „Die Urrechte oder unveräußerliche Rechte; vorzüglich in Beziehung auf den Staat" (XV, 610—635), die die geschlossenste und konsequenteste des liberalen Vormärz ist. Urrechte können nach den Naturrechtslehrern durch keinen Vertrag oder Verzicht verloren gehen. Zu diesen absoluten oder allgemeinen Menschenrechten wird ‚ziemlich übereinstimmend gezählt': Das Recht, als rechtsfähiges Wesen, als Person und Selbstzweck oder Rechtssubjekt anerkannt zu werden, mit der Ableitung des Rechtes auf Ehre, das Recht auf Leib und Leben und das Recht der natürlichen Freiheit, die geistigen und körperlichen Kräfte ungehindert zu gebrauchen, darunter folgende Rechte: Denkfreiheit und Recht der freien Meinungsäußerung, Gewissens- und Glaubensfreiheit, das Recht der Zueignung und der Verträge. Urrechte sind die angeborenen oder unveräußerlichen Rechte im Gegensatz zu den erworbenen oder veräußerlichen Rechten. Es ist die Unterscheidung *Wolffs*, die auch bei *Stahl* durchschimmert. Pfizer sieht in dem unveräußerlichen Recht den wichtigsten Begriff des ganzen Rechtssystems seiner Zeit. Der letzte Grund aller Rechtsfähigkeit und allen Rechtes liegt in der sittlichen Bestimmung des Menschen, seiner rechtsfähigen Person. Aus dem Begriff des Menschen, der vernünftig-sittlichen Bestimmung, folgt das Recht auf Leben, Ehre und Freiheit, die man zusammen das Urrecht nennt. Es ist unveräußerlich, weil es die Grundbedingung menschlich-sittlichen Daseins auf Erden bildet. Pfizer fordert für jeden Menschen eine unveräußerliche, wenn auch teils beschränkbare „individuelle Sphäre rein persönlicher und angeborener Rechte, die alles umfaßt, was von Natur zu ihm gehört, seinen Geist und Leib, seine Persönlichkeit mit allen ihren Kräften, Tätigkeiten und naturgemäßen Äußerungen". Im Staatsverband stehen dem einzelnen als Mitglied der Gesamtheit unveräußerliche Rechte zu. Sie umfassen die Gleichheit vor dem Rechtsgesetz und die staatsbürgerliche Gleichheit oder das Recht jedes einzelnen, an der Bildung des staatlichen Gesamtwillens Anteil zu nehmen. Das gleiche Wahlrecht aller wird zu einem Urrecht. Mit der vollen Gleichheit als dem obersten Grundsatz des Rechts ist der Rechtsstaat und das, was im Rechtssinn den Menschen zum Menschen macht, nach Pfizer verwirklicht.

Der Begriff des ‚Urrechts' wurde jedoch von Gegnern des Naturrechts auch ganz anders bestimmt, wie z. B. von F. J. *Stahl* in seiner Rechtsphilosophie (1833), der unter dem wahren Urrecht die ‚vollste Befriedigung und höchste geistige Vollendung' des Menschen versteht. Nach ihm müsse die Menschheit streben, aber sie könne es nicht wiederfordern, denn sie habe es niemals besessen. An anderer Stelle hat Stahl dann jedoch vom Eigentum und Erbrecht als Urrechten des Menschen gesprochen, aber er verstand unter ihnen nicht die allgemeinen Menschenrechte der modernen Deklarationen, sondern Privilegien als Ausfluß heiliger gottgeordneter Institutionen (Philos. d. R. II, 76 f.²1846). Die Terminologie der Grundbegriffe ist in der großen Diskussion des Vormärz weithin schwimmend und uneinheitlich. Der Begriff ‚Volksrechte' oder ‚Volksfreiheiten' kann naturrechtlich oder positivrechtlich, weit oder eng, liberal oder konservativ ausgelegt werden. *Wippermann* in seinen Beiträgen zum Staatsrecht (1844) stellt Volksrechte und wohlerworbene Rechte gegenüber. Die Volksrechte scheidet er in Freiheiten und gesetzliche Rechte. Unter den Freiheiten, die jedem zustehen, nennt er Glaubens-, Denk-, Gewerbe- und Handelsfreiheit. Gesetzliche Rechte sind die durch den Staat gewährten. *Zöpfl* verstand kurz vorher in seinen Grundsätzen des ... Staatsrechts (1841) Freiheit der Person und des Eigentums als durch den Staat verliehene Rechte des Untertanen = Volksrechte. Für *Gerber* sind wenige Jahre später (1852) die Volksrechte ‚lediglich negative Rechte ... auf Anerkennung der freien, d. h. nichtstaatlichen Seite der Persönlichkeit', ein Teil der öffentlichen Rechte der Untertanen neben den ständischen Rechten. Ebenso wechselte in der Literatur die Inhaltsbestimmung für die bürgerlichen und die politischen Rechte, so daß die politischen Rechte noch 30 Jahre später als Volksrechte deklariert werden konnten.

Unter den Lehrbüchern des öffentlichen Rechts gilt das „Staatsrecht der constitutionellen Monarchie" des Freiherrn J. C. *von Aretin* (1824, fortgesetzt von Rotteck 1839) als eines der bedeutendsten Zeugnisse für das frühkonstitutionalistische Denken. Es widmet mit sorgfältiger Dokumentation des nationalen und internationalen Verfassungsrechts einen ausführlichen Teil der Behandlung der bürgerlichen Freiheit. Diese umschließt die Freiheit und Sicherheit der Person und des Eigentums und die intellektuellen Rechte: Denk- und Entwicklungsfreiheit, Erziehung und Unterricht, Wissenschaft und Kunst. Die Freiheit der Person wird definiert als das Recht, sich hinzubegeben, wohin man will, und die physischen und moralischen Kräfte auszubilden, sowie als Gewissensfreiheit und als Recht zu tun, was nicht durch ein Gesetz verboten ist. Unter Sicherheit der Person werden insbesondere rechtsstaatliche Bestimmungen angeführt: Verfolgung oder Verhaftung nur in den durch das Gesetz bestimmten Fällen und in der gesetzlichen Form. Keiner darf seinem ordentlichen Richter entzogen werden, und Haftanstalten dürfen die Freiheit nicht mehr beschränken, als nach den Gesetzen unumgänglich notwendig ist. Der zweite Teil über die intellektuellen Rechte der konstitutionellen Staatsbürger allerdings erhebt mehr Forderungen, als daß er wirkliche Verfassungszustände schildert.

K. H. L. *Pölitz* verwies in seinem Werk „Die Staatswissenschaften im Lichte unserer Zeit" (1823, hier ²1827) auf die Rechtsphilosophie Hegels. Sein Naturrecht schmolz zusammen zur „systematischen Darstellung aller aus der Idee der Herrschaft des Rechts hervorgehenden ursprünglichen und erworbenen Rechte und rechtlichen Verhältnisse sittlicher Wesen in ihrem äußeren freien Wirkungskreis". Das Urrecht der Menschen wird allein auf die Persönlichkeit gegründet, der Mensch darf sich nie bloß als Mittel behandeln noch behandeln lassen, er ist als ein mit Vernunft und Freiheit ausgestattetes Wesen stets Zweck. Die Nomenklatur der ursprünglichen Rechte enthält die übliche Aufzählung, hinzu tritt das Recht auf persönliche Würde und guten Namen. Der Konservative *Stahl* wiederum forderte 1833 die ausdrückliche Anerkennung der Persönlichkeitsrechte und der Rechte aus dem Beruf in den Verfassungen. Zu den Persönlichkeitsrechten, den angeborenen Rechten des Naturrechts entsprechend, zählte er Freiheit, Leben, Ehre und Integrität. Trotz seiner Ablehnung des Naturrechts war er für vom Staat unabhängige Rechte aufgrund der sittlichen Bestimmung des Menschen. Die Freiheitsrechte bilden eine rechtliche Schranke gegenüber der Regierung, eine moralische gegenüber der Gesetzgebung, der Staat ist dem Untertan gegenüber auch verpflichtet. Aber Stahl war dagegen, die Rechte des Staatsbürgers als alleinige Grundlage des Staates zu betrachten. Er wandte sich auch nach 1848 gegen den von der Paulskirche beschlossenen umfassenden Katalog der Grundrechte wie gegen den preußischen Entwurf für die Erfurter Unionsverfassung. Vom Standpunkt der preußischen Grundrechte von 1850 kritisierte er jede weitergehende Entwicklung und hielt die volle Freiheit der Presse, der Versammlungen und Vereine für ein mittelalterliches Faustrecht in moderner Form. Robert *von Mohl* im „Staatsrecht des Königreichs Württemberg" (1829) und H. A. *Zachariä* 15 Jahre später im „Deutschen Staats- und Bundesrecht" übergingen jede naturrechtliche Ableitung oder Bezugnahme. So reicht die Skala der vormärzlichen Behandlung des Grundrechts-Komplexes von der rein naturrechtlichen bis zur rein positivrechtlichen Form.

Am Beispiel von Zachariä läßt sich eine allgemeine Eigentümlichkeit der grundrechtlichen Diskussion des Vormärz in Deutschland beobachten, die noch kurz berührt werden muß. Das Monarchische Prinzip lehrte als verfassungsrechtliches Strukturprinzip der konstitutionellen Monarchie, daß der Monarch alle Rechte der Staatsgewalt in sich vereinigt und ausübt, daß die staatliche Macht im Herrscher konzentriert ist und durch ihn verkörpert wird. Im deutschen Frühkonstitutionalismus ermöglichte das Monarchische Prinzip den mehr oder weniger bruchlosen Übergang vom Absolutismus zum Verfassungsstaat, aber auch das Fortbestehen eines streng monarchisch-obrigkeitlichen Denkens, das alle Rechtegewährungen als freie Konzessionen der monarchischen Gewalt erscheinen ließ. Das monarchisch-staatliche Grundrechtsverständnis konnte einer einseitig positivrechtlichen Auffassung

XVI. Der Vormärz

der Grundfreiheiten, ihrer Lösung von naturrechtlich-ethischen Gedankengängen, dem reinen Rechtspositivismus den Weg ebnen und hat ihn wohl auch geebnet. In diesem Sinne wirkten auch Savigny und die romanistische Richtung der Historischen Rechtsschule.

Savigny lehnte sich nicht nur gegen ‚die hohlen Abstraktionen' des Naturrechts auf, sondern zerschnitt auch jedes Band mit der historisch-politischen Tradition ständestaatlicher Grundfreiheiten. In seinem „System des heutigen römischen Rechts" (I, 1840) bekämpfte er die nach seiner Aussage sehr verbreitete Ansicht über das Urrecht und die erworbenen Rechte. Das Urrecht ist das Recht des Menschen auf sich selbst, welches mit seiner Geburt notwendig entsteht und nie aufhören kann, solange er lebt. Savigny spottet über die aus diesem Urrecht abgeleitete Denkfreiheit, da nicht die Möglichkeit zu begreifen ist, wie ein Mensch den andern am Denken hindern oder in ihm denken könnte. Savigny bejaht die natürliche Macht des Menschen über sich selbst als Voraussetzung aller wahren Rechte, aber für ein solches Urrecht auf die eigene Person bedarf es der Anerkennung und Begrenzung durch positives Recht nicht. Scharf lehnt er ab, daß jene natürliche Macht mit den künstlichen Erweiterungen wie Eigentum, Schutz gegen Ehrverletzungen, gegen Gewalt „in eben so überflüssiger als verwirrender Weise auf Eine Linie gestellt und als gleichartig behandelt werden soll". Es handele sich vielmehr um positive Rechtsinstitute des Straf- und Bürgerlichen Rechts. Zur Ablehnung des Rechtes auf die eigene Person wird hier *Hegel* zitiert, der sich aus ganz anderen Gründen, wegen des Rechtes zum Selbstmord, dagegen wandte.

Savigny stand im Gegensatz zu den deutschrechtlich orientierten Liberalen, von denen wir nur *Bluntschlis* „Allgemeines Staatsrecht" (1852) erwähnen wollen. Bluntschli unterteilt seinen Katalog in zwei Teile: „Individuelle Freiheitsrechte" und „Von der Volksfreiheit". In der ersten Gruppe nennt er: Schutz der Existenz; den freien Gebrauch des Körpers; Freiheit der Meinungsäußerung, Preßfreiheit; Schutz des Hausfriedens und des freien Verkehrs. In der zweiten Gruppe: Rechtsgleichheit; Recht zu Volksversammlungen; Recht des Widerstandes. Unter Volksfreiheit werden gegenüber der individuellen Freiheitssphäre also die öffentlichen Kollektivrechte gesammelt. Es sind die politischen Grundrechte, die aber doch mit dem Monarchischen Prinzip in Übereinstimmung gebracht werden sollen. Weder ist das Recht des Staates über den Menschen ein absolutes, noch ist der Gehorsam gegen Obrigkeit und Staatsgewalt ein absoluter, so lautet die Formel Bluntschlis.

Von einem ganz anderen Standpunkt her bewertete Lorenz von *Stein* in der Geschichte der sozialen Bewegung 1850 die Menschenrechte als Grundgesetz der neuen Gesellschaft. Stein sah darüber hinaus auch in ihnen das durch persönliche Freistellung, Rechtsgleichheit und individuelle Eigentumssicherung konstituierte Ordnungsprinzip von Staat und Verfassung der letzten 50 Jahre. Damit rückte er die Grundsätze der Deklaration und der ihr folgenden Dekrete in einen unlösbaren Zusammenhang mit der sozialen und politischen Struktur der modernen Welt. Die Menschenrechte wurden zum Bauprinzip und gleichzeitig zum Verbindungsglied der staatsbürgerlichen Gesellschaft und des modernen Staates. Zunächst brachte die Deklaration den ‚Beginn des neuen sozialen Rechts', die Umwandlung der Privilegienordnung der altständischen Gesellschaft in die staatsbürgerliche Ordnung der Wirtschaftsgesellschaft. Diese fordert zu ihrer eigenen Sicherung den entsprechenden Umbau der Staatsverfassung durch Beteiligung an der politischen Willensbildung. Mit der Entwicklung zur industriellen Gesellschaft und der Entfaltung des Proletariats kündete Stein neue Probleme an, die auch das Prinzip der Menschenrechte wandeln mußten. Sie waren in der deutschen Revolution von 1848 sichtbar geworden, ohne in ihrem Verlauf Gestalt zu gewinnen.

XVII. Die Revolution 1848/49

In der Frankfurter Nationalversammlung stand die Frage der sozialen und politischen Rechte des Bürgertums im Vordergrunde. Die Beratung der Grundrechte trat vor die Festsetzung der politischen Organisation, das Verlangen nach staatsbürgerlicher Freiheit rückte vor die Sehnsucht nach der nationalen Einheit. Der aus 60 Paragraphen bestehende Katalog der Grundrechte des deutschen Volkes war der Niederschlag des Willens der vorindustriellen bürgerlichen Gesellschaft und ihrer Bestrebungen nach verfassungsmäßiger Garantie der liberalen Rechtsauffassung, die auch für die Bundesstaaten bindend sein sollte, denn die Grundrechte sollten „den Verfassungen der deutschen Einzelstaaten zur Norm dienen, und keine Verfassung oder Gesetzgebung eines deutschen Einzelstaates soll dieselben je aufheben oder beschränken können." Unter dem Druck der Ereignisse der Februar-Revolution hatte der reaktionäre deutsche Bundestag jedem Bundesstaate die Einführung der Pressefreiheit und die Aufhebung der Zensur freigestellt. Doch diese Zugeständnisse kamen zu· spät, um die revolutionäre Bewegung in Deutschland aufzuhalten. Die aus ihr hervorgegangene Verfassunggebende Versammlung kam aus der unmittelbaren Erfahrung und dem Erlebnis des antiliberalen Regiments der letzten Jahrzehnte zu einer umfassenden Kodifikation der staatsbürgerlichen Rechte, die in ihrer Grundlegung und Ausarbeitung vorbildlich ist. Hier taucht zum ersten Mal in einer deutschen Verfassung der Begriff Grundrechte auf. Durch Gesetz vom 27. Dezember 1848 wurden die Grundrechte des deutschen Volkes im voraus im ganzen Umfang des Deutschen Reiches in Kraft gesetzt. Als Abschnitt VI fanden sie Aufnahme in die nie in Kraft getretene Verfassung des Deutschen Reiches vom 28. März 1849. Am 23. August 1851 wurde das Gesetz über die Grundrechte durch Beschluß des Bundesrates wieder aufgehoben.

Die Debatten über die Gestaltung der Grundrechte haben das Frankfurter Parlament über ein halbes Jahr beschäftigt, nachdem zuvor der Verfassungsausschuß einen Entwurf für das Plenum ausgearbeitet hatte. Es ging dem Verfassungsausschuß nicht um die Formulierung propagandistischer Grundsätze oder von Ideologien, sondern „es kam darauf an, nur das wirklich Erprobte zur Geltung zu bringen und aus dem reichen Stoff des Möglichen und Wünschenswerten dasjenige herauszufinden, welches unserer Volkstümlichkeit, unseren gegenwärtigen Bedürfnissen entspricht und unserer nationalen Entwicklung die beste Förderung und Sicherung verheißt". Dies betonte der Jurist Georg *Beseler,* der an der Ausarbeitung des Grundrechtsentwurfes maßgebenden Anteil hatte. Die Frage der politischen Einheit und ihrer Wirkung auf die staatsbürgerlichen Rechte der Deutschen bildete den Ausgangspunkt. Zweitens sollte in ganz Deutschland der Rechtsstaat begründet werden, denn man wollte „jetzt aus dem herauskommen, was uns der Polizeistaat der letzten Jahrhunderte gebracht hat". Und drittens sollte die Verwirklichung der Rechtsgleichheit die Reste des Ständestaates und die noch bestehenden Feudallasten beseitigen. Der Artikel II über die Gleichheit war sehr vorsichtig formuliert. Er hob alle Unterschiede der Stände auf und verkündete Gleichheit vor dem Gesetz, für alle Befähigten gleiche Chancen zu den öffentlichen Ämtern und gleiche Wehrpflicht. Die Rechtsstaatlichkeit war im Artikel III in fünf Paragraphen befestigt: Die Unverletzlichkeit der persönlichen Freiheit wurde vorbildlich gesichert, Todesstrafe und entehrende Strafen abgeschafft, die Unverletzlichkeit der Wohnung durch Bestimmungen über die Haussuchungen geschützt, das Briefgeheimnis gewährleistet. Die freie Meinungsäußerung und Preßfreiheit wird garantiert, ebenso die volle Glaubens- und Gewissensfreiheit und die Ausübung der Religion. Niemand ist verpflichtet, seine religiöse Überzeugung zu offenbaren. Auch die Religionsgemeinschaften ordnen ihre Angelegenheiten selbständig, die Institution der Staatskirche wird aufgehoben, die Zivilehe eingeführt. Wissenschaft und ihre Lehre sind frei. Das Unterrichtswesen wird unter die Oberaufsicht des Staates gestellt, gleichwohl bleibt die private Schulgründung möglich. Der Fürsorge für die Bildung entspricht die Schulpflicht; es besteht Schulgeldfreiheit in Volksschulen und niederen Gewerbeschulen. Unbemittelten soll auf allen öffentlichen Unterrichtsanstalten kostenloser Unterricht gewährt werden. Freiheit der Berufswahl und Ausbildung wird garantiert, Petitionsrecht wie Versammlungs- und Vereinsfreiheit sind grundgesetzlich geschützt.

Den Bestimmungen über die Unverletzlichkeit des Eigentums und die Entschädigung bei Enteignung ist ein Absatz über den Schutz des geistigen Eigentums durch die Reichsgesetzgebung hinzugefügt. Entschädigungslos aufgehoben werden feudale Rechte und Pflichten, die Patrimonialgerichtsbarkeit und grundherrliche Polizei sowie alle Abgaben und Leistungen, die aus dem guts- und schutzherrlichen Verband fließen. Die Jagdgerechtigkeit auf fremdem Grund und Boden wird beseitigt. Doch wird die nähere Regulierung mancher Fragen wie Ablösung von Lasten und Abgaben der einzelstaatlichen Gesetzgebung überlassen. Sie ist gebunden an die hier entscheidende Bestimmung der Verfassung: Aller Lehensverband ist aufzuheben (§ 171). Ausführlich wird die Gerichtsbarkeit geregelt. Der Richter ist unabsetzbar, das Gerichtsverfahren öffentlich und mündlich, und die Gerichte üben auch die Verwaltungsrechtspflege aus. Grundrechte der Gemeindeverfassungen wie Wahlen, Selbstverwaltung, Öffentlichkeit von Haushalt und Verhandlungen werden verkündet. Jeder deutsche Staat soll eine Verfassung mit Volksvertretung haben, Ministeranklagerecht, Gesetzgebungs-, Besteuerungs- und Haushaltsrecht sind darin festzulegen. Der völkischen Minderheiten und der Gleichberechtigung ihrer Sprachen ist gedacht. Eine zeitweise Außerkraftsetzung der Grundrechte im Falle von Krieg oder Aufruhr regelt sorgfältig der letzte Paragraph der Verfassung.

Die Grundstimmung bei der Abfassung dieses einmaligen Kataloges von Grundrechten war: „Zehnmal lieber eine Inkonsequenz begehen als auf dem idealen Standpunkt einer messianischen Zukunft mit dem Volke gefährliche Experimente zu machen, und in die lebendige Wirklichkeit abstrakte, revolutionäre Grundsätze hineinzuschleudern" (G. *Rümelin*). Vom Schutz der Unverletzlichkeit der Wohnung bis zum Schutz der Minderheiten war eine breite Auffächerung der damaligen Grundrechtsproblematik erreicht. Die Freiheit des Hauses stammte sozusagen noch aus der germanischen Verfassung, das Recht der Minderheiten war im Nationalstaat des 19. Jahrhunderts aktuell geworden.

In den Debatten beschäftigte man sich auch mit den sozialen Problemen, behandelte die Schutzlosigkeit der Besitzlosen, der Fabrik- und ungelernten Arbeiter. Aber ein Grundrecht auf Arbeit und der ausdrückliche Arbeiterschutz wurden nach langen Debatten abgelehnt. Auch die Frage der Gleichheit war nur in einem beschränkten Sinne gelöst worden. Es handle sich um die bürgerliche Gleichheit, die sich auf das Recht und die Gerechtigkeit gründe, man strebe keineswegs eine Gleichheit an, „welche allen natürlichen Unterschied in den geistigen und physischen Fähigkeiten aufheben und auch die Folgen derselben in bezug auf Arbeit und Vermögenserwerb vertilgen will". In allem zeigt sich eine bewußt bürgerliche Beschränkung. *Beseler* hob hervor, daß man den Staatsbegriff nicht aus den Augen verlieren dürfe: „Schützen wir die individuelle Freiheit, soweit es irgend das gemeinsame Interesse zuläßt, aber verlieren wir auch nicht das letztere aus den Augen". So liegt dem Grundrechtskatalog der Frankfurter Nationalversammlung letztlich das menschheitlich-bürgerliche Ziel zugrunde, „die Persönlichkeit durch den Staat zur Freiheit zu erheben" (*Droysen* 1831). Während in den englischen Kolonien sich der Kampf gegen die ungesetzliche Vormundschaft des Königtums oder Parlamentes richtete, während in Frankreich die Auseinandersetzung des Bürgertums mit dem feudalstaatlichen Königtum zur sozialen und politischen Revolution führte, hat in Deutschland die Bekämpfung des spätabsolutistischen oder frühkonstitutionellen Polizeistaates auf der Reichsebene ein bis heute leuchtendes Vorbild durch die Proklamation der Personrechte und Grundfreiheiten geliefert. Sie wurden in den Einzelstaaten teilweise Wirklichkeit.

Die preußische revolutionäre Bewegung drang sehr früh auf Verkündung von Grundrechten der liberalen und sozialen Gestaltung in einer Verfassung. Schon Anfang März 1848 war der Schutz der Arbeit, Sicherstellung der menschlichen Bedürfnisse für alle und vollständige Erziehung der Kinder auf öffentliche Kosten gefordert worden. Allerdings darf die letzte Forderung nicht immer als sozialistische betrachtet werden, denn in diesem Zeitalter der politischen Wertung von Besitz und Bildung war die freie, ungehinderte Entfaltung der geistigen Fähigkeiten zu einem Grundsatz geworden. So diskutierte man Ende der 30er Jahre in der freien Reichsstadt Bremen lebhaft die Frage: „Muß der Staat allen ohne Standesunterschied gleiche Bildung gewähren?", eine Frage, die *Rottecks* liberales Staatslexikon bejahte. Jedoch traten auch Arbeitervereine mit eigenen Ansprüchen hervor, ohne sie ausdrücklich als Grundrechte zu formulieren. Das Zentralkomitee in Berlin z. B. forderte im Juni 1848 Koalitionsfreiheit, unentgeltlichen Unterricht, Verbesserungen zur Heranbildung tüchtiger Arbeiter, Beschäftigung der Arbeitslosen in Staatsanstalten, Versorgung der Hilflosen und Invaliden und allgemeine Freizügigkeit.

Der preußische König versprach in seiner Proklamation über eine künftige konstitutionelle Verfassung Ende März die Sicherstellung der persönlichen Freiheit, freies Vereinigungs- und Versammlungsrecht, Einführung von Schwurgerichten, Unabhängigkeit des Richterstandes und Aufhebung des eximierten Gerichtsstandes, der Patrimonialgerichtsbarkeit und der Domanialpolizeigewalt. Das neue liberale Ministerium verankerte die Pressefreiheit, das freie Vereinigungs- und Versammlungsrecht sowie die Unabhängigkeit der staatsbürgerlichen Rechte vom religiösen Glaubensbekenntnis gesetzlich. Da der Urentwurf zur Staatsverfassung des liberalen Ministeriums, der sich im wesentlichen auf die belgische Verfassungsurkunde von 1831 stützte, nicht den Vorstellungen der Berliner Nationalversammlung entsprach, arbeitete eine Kommission einen neuen Entwurf aus, die sogenannte Charte *Waldeck*, in deren Titel 2 die Grundrechte der Preußen erheblich erweitert wurden. Auf sie hat die Arbeit der Paulskirche bereits eingewirkt. Der Adel wird abgeschafft, alle feudalen Rechte wie Grundherrlichkeit, Gerichtsbarkeit, gutsherrliche Polizei, Familien-Fideikommisse entfallen entschädigungslos. Jeder Preuße darf nach dem 20. Lebensjahr Waffen tragen. Die aufzustellende Volkswehr sorgt nicht nur für den Schutz der Ordnung, sondern besitzt auch die Aufsicht über die

XVII. Die Revolution 1848/49

„verfassungsmäßigen Rechte des Volkes". Schutz der persönlichen Freiheit und Pressefreiheit werden sehr genau gesichert. Über Verstöße der Presse dürfen nur Geschworenengerichte urteilen. Während der Beratung dieses Entwurfs stellte Waldeck den Antrag auf Erlaß einer Habeas-Corpus-Akte mit der Begründung, sie sei das allerwichtigste Requisit einer freien Verfassung und gehöre in England seit 1679 zu den Fundamentalrechten. Sie wurde in Vorausgriff der Grundrechte als Gesetz zum Schutz der persönlichen Freiheit einstimmig beschlossen.

Bevor die Beratungen über den Grundrechtskatalog beendet waren, wurde die preußische Nationalversammlung aufgelöst, und der König oktroyierte am 5. Dezember 1848 eine Verfassung, die im Teil II in 38 Artikeln von den Rechten der Preußen handelt. Dieser umfangreiche Grundrechtskatalog entsprach den allgemeinen liberalen Vorstellungen. Die Kommissions-Fassung war ergänzt durch Artikel über die Freiheit von Wissenschaft und Lehre und die Zusicherung, daß der Religionsunterricht in den Schulen durch die betreffenden Religionsgesellschaften erteilt werden sollte. Im großen und ganzen blieb dieser Katalog auch in der revidierten Verfassung vom 21. Januar 1850 erhalten, nur waren die ausführlichen Bestimmungen über die Preßfreiheit gestrichen. Dafür hieß es: Die Zensur darf nicht eingeführt werden, jede andere Beschränkung der Pressefreiheit nur im Wege der Gesetzgebung. Der Vormarsch der Reaktion deutet sich auch durch die Beschränkung und das vorübergehende Verbot der politischen Vereine im Wege der Gesetzgebung an. So hatte auch Preußen eine zeitgemäße Verfassung mit entsprechenden Grundrechten.

In fast allen deutschen Staaten fand eine Reform der Verfassungen statt, die zu neuen Festlegungen der persönlichen und staatsbürgerlichen Rechte führte. Bayern besaß seit der Verfassung von 1818 Grundrechte. In einem Erlaß von 1825 wurde die periodische Presse auf dem Gebiet der inneren Politik von der Zensur befreit, ihr 1831/32 jedoch wieder unterworfen. Die zweite Kammer der Ständeversammlung und die Öffentlichkeit führten den Kampf um die Erweiterung der Grundrechte und ihre stärkere Sicherung so energisch, daß der Reformlandtag 1848 in kürzester Zeit die entsprechenden Gesetzesvorlagen verabschieden konnte. Die Adresse der Münchner Bürgerschaft an den Reformlandtag forderte vollkommene Pressefreiheit, Öffentlichkeit und Mündlichkeit der Rechtspflege, Einrichtung von Schwurgerichten, Trennung der Justiz von der Verwaltung, Ministerverantwortlichkeit und Erleichterung der Feudallasten. Man bestand auf einer rechtsstaatlichen Ordnung, wollte aber auch Lehrfreiheit, Vereins- und Versammlungsfreiheit und schließlich eine „bessere Finanzsorge für die arbeitende Klasse einerseits durch Hebung von Industrie und Gewerbe, andererseits durch zweckmäßige Verteilung der Steuern". Den meisten

Forderungen wurde ohne Änderung des bayerischen Grundrechtskataloges auf gesetzlichem Wege entsprochen. Entscheidend war die Überwindung der Reste der ständischen Ordnung durch ein neues Wahlgesetz, das praktisch allen männlichen Einwohnern das Wahlrecht verlieh, und durch die Aufhebung bzw. Ablösung der Grundlasten. Mit der Neuorganisation des Gerichtswesens, dem Recht der parlamentarischen Gesetzesinitiative und Ministeranklage wurden die Wünsche und Vorstellungen des süddeutschen Liberalismus erfüllt. Diese politischen Grundfreiheiten wurden ausdrücklich zu Staatsgrundgesetzen erklärt. In anderen Staaten ereignete sich ein gleiches.

Das Gesetz über die Grundrechte des Deutschen Volkes galt nur knapp drei Jahre, dennoch hat dieses umfassende und grundlegende Dokument auf die Staatstheorie und das Rechtsempfinden des Volkes einen tiefen Einfluß ausgeübt. In jeder Form und überall verbreitet, fanden die neuen Prinzipien des nationalen Rechtsstaats, von einer durch das Volk gewählten Versammlung geschaffen, lebhafte Zustimmung. Nehmen wir als Beispiel die Verbreitung in Bremen. Schon einen Tag vor der amtlichen Publikation erschien ein Abdruck der Grundrechte in der „Bremer Zeitung". Der Bürgerverein gab den Katalog als Broschüre heraus, und eine Buchhandlung bot im Januar 1849 auf einem Großfolio-Bogen in Form einer Wandtafel an: 100 Exemplare für einen Reichstaler. Die Bremer Verfassung vom 5. März 1849 folgte in ihrem kurzen Abschnitt „Von den Rechten der Bremischen Staatsgenossen" weitgehend den Grundrechten der Paulskirche, nachdem diese bereits durch Verkündung vom 24. Januar 1849 Gesetzeskraft in Bremen erlangt hatten.

Deutschland hatte in der 48er Revolution die Leistung Frankreichs von 1789 nachgeholt und die Grundsätze seines neuen Rechtsverständnisses niedergelegt. Aber Entwicklung und Erfahrung eines halben Jahrhunderts zwischen den beiden Revolutionen waren in die Formulierung eingegangen, in die Präzision der Aussage. Das gewandelte Menschenbild fand seinen Niederschlag. An die Stelle der naturrechtlich-aufklärerischen Vorstellung des vernünftigen Menschen mit seinen angeborenen Rechten (und Pflichten) war die liberale Auffassung von der Rechtsperson getreten, die ihre sittlich-vernünftige Bestimmung nur in einer staatsfreien individuellen Sphäre erfüllen kann. Beide Menschenbilder blieben im Rahmen des bürgerlich-menschheitlichen Denkens, setzten ein Eigentum und die freie Verfügung über die Eigen-Sphäre voraus. Keiner hat diese liberale Auffassung der klassischen Freiheitsrechte in Europa großartiger und radikaler charakterisiert als John Stuart *Mill*.

Es ist daher verständlich, daß beim weiteren Kampf um die Einheit des Reiches auch um die fundamentalen Freiheitsrechte gerungen wurde. Noch im Erfurter Parlament, das nach dem Scheitern der Frankfurter Reichsverfassung einem engeren deutschen Bundesstaat unter Preußens Führung eine Verfassung geben sollte, war die Behandlung des Grundrechtskataloges eine der schwierigsten Fragen. Die ursprünglich sich an das Gesetz vom Dezember 1848 anlehnenden Formulierungen aber wurden einschneidend geändert. Die extreme Rechte wollte zuerst den Katalog der Individualrechte aus der Verfassung verbannt sehen und forderte dann die Anlehnung an die preußischen Grundrechte oder deren Übernahme. Wiederum war es ein föderatives Problem, die Einzelstaaten mit der grundrechtlichen Verfassung eines größeren Staatsverbandes zu versöhnen, da Österreich, Preußen, Bayern, Hannover die Publikation des Gesetzes vom Dezember 1848 abgelehnt hatten. So stellte es schließlich die Erfurter Unionsverfassung ganz in das Belieben der einzelstaatlichen Gesetzgebung, ob und wie der Grundrechte-Teil Anwendung auf ihre besonderen Verhältnisse finden werde. Auf Wunsch des österreichischen Ministers hatten die süddeutschen Staaten in einem Entwurf des sogenannten Vierkönigsbündnisses Februar 1850 den vorgesehenen Katalog der Grundfreiheiten gestrichen. Österreich lehnte damals die Grundrechte ab, „deren Einführung bereits in den meisten Staaten als unvereinbar mit dem öffentlichen Wohl erkannt worden ist". Auch auf dem Frankfurter Fürstentag von 1863 überging Österreich in seinen Reformentwürfen eine Rechte-Aufstellung.

XVIII. Der Positivismus seit der Mitte des 19. Jahrhunderts

Bismarck sah für die neue Verfassung des Norddeutschen Bundes keine Aufnahme von Grundrechten vor. Er wollte vornehmlich alle Schwierigkeiten vermeiden, die sich daraus mit den Einzelstaaten — auch bei einer zukünftigen Erweiterung des Bundes — ergeben konnten. Dennoch wurden diese Probleme auf dem konstituierenden Reichstag von 1867 lange diskutiert. Als Anregung standen die Grundrechte des deutschen Volkes vor aller Augen, aber das Schicksal jenes Gesetzes lastete auch als schwere Hypothek über jener Debatte. Die nationalliberale und die Fortschrittsfraktion drangen auf einen solchen Katalog. Ihre Versuche, gemeinsame Grundrechte für das Gesamtgebiet des Norddeutschen Bundes aufzustellen und diese durch die Verfassung zu gewährleisten, stießen auf Ablehnung, weil die Freiheitsrechte in den Landesverfassungen verankert seien. Dahinter stand die Sorge, wie in Frankfurt durch zeitraubende Debatten die Gunst der Stunde zu versäumen. Auch die positivistische Auffassung, daß ohne weitere gesetzliche Bestimmung eine bloße Verkündung wenig Nutzen habe, spielte mit: „Ohne solche Ausführungsgesetze haben die Grundrechte wohl den Wert, als gewisse Markzeichen zu dienen, über welche sich die gesetzgebende Gewalt nicht hinwegsetzen soll, aber sie haben nicht den tatsächlichen praktischen Wert, daß es sich um deswillen lohnte, das Verfassungswerk infrage zu stellen oder ungebührlich zu verzögern, um zunächst solche Grundsätze festzustellen". Man wollte lieber dem künftigen Reichstag die entsprechende Gesetzgebung überlassen. Auch die Kompromißformel, im Artikel 4 eine Kompetenzbestimmung aufzunehmen, „die Feststellung der Befugnisse, welche kein Bundesstaat in bezug auf Preß-, Vereins- und Versammlungsrecht, sowie in bezug auf die sonstigen persönlichen und staatsbürgerlichen Rechte seinen Angehörigen vorenthalten darf", wurde in der Schlußabstimmung mit 130 zu 128 Stimmen abgelehnt. Der nationalliberale Abgeordnete Heinrich *von Sybel* gab dabei den Ausschlag, indem er gegen den Antrag seiner eigenen Partei stimmte. Er glaubte, daß jeder weitere Beschluß über Grundrechte das Parlament mit der preußischen Regierung entzweien würde. Bismarck erwartete bei der verfassungsmäßigen Garantie Schwierigkeiten mit den Bundesstaaten. Der Großherzog von Mecklenburg-Strelitz und seine Landstände hatten schon die Ablehnung der Bundesverfassung angekündigt, da solche Grundrechte nur auf den

Umsturz der bestehenden mecklenburgischen Staatsordnung zielen würden.

Bismarck hat dieses föderative Moment stark betont, und er bekannte sich auch zu den Menschenrechten, wie sie Frankreich im Jahre 1791 angenommen hatte und wie sie in die Verfassung der Republik übergegangen sind. Obwohl er die Grundrechte der preußischen Verfassung von 1850 akzeptierte und später der allgemeinen Zeittendenz einer Festlegung von individuellen Rechten durch Gesetz zustimmte, blieb er der unbedingte Vertreter des Monarchischen Prinzips, auch in seiner späteren Sozialgesetzgebung.

Ein Vergleich der Frankfurter Grundrechte mit der kommenden Gesetzgebung des Deutschen Reiches zeigt, daß ein wesentlicher Teil von ihnen verwirklicht worden ist. Die Gleichheit vor dem Gesetz, Unverletzlichkeit der Person und des Eigentums, Freizügigkeit, Gewerbefreiheit, Habeas-Corpus, Briefgeheimnis, Pressefreiheit, Vereins- und Versammlungsfreiheit, die Trennung von Verwaltung und Rechtspflege wurden reichsgesetzlich geregelt. Mit dem Vordringen des rechtsstaatlichen Denkens und des juristischen Positivismus setzte sich immer siegreicher der Gedanke durch, durch Einzelgesetze die Grundrechtsmaterie nicht nur allgemein anzusprechen, sondern eindeutig zu umschreiben und eine klare Durchführung zu garantieren. Das allgemeine Petitionsrecht eines jeden wurde durch die Praxis des ständigen Petitionsausschusses des Reichstages gesichert. Das Recht der Interpellation war für das Denken der Zeit so eng mit der Existenz des Parlaments verbunden, daß 1867 seine Aufnahme in die Verfassung als überflüssig bezeichnet wurde, da es sich um eine Befugnis handle, „die sich wirklich von selbst verstehe". Wie sehr der Reichstag über diese Freiheiten wachte, zeigt eine Interpellation vom Mai 1871, die sich gegen die Strafversetzung zweier Hamburger Postsekretäre wandte, weil sie eine Petition an den Reichstag wegen Aufbesserung ihres Gehaltes eingereicht hatten. Damals meinte der Abgeordnete *Bamberger:* „Es ist kein Tag in der ganzen Session, an dem wir etwas Wichtigeres zu entscheiden gehabt hätten als heute die Tatsache, daß jeder Deutsche ... immer hierher kommen darf, um zu ermitteln, ob ihm Recht oder Unrecht geschehen ist." Ausnahmegesetze schränkten gewisse Grundrechte zeitweise wieder ein, so im Kulturkampf das einzige Grundrecht, das in der Reichsverfassung ausdrücklich festgelegt war, das Grundrecht des Indigenats und der Niederlassung. Außerordentlich erregten die ‚Gesetze über die gemeingefährlichen Bestrebungen der Sozialdemokratie' die Öffentlichkeit wie den Reichstag, da hier das Vereins- und Versammlungsrecht, die Freiheit der Presse und des Gewerbebetriebes sowie die Freizügigkeit betroffen wurden. Spätere Versuche in der Umsturzvorlage (1894/95) und der Zuchthausvorlage (1899), Einschränkungen der durch die Gesetze garantierten Grundrechte zu bewirken, wurden zurückgewiesen.

In dieser Epoche wandelte sich das Grundrechtsverständnis erneut unter dem Einfluß des positivistischen Zeitgeistes in Europa. Der juristische Positivismus löste sich ganz von der außer- oder vorstaatlichen Vorstellung der Menschen- und Bürgerrechte. Die allmächtige Staatsgewalt wurde der alleinige Beziehungspunkt des Rechts und der Freiheitsrechte. Diese zählte man seit C. F. *von Gerbers* Buch (1852) unter die ‚Öffentlichen Rechte', und ihre Dreiteilung in Rechte des Monarchen, Rechte der Beamten und Rechte der Untertanen (unterteilt in Volksrechte und ständische Rechte) deutet schon die auftauchende Problematik einer veränderten Stellung der Grundrechte an. Wenn auch Gerbers Idee des Staates die Freiheitssphäre des Einzelnen einschloß, so sank doch der Staatsbürger über den Untertan zum einfachen Objekt des Herrschaftsrechtes herab. „Selbst da, wo man den Begriff der Volkssouveränität an die Spitze gestellt hat, entspringt für den einzelnen durchaus kein Recht, das ihn aus dem oben bezeichneten Rahmen (des Untertanenverhältnisses) hinausführte." Gerber hatte die Verleihung der Rechte in Deutschland durch die monarchischen Staatsgewalten vor Augen, so daß diese staatlichen Konzessionen bloß als Reflexe des öffentlichen Rechts erschienen. Die Theorie der Reflexrechte nahm den Grundrechten völlig die naturrechtliche Selbständigkeit gegenüber dem Staate. Der führende Staatsrechtler des Kaiserreiches, Paul *Laband*, erklärte die Freiheits- und Grundrechte als Normen für die Staatsgewalt, die diese sich selbst gibt. Ihre Aufgaben liegen in den Schranken für die Machtbefugnisse der Behörden und in der Sicherung der natürlichen Handlungsfreiheit des Einzelnen in gewissem Umfange. Es sind keine subjektiven Rechte der Staatsbürger, überhaupt „keine Rechte, denn sie haben kein Objekt". Sein Schüler Philipp *Zorn* ordnete 1880 die ‚sogenannten Grundrechte' eindeutig dem Recht der Staatsangehörigkeit zu, an deren erste Stelle er die Gehorsamspflicht setzte. Die monarchisch-bürokratische Staatsordnung und ihr einseitig obrigkeitliches Herrschaftsprinzip wurden durch diese Lehren geschützt und abgeschirmt gegen die Ansprüche der bürgerlichen Wirtschafts- und der kapitalistischen oder antikapitalistischen Industriegesellschaft auf politische Teilnahme und Machtteilhabe.

Auch die staatsrechtliche Richtung, welche einen solchen Dienst im Sinne des altstaatlichen Apparates ablehnte, hielt mit der neuen Formel der subjektiven öffentlichen Rechte, die also gewisse Ansprüche gegen den Staat umschließen, nicht den bevorzugten Platz der Grundrechte. Das Fehlen eines Grundrechtskataloges in der Reichsverfassung wirkte sich eben auch für die Theorie als ein Mangel aus. Sie legte Wert und Wirksamkeit der Grundrechte vornehmlich in das verwaltungsrechtliche Gebiet. Der bedeutendste Vertreter der Lehre der subjektiven öffentlichen Rechte, Georg *Jellinek*, begründete die Geschichtsforschung der Menschenrechte. Daß er in ihr die naturrechtlichen Antriebskräfte unterschätzte, dürfte mit seinen Grundansichten zusammenhängen. Sein „System der subjektiven öffentlichen Rechte" (1892) wandte sich gegen die naturrechtliche Auffassung und ihre Theorie der erworbenen Rechte. Jedes Recht sei erworbenes Recht, auch solches durch Geburt, das darum nicht angeboren ist. Jellinek versuchte, die beiden konträren Lehren seiner Zeit über die Grundrechte zu verbinden. Für die eine ist das subjektive öffentliche Recht dem Privatrecht gleichartig strukturiert. Es unterscheidet sich nur durch die Prinzipien der Über- und Unterordnung von der privatrechtlichen Koordination. Die subjektiven öffentlichen Rechte sind Schranken des Staates, besonders der Verwaltung, zum Schutze des Bürgers. Die andere Lehre leugnete die Existenz von subjektiven öffentlichen Rechten des Individuums, denn dieser so benannte Komplex umfasse nur Reflexe staatsrechtlicher Normen. Jellinek stellte die öffentlichrechtliche Qualifikation der Persönlichkeit, die der Staat erst schafft, in den Mittelpunkt. Während „jedes Privatrecht lösbar ist von der Person seines Trägers, ohne die Persönlichkeit selbst zu berühren", kann dies im öffentlichen Recht nicht geschehen. Es existiere vielmehr ein sehr ausgedehntes Gebiet von Rechtsnormen für überwiegend individuelle Zwecke.

Mit ausführlich begründeten Argumenten widerlegte Jellinek die beiden Lehren seiner Zeit und setzte an ihre Stelle ein System, das die Grundrechte nicht mehr als Ausfluß der Staatsangehörigkeit betrachtete, sondern sie aus der öffentlich-rechtlichen Qualifikation der Persönlichkeit ableitete. Seine Zugehörigkeit zum Staat und die daraus entstehenden vielfältigen Beziehungen qualifizieren den Menschen nach verschiedenen Richtungen und versetzen ihn in eine Reihe rechtlich relevanter Zustände. Die sich aus ihnen ergebenden Ansprüche werden durch die Grundrechte als subjektive öffentliche Rechte geregelt. So rücken die Zustände, die Statusverhältnisse, in den Mittelpunkt der Systematik. Der status libertatis bedeutet die Schaffung einer staatsfreien Individualsphäre; die gegen die absolutistisch-feudalstaatlichen Beschränkungen durchgesetzten Freiheitsrechte sind Negationen der Staatsomnipotenz. Im status civitatis stehen dem Individuum mit dem Rechtsschutz und der ‚Interessenbefriedung durch staatliche Verwaltungstätigkeit' positive Leistungen des Staates zu. Der Status der aktiven Zivität gewährt schließlich dem Individuum Teilnahme an der staatlichen Willensbildung, z. B. durch das Wahlrecht. Die Rechte des negativen, positiven und aktiven Status sind garantiert in den subjektiven öffentlichen Rechten, die den Staat rechtlich beschränken, ihn durch ‚Selbstverpflichtung' zum Rechtsstaat machen. Noch gilt auch für Jellinek das Monarchische Prinzip, der Einzelne muß sich dem obrigkeitlichen Staat unterordnen. Aber es handelt sich um eine gesetzlich begrenzte Eingliederung in die politische Ordnung, die jedoch nicht ausschließlich individueller Zwecke wegen da ist. Der jenen Statusverhältnissen vorausgehende passive Status oder status subjectionis legt die Verpflichtungen gegen den Staat fest.

Am Anfang dieses Jahrhunderts hat Friedrich *Giese* „Die Grundrechte" (1905) als öffentlich-rechtliche Normen definiert, die der Staat zum Zeichen der Anerkennung einer Freiheitssphäre der Individuen schafft, indem er sich selbst beschränkt und jene nötigenfalls zwangsweise durchsetzt. Diese ganz in das Staatsrecht integrierten Grundrechte wurden in Schutz- und Freiheitsrechte geschieden. Den Schutzrechten wurden die Unverletzlichkeit (der Person, Wohnung, des Briefgeheimnisses und Eigentums) und die Gleichheit (vor dem Gesetz und vor dem Richter) zugeordnet, unter die Freiheitsrechte freie Betätigung des Individuums (Freizügigkeit, Gewerbefreiheit, Freiheit der Wissenschaft, des religiösen Bekenntnisses und der Meinungsäußerung) und freier Zusammenschluß mehrerer Individuen (Verehelichungsfreiheit, Versammlungsfreiheit, Vereinigungsfreiheit und Freiheit der Religionsgesellschaften) gerechnet.

XIX. Sozialismus und soziale Grundrechte

Die Verwirklichung der Schutz- und Freiheitsrechte war der liberalen Bewegung, d. h. vornehmlich dem Bürgertum, der vom Staat emanzipierten ‚bürgerlichen' Gesellschaft zu danken. Alle Grundrechtsforderungen waren aufs engste mit dem Anliegen des Bürgertums, mit seiner politischen, sozialen und wirtschaftlichen Stellung verbunden. Die größten Erfolge in der Sicherung und Bewahrung jener Rechte wurden in den Staaten Europas erzielt, in denen der politische und ökonomische Liberalismus siegreich war. Aber die industrielle Revolution brachte Probleme eines neuen Standes, des Arbeiterstandes. Sie wuchsen immer stärker an und verschärften sich. Sie waren dem Bürgertum zuerst nicht recht bewußt geworden und von ihm trotz lebhafter Diskussion in ihrer Bedeutung unterschätzt. Die große Veränderung im Gefüge des staatlichen, des wirtschaftlichen und sozialen Lebens, die die industrielle Revolution bedeutet, erfaßte alle Bereiche. Sie stellte die Würde und Freiheit der neuen Schicht der eigentumslosen Gesellen und Arbeiter in Frage. In den Verfassungen und Gesetzen des 19. Jahrhunderts mußten die Grundrechtsauffassungen des Proletariats zum Ausdruck kommen. Der nur auf seine Arbeitskraft angewiesene Mensch suchte seine Formen der Freiheitsrechte, die ihn in den Genuß der klassischen liberalen Rechte setzen konnten.

Nach der Überwindung des europäischen Merkantilismus hatte im Sinne der Theorie von Adam *Smith* das freie Spiel der wirtschaftlichen Kräfte gesiegt. In ihm besaß das frühkapitalistische Unternehmertum eine fast uneingeschränkte Macht. Unter dem Zeichen der freien Konkurrenz eroberte die industrielle Revolution von England aus die Welt und verwandelte die vorwiegend agrarische Gesellschaft in eine industrialisierte. Das besitzlose Arbeitertum sah sich der Herrschaft der allmächtigen modernen Wirtschaft in dem Augenblick ausgeliefert, als der Bürger die Herrschaft des allmächtigen modernen Staates einzudämmen unternahm. Die bürgerliche Wirtschaftsgesellschaft, die sich vom Staat unabhängig machte, nutzte ihre Macht über den vierten Stand. Der frühe Kapitalismus führte zu einem neuen Kampf um Freiheit und Menschenrechte, um Anerkennung sozialer und ökonomischer Schutzrechte.

Handelte es sich beim Kampf des liberalen Bürgertums um die Freiheit vom modernen Staate, um eine staatsfreie Individualsphäre, so wurden jetzt Schutzrechte für eine wirtschaftlich schwache Klasse gefordert: der staatliche Schutz des Arbeiters gegenüber der Gefährdung durch die kapitalistische Wirtschaft. Der vierte Stand erstrebte nicht in erster Linie die klassischen liberalen Menschenrechte. Das 19. Jahrhundert erlebte die wirtschaftlichen und moralischen Ansprüche des Arbeitertums, das sich der Würde seines Menschentums bewußt wurde. Dort, wo die industrielle Revolution sich zuerst durchgesetzt hatte, wo drückende wirtschaftliche Not Unfreiheit und Ungleichheit doppelt deutlich erscheinen ließ, entstand die erste große sozialistische Bewegung für die Rechte des Arbeiters, der *Chartismus* in England. Sein Programm war die Volkscharta für Gerechtigkeit und allgemeine Wohlfahrt (1838), politische Forderungen, die auch dem Arbeiter volle Beteiligung an den Wahlen und Selbstvertretung im Parlament ermöglichen sollten. Den Civil Liberties entsprechend wurden nun politische Arbeiterrechte aufgestellt. Die naturrechtlichen Prinzipien fanden Anwendung in der neuen sozialen und ökonomischen Lage. John *Locke* hatte das Eigentum als ein auf dem Rechtstitel der Arbeit ruhendes natürliches Recht bezeichnet. Die Chartisten knüpften daran an und wiesen auf die Ungerechtigkeit hin, daß die Arbeiter nicht in den vollen Ertrag ihrer Arbeit kamen. Sie erhoben die Forderung nach gerechtem Lohn als einem natürlichen Recht. Auch Robert *Owen*, der sich der Industriearbeiterfrage annahm, stellte 1841 in seinem Wahlprogramm Forderungen auf, um „die Klassengesetzgebung zu beseitigen und die Menschenrechte zu erlangen". Er verstand unter ihnen Nationalerziehung und Staatsarbeit für alle, die sie fordern, Rede- und Schreibfreiheit über alle politischen und religiösen Angelegenheiten und schließlich völlige Religionsfreiheit für alle Religionen der Welt. Auch in den Plänen zur Gestaltung der neuen Gesellschaft mischten sich liberale und sozialistische Vorstellungen.

Noch enger mit der Idee der Menschenrechte war die deutsche proletarische Bewegung verbunden, die nach der Juli-Revolution 1830 im Exil Frankreichs, Englands und der Schweiz entstand. 1834 erschien zum erstenmal in Paris eine Schrift „Erklärung der Menschen- und Bürgerrechte", die mit ihren 53 Artikeln eine Kompilation des berühmten Entwurfs Robespierres und der Déclaration Jacobine vom Juni 1793 darstellte. Ihr Autor war ein Franzose, der diesen Rechtekatalog für die 1833 gegründete radikal-republikanische Société des droits de l'homme et du citoyen verfaßt hatte. Die deutsche Übersetzung wurde nicht nur zur Programmschrift der deutschen Arbeitervereine im Ausland, sie war auch in Deutschland sehr stark verbreitet. Im Jahr ihres Erscheinens verhaftete man in Hamburg einen Lohgerber aus Bremen, der diese Broschüre bei sich trug. Sie spielte nach hessischen Polizeiberichten keine geringe Rolle in der proletarischen Vorgeschichte der deutschen Revolution von 1848; in Hessen war die umstürzlerische Vereinigung „Gesellschaft der Menschenrechte" aktiv. Sechs fundamentale Grundrechte wurden gefordert: Sicherheit, das Recht auf Existenz, das Recht auf Entwicklung der menschlichen Anlagen, Freiheit, das Recht auf Widerstand gegen Unterdrückung und Gleichheit. Es sind die Rechte, die die Erklärung Robespierres enthielt; an die Stelle des Rechts auf Eigentum hatte schon Robespierre das Recht auf Existenz gesetzt. Als Aufgabe der Gesellschaft wurde nun bezeichnet, die Güter der Bürger der Gleichheit näherzubringen, während der einzelne Bürger nur berechtigt sein sollte, den ‚Güterteil' zu genießen, der ihm vom Gesetz zugesichert ist. Die Pflicht der Gesellschaft, jedem ihrer Mitglieder Erziehung und Unterricht zukommen zu lassen, war ganz im Sinne der Deklaration von 1793 betont.

Neben dieser „Erklärung der Menschenrechte" wurde noch eine zweite Broschüre in Deutschland verbreitet. Das „Glaubensbekenntnis eines Geächteten" war vom Bund der Geächteten, der deutschen Handwerkerassoziation in Paris, als eine Einleitung für die erstgenannte Flugschrift verfaßt. Der Bund der Geächteten hatte in seinem Programm als Zweck die „Befreiung Deutschlands... Entsklavung der Menschheit und Verwirklichung der in den Menschen- und Bürgerrechten enthaltenen Grundsätze" angegeben. Es kann kein Zweifel sein, daß der Déclaration Jacobine und ihrer Neufassung in der proletarischen Bewegung des Vormärz eine wichtige Rolle zukommt. Ihre Prinzipien bildeten das Kampfziel, das die Solidarität schuf und festigte. Auch nach 1848, nach dem Erscheinen des Kommunistischen Manifests, hat die Forderung der Menschenrechte ihre Bedeutung behalten. Die Vereine der ‚Arbeiterverbrüderung' ließen sich von der Idee der Menschenrechte führen. Sie versuchten, die als höchsten Wert verstandenen Menschenrechte für die Arbeiter durch soziale wie politische Rechte in der Gesellschaft und im Staate zu verwirklichen.

Zur gleichen Zeit zeichnete sich auch in Deutschland die große Veränderung der sozialen und ökonomischen Struktur stärker ab. Karl *Marx* hatte die industrielle Revolution bereits fünf Jahre vor der Verkündung des Frankfurter Grundrechtskataloges analysiert. In seiner Abhandlung „Zur Judenfrage" (1843) enthüllte er die sogenannten Menschenrechte als Rechte des beschränkten, auf sich selbst beschränkten Individuums der bürgerlichen Gesellschaft und bekämpfte sie. Denn keines der sogenannten Menschenrechte gehe über den egoistischen Menschen hinaus. Diese Abhandlung beruhte auf zwei Voraussetzungen, auf dem Gesellschaftsbild und dem Menschenbild des frühen Marx. Der scharfe, kritische Verstand gab ihm tiefe Einsichten in das Wesen der bürgerlichen Gesellschaft seiner Zeit und ihren Gegensatz zur feudalstaatlichen Gesellschaft der Vergangenheit. Die politische

Emanzipation überwindet die Zustände der Feudalität. Sie ist die Epoche, in der die alte Gesellschaft sich auflöse. Die Stände, Zünfte und Korporationen der Feudalzeit erfüllten öffentliche Aufgaben, übten gesellschaftliche und politische Funktionen zugleich aus. Die postrevolutionäre moderne Welt trennte Staat und Gesellschaft und hob den politischen Charakter der bürgerlichen Gesellschaft auf. Sie zerschlug die bürgerliche Gesellschaft in ihre Bestandteile, in die Individuen und in die materiellen und geistigen Elemente, den Lebensinhalt der Individuen. Sie konzentrierte den politischen Geist im Staate und konstituierte die Sphäre des Gemeinwesens, der allgemeinen Volksangelegenheiten, unabhängig von der Gesellschaft. Der egoistische, der nicht auf die Allgemeinheit ausgerichtete, sondern von ihr getrennte und entfremdete Mensch der bürgerlichen Gesellschaft fordert die Menschenrechte und wird in ihnen anerkannt.

Neben dieses Bild von der bürgerlichen Gesellschaft stellt Marx das Bild vom Menschen, der die eigene Emanzipation verfolgen muß. Er sah den Menschen als ein Gattungswesen, das mit den anderen Menschen verbunden ist und der anderen bedarf. Freiheit sollte der gesellschaftliche Zustand sein, in dem sich die Menschen als Menschen begegnen und nicht als Exponenten irgendwelcher Interessen, Klassen oder Eigentumsverhältnisse. Aber das bürgerliche Menschenrecht der Freiheit beruhe nicht auf der Verbindung des Menschen mit den Menschen, sondern vielmehr auf der Absonderung des Menschen von den Menschen. Das Menschenrecht auf Privateigentum sei die praktische Nutzanwendung dieses Rechtes auf Freiheit, denn es gibt die Möglichkeit, ohne Beziehung zu anderen Menschen, unabhängig von der Gesellschaft das Vermögen zu genießen und eigennützig darüber zu disponieren. Der egoistische Mensch ist für Marx der bürgerliche Mensch seiner Zeit schlechthin, ein „auf sein Privatinteresse und seine Privatwillkür zurückgezogenes und vom Gemeinwesen abgesondertes Individuum", in dieser Individualsphäre geschützt durch die Menschenrechte. Indem der Staat zum bloßen Mittel für die Erhaltung dieser sogenannten Menschenrechte herabgesetzt wird, muß für Marx auch der Kampf gegen diesen Staat erfolgen. Das kommunistische Manifest von 1848 eröffnete den Generalangriff gegen die bestehende bürgerliche Staats- und Gesellschaftsordnung. Nur durch eine Revolution, in der die klassenlose Gesellschaft entstehen wird, kann sich der Proletarier als Mensch, als Gattungswesen entwickeln. Mit dieser Auffassung über das Werden der klassenlosen Gesellschaft sind die liberalen Menschen- und Bürgerrechte, die Kennzeichen einer bestimmten Situation der bürgerlichen Gesellschaft, aber bedeutungslos geworden.

Das Marx'sche Menschenbild vom Gattungswesen, d. h. vom ‚wahren' Menschen, der die menschliche Gesellschaft, den anderen Menschen zum Bedürfnis hat und nicht in der Isolierung des Individuums seine Erfüllung findet, liegt allem sozialistischen Denken und den aus ihm stammenden sozialen Grundrechten zugrunde. Dem verwirklichten bürgerlich-liberalen Rechtsstaat, der in den individualistischen Menschenrechtserklärungen seine Gründungsurkunde sah, trat die sozialistische Vorstellung gegenüber, die auf demokratischer Ebene im 20. Jahrhundert zum sozialen Rechtsstaat führte. Die Garantie und Sicherung des Eigentums und die durch Eigentum ermöglichte Freiheit konnten für die Eigentumslosen niemals zu höchsten Staatszwecken werden.

Wie Marx, so lehnte auch Ferdinand *Lassalle* die liberalen Menschen- und Grundrechte in gleich starkem Ineinander von philosophischer Reflexion und politischem Wollen ab, ohne ihnen aber eine zusammenhängende Behandlung zuteil werden zu lassen. Bekämpfte Marx stärker den Egoismus und Individualismus in den Menschenrechtsvorstellungen des Bürgertums, so stellte Lassalle mehr die Leere und Abstraktheit der Menschenrechte vom Standpunkt des eigentumslosen und politisch nicht emanzipierten Arbeiterstandes dar. Auch Lassalle war wie Marx durch die Schule *Hegels* gegangen. Für ihn bestand der Zweck des Staates in der Verwirklichung der Sittlichkeit und der Erziehung der Menschheit. Aber die im Staate angestrebte Entwicklung zur Freiheit bedeutete nicht Schutz der bourgeoisen Idee von persönlicher Freiheit und Eigentum des Einzelnen, sondern sollte die Möglichkeit für die Arbeiter bieten, „eine Stufe des Daseins zu erreichen, die sie als einzelne nie erreichen konnten, sie zu befähigen, eine Summe von Bildung, Macht und Freiheit zu erlangen, die ihnen sämtlich als einzelnen unersteiglich wäre". Lehnte Lassalle bekanntlich den bürgerlich-liberalen Staat als Nachtwächterstaat ab, so forderte er doch den Staat des Arbeiterstandes als die höchste sittliche Stufe des Gemeinwesens, während *Marx* und *Engels* sich gegen den Staat entschieden und ein Absterben des Staates durch die klassenlose Gesellschaft der Zukunft erwarteten. Darum rief Lassalle zur politischen Eroberung des Staates durch das allgemeine, gleiche und geheime Wahlrecht auf, um Freiheit, Gleichheit, Gerechtigkeit, kollektives Eigentum und Bildung zu erwerben. Neben der politischen Gleichheit forderte er die soziale Gleichheit durch kollektives Eigentum in Form der Produktivassoziationen mit Staatskrediten. Ging es Marx um die Aufhebung der Entfremdung von Arbeitertum und Menschentum, so glaubte Lassalle, daß Solidarität und Gemeinsamkeit aller Arbeiter die Freiheit, die zugleich sittliche Freiheit sein sollte, verwirklichen würden. Die Gegnerschaft zum liberalen Individualismus mit seinen ökonomischen Grundlagen stand hinter den Auffassungen der beiden sozialistischen Führer in Deutschland.

Der Zwiespalt der Beurteilung der Menschenrechte in der europäischen Arbeiterbewegung und in der Theorie von Karl Marx hatte sich schon früh gezeigt, schon bei der Gründung der ersten Internationale 1864. Gegen den Widerstand von Marx enthielt die Inauguraladresse den Satz: „Sie (die Internationale) betrachtet es als Pflicht eines jeden, die Menschen- und Bürgerrechte nicht bloß für sich zu verlangen, sondern für jeden, der seine Pflicht tut." In den Statuten der ersten Internationale wurde dieser dort 1864 aufgenommene Satz nach 1866 aber durch Marx unterdrückt. Dieser Zwiespalt ist in der deutschen Entwicklung, die mit den Menschenrechtsansprüchen der Exil-Arbeiterorganisationen begann, immer wieder zu spüren. Die ideologischen Prinzipien des Marxismus stritten mit den Forderungen der Broschüren und Manifeste. In den sozialistischen Parteiprogrammen finden sich gleichfalls Forderungen des Arbeitertums, die den liberalen Grundrechten entsprechen. So werden im Eisenacher Programm (1869) zehn „Forderungen in der Agitation der Sozialdemokratischen Partei" vertreten, die politische und soziale Rechte vereinigen: vom allgemeinen, gleichen, direkten und geheimen Wahlrecht für alle Männer vom 20. Lebensjahr an über Aufhebung aller Vorrechte des Standes, des Besitzes, der Geburt und Konfession, Trennung von Kirche und Staat bzw. Schule und Kirche, unentgeltlichen Unterricht, Abschaffung aller Preß-, Vereins- und Koalitionsgesetze, Einführung des Normalarbeitstages, Einschränkung der Frauen-, Verbot der Kinderarbeit, Abschaffung aller indirekten Steuern bis zur staatlichen Förderung des Genossenschaftswesens und zum Staatskredit für freie Produktionsgenossenschaften unter demokratischen Garantien. Auch das Gothaer und das marxistische Erfurter Programm (1891) enthalten einen solchen Katalog von Arbeiter-Forderungen. Im letzteren steht das Bekenntnis zum Kampf „für gleiche Rechte und Pflichten aller ohne Unterschied des Geschlechtes und der Abstammung".

In den Reichstags- und Landtagsdebatten spielte die Vorstellung von Menschen- und Grundrechten auch für die *Sozialdemokraten* eine nicht unwichtige Rolle, so beim Kampf um die Koalitionsfreiheit der Arbeiter. Nur das Recht zu Zusammenschlüssen in Arbeiterorganisationen konnte dem wirtschaftlich unterlegenen Arbeiter den Abschluß vorteilhafter Arbeitsverträge ermöglichen. Zwar hob die Reichsgewerbeordnung von 1869 das Koalitionsverbot auf, aber gesetzliche Beschränkungen der politischen Vereine konnten jederzeit auch das Koalitionsrecht einschränken, besonders in Preußen, wo die Gewerkschaften den politischen Vereinen zugerechnet wurden. Die Forderungen auf staatlichen Schutz der Koalitionsfreiheit, Reform der Fabrikgesetzgebung, auf Kinder-, Jugend- und Frauenschutz, auf den Normalarbeitstag ‚als Grundlage für ein menschenwürdiges Dasein' und die Anerkennung des Rechtes auf Arbeit wurden damals im grundrechtlichen Sinne gestellt.

Einen Teil dieser sozialen Grundrechtsproblematik löste die Sozialversicherungsgesetzgebung des Reiches. Die seit 1883 rasch aufeinanderfolgenden Gesetze zur Kranken-, Unfall- sowie Invaliden- und Altersversicherung erkannten Rechte des vierten Standes und Pflichten des Staates an. Es handelt sich um gewährte, nicht nur gewährleistete Rechte. Die liberale Wirtschaftsfreiheit des Einzelnen wurde eingeschränkt durch Spezialgesetze für das Arbeitertum. *Bismarck* bekannte sich zum „Recht auf Versorgung, wo der gute Wille zur Arbeit nicht mehr kann". Die Hilfe des Staates sollte nicht mehr als Almosen aufgefaßt werden, sondern war Rechtsanspruch des Arbeitenden. Als Bismarck den Reichstagsabgeordneten zurief: „Geben Sie dem Arbeiter das Recht auf Arbeit, solange er gesund ist, geben Sie ihm Pflege, wenn er krank ist, sichern Sie ihm Versorgung, wenn er alt ist!", stellten die Sozialdemokraten sofort den Antrag auf Kodifikation des vom Reichskanzler proklamierten Rechtes auf Arbeit, jedoch ohne Erfolg. In den Arbeiterschutzgesetzen der 90er Jahre wurden weitere soziale Forderungen erfüllt: das Verbot der Sonntagsarbeit, neue Schutzbestimmungen für Frauen und Kinder, eine Verbesserung des Koalitionsrechtes. Auch der Schutz des Arbeiters im Falle der Arbeitslosigkeit wurde im Reichstage seit den 90er Jahren beraten. Die Reichsversicherungsordnung von 1911 verbesserte und ergänzte in einem einheitlichen Gesetzeswerk die einzelnen Versicherungsgesetze.

Der Reichstag wachte über die Einhaltung der Gesetze, die Grundrechtsmaterien geregelt hatten. Mehrfach kam es zu Zusammenstößen über die Frage der Suspension von Grundrechten, die unter einem Belagerungszustand möglich wäre. Die Reichsverfassung verwies für die Erklärung des Belagerungszustandes auf das preußische Gesetz vom 4. Juli 1851, wonach Grundrechte aufgehoben werden konnten, um Verhaftungen und Haussuchungen ohne richterlichen Haft- oder Durchsuchungsbefehl durchzuführen, Sondergerichte und Kriegsgerichte einzusetzen, die Zensur und sonstige Beschränkungen der freien Meinungsäußerung einzuführen, Vereine und Versammlungen zu verbieten, während die Freiheit des Eigentums und das Briefgeheimnis unberührt bleiben mußten. Als im Dezember 1913 in der Zabern-Affäre Übergriffe durch das Heer Grundrechte verletzten, forderte der Reichstag in einer Entschließung Maßnahmen für die künftige Sicherung der persönlichen Freiheit gegen die Militärbehörden. Dabei wurden die entscheidenden Teile der Strafprozeßordnung, „diese fundamentalen Grundsätze bürgerlicher Freiheit, das wichtigste beinahe, was wir in der Strafprozeßordnung besitzen", als Bestimmungen bezeichnet, „die eigentlich gar nicht in die Strafprozeßordnung hineingehören, sondern als Fundamentalgrundsätze in die Reichsverfassung".

Auch im ersten Weltkriege wachte das Parlament als ‚Hüter der Grundrechte' über den für das Reich verhängten Kriegszustand und die Ausübung der vollziehenden Gewalt durch die Militärbehörden, wenn auch nicht immer mit Erfolg. Die Zensur durch die militärischen Stellen wurde wegen ihrer parteipolitischen Einseitigkeit kritisiert. Im Kampf um die sozialen Grundrechte wurden einschneidende Bestimmungen des Vereinsgesetzes über das Koalitionsrecht gelockert. Je mehr gerade während des Krieges die Einsicht in die umfassende staatspolitische Bedeutung des modernen Industriearbeitertums wuchs, um so stärker wurde die Bereitschaft, seine Arbeit als soziale Leistung zu würdigen und sie zu sichern. Damit wurde bereits zwischen 1914 und 1918 eine Basis für die späteren sozialen Rechte der Weimarer Reichsverfassung geschaffen.

Den entscheidenden Umbruch in der Geschichte der Grundrechte brachte die russische Revolution 1917. In Weiterführung der Marxschen Theorien proklamierte der Sowjet-Kongreß Januar 1918 in einer feierlichen Erklärung die Rechte des werktätigen und ausgebeuteten Volkes. Wie den amerikanischen Staatsgründungen die Rechteerklärungen von 1776, dem revolutionären französischen Staat die Deklaration von 1789, dem Reichsgründungsversuch 1848/49 das Gesetz über die Grundrechte des deutschen Volkes vorausgingen, um die neuen Staats- und Lebensprinzipien in besonderer Form und Geschlossenheit auszusprechen, so wurde auch in Sowjet-Rußland mit jener Erklärung, die in der Verfassung der Russischen Sozialistischen Föderativen Räterepublik vom Juli 1918 Aufnahme fand, die neue politische Gesinnung und das neue Wertsystem des Kommunismus verkündet. Die Klasse der Werktätigen wird zum Träger der Rechte und Pflichten in der sozialistischen Ordnung, in der das Privateigentum an Grund und Boden, an allen Produktions- und Transportmitteln sowie an Banken abgeschafft wird. Der Geist des Angriffs gegen die nationale und internationale Gesellschafts- und Wirtschaftsordnung, gegen Kapitalismus und Imperialismus erfüllt diese Rechteerklärung, die sich der Unterdrückten aller Staaten und Kolonien annimmt. So gelten die Preßfreiheit, Vereins- und Versammlungsfreiheit nur für die Arbeiter- und Bauernklasse. Aus dem Recht auf Arbeit ist die allgemeine Arbeitspflicht geworden. Die neue Verfassung der Union der Sozialistischen Sowjet-Republiken von 1936 hat in 16 Artikeln ‚Grundrechte und Pflichten der Bürger' aufgestellt. Sie enthalten gleichfalls keine Rechte gegen den Staat auf eine staatsfreie Individualsphäre, die den Kern der bürgerlichen Grundrechtskataloge noch heute bilden, sondern der sozialistische Staat gewährt das Recht auf Arbeit mit Bezahlung entsprechend ihrer Qualität und Quantität, auf Erholung, auf materielle Sicherung im Alter, bei Krankheit und Invalidität und auf Bildung. Der Inhalt dieser sozialen Rechte wird ebenso vom Staate positiv gefüllt wie die Presse- oder Versammlungsfreiheit, für die der Staat die Mittel zur Durchführung bereitstellt. Alle Grundrechte bleiben ganz vom Willen der Regierung abhängig.

Diesem gewaltigen Anruf von Osten sah sich die deutsche Revolution 1918 in ihrer Grundrechtsdebatte gegenübergestellt. Im Verfassungsausschuß der Nationalversammlung wurde zunächst die Meinung vertreten, mit einigen wenigen Paragraphen die fundamentalen Rechtssätze im älteren Sinne auszusprechen. Einer solchen Auffassung widersetzte sich Friedrich *Naumann* als Referent für die Grundrechte unter dem Eindruck der sowjetischen Deklaration. Er bezeichnete die im Regierungsentwurf enthaltenen wenigen Rechtssätze als antiquiert, als Museumsstücke früherer Rechtskultur. Er wollte vielmehr ein gesteigertes Bekenntnis zu den leitenden Ideen des Neubaus der Demokratie zum Ausdruck bringen und legte einen umfassenden Entwurf vor, einen Kanon sittlicher Prinzipien und Forderungen. Aber dieser stellte mehr einen Volkskatechismus staatsbürgerlicher Rechte und Pflichten dar denn eine gesetzliche oder verfassungskräftige Garantie von Grundrechten. Gegen die ethisch-politischen Sentenzen Naumanns wandten sich die Juristen des Ausschusses, insbesondere Konrad *Beyerle*. So wurde in langer Auseinandersetzung aus dem geplanten kleinen Abschnitt der umfangreiche zweite Hauptteil der Reichsverfassung vom 11. August 1919 ‚Grundrechte und Grundpflichten der Deutschen' (Art. 109—165), der an den Grundrechtskatalog von 1848 anknüpfte und zugleich das neue Programm der demokratischen Republik verkündete. In ihm finden wir einen Niederschlag des vergangenen und aktuellen deutschen Rechtsdenkens und Vorstellungen für die Zukunft.

In den fünf Abschnitten (Die Einzelperson, das Gemeinschaftsleben, Religion und Religionsgesellschaften, Bildung und Schule und das Wirtschaftsleben) trat nun zu dem Katalog klassisch-liberaler, bürgerlicher Freiheitsrechte die Ordnung sozialer und ökonomischer Aufgaben. Die klassischen Freiheitsrechte eröffneten die verfassungsrechtlichen Normen durch den Gleichheitssatz, die Festlegung über Staatsangehörigkeit, Freizügigkeit, Auswanderungsfreiheit, Minderheitenrechte, Freiheit der Person, Unverletzlichkeit der Wohnung, Briefgeheimnis und Meinungsfreiheit. Die Artikel über Person, Wohnung, Briefgeheimnis und Meinungsfreiheit können vom Reichspräsidenten aufgrund des Artikels 48 und bei Gefahr im Verzuge auch von den Landesregierungen im Interesse der öffentlichen Sicherheit und Ordnung vorübergehend außer Kraft gesetzt werden. Während der erste und zweite Abschnitt eine staatsfreie Sphäre verbürgten, war der dritte

Abschnitt den Fragen der Glaubens- und Gewissensfreiheit und den religiösen Gemeinschaften gewidmet. Im vierten und besonders im fünften Abschnitt aber trat der neue Staat als Gestalter des Lebens auch im wirtschaftlichen und sozialen Bereich auf. Gerade diese beiden Abschnitte zeigen gegenüber der bisherigen Sicherung der bürgerlichen Gesellschaft das Fortschreiten zu einer Wirtschaftsdemokratie, in der Arbeiter und Angestellte eine grundrechtliche Schutzgarantie erhalten. Deutlich erscheint die Tendenz, die Freiheit des liberalen Rechtsstaates im Blick auf die sozialen Forderungen der Gegenwart einzuschränken.

Schien die Formulierung des einleitenden Artikels über die Gleichheit, „Alle Menschen sind vor dem Gesetz gleich", ursprünglich nur die Forderung nach rechtlicher Gleichbehandlung an die rechtsanwendenden Staatsorgane zu beinhalten, so machte sich bald ein Bedeutungswandel bemerkbar, indem nun auch die materielle Rechtssicherung, die Schaffung gleichen Rechts, gefordert wurde. Gegenüber den Bestimmungen der Frankfurter Nationalversammlung war die Fassung des Artikels über die Freiheit der Person ein Rückschritt, denn von einer richterlichen Nachprüfung bei einem Freiheitsentzug war nicht die Rede. Der Artikel über die freie Meinungsäußerung zeigt eine sozialrechtliche Absicherung: niemand darf durch ein Arbeits- oder Anstellungsverhältnis in der freien Meinungsäußerung behindert oder deswegen benachteiligt werden. Die Artikel über das Gemeinschaftsleben garantieren die Institution der Ehe zum erstenmal in der westeuropäischen Verfassungsgeschichte „in bewußter und gewollter Ablehnung gewisser kommunistischer Lehren" (*Anschütz*) und brachten den Anspruch auf staatliche Förderung und Fürsorge für die Familie, insbesondere die kinderreiche Familie, und bei der Mutterschaft. Deutlich wird der Kompromiß zwischen den widerstreitenden weltanschaulichen Positionen der politischen Parteien in den Artikeln über Schul- und Bildungswesen. Die Erziehung gilt als oberste Pflicht und natürliches Recht der Eltern, aber die Schulen werden dem Wirkungsbereich des Staates zugewiesen. Die Versammlungs- und Vereinsfreiheit ist weitgehend garantiert. Das Recht zur Vereinigung darf nicht durch Vorbeugungsmaßregeln beschränkt werden, und keinem Verein kann wegen der Verfolgung eines politischen, sozialpolitischen oder religiösen Zweckes der Erwerb der Rechtsfähigkeit versagt werden. Die politischen Rechte der Wahlfreiheit und des Wahlgeheimnisses, des Petitions- und Beschwerderechts sind gewahrt. Den Gemeinden wird die Selbstverwaltung zugesichert. Ausführliche Bestimmungen über das Beamtentum sind enthalten.

Im dritten Abschnitt wird die volle Glaubens-, Gewissensfreiheit und Religionsübung gewährleistet. Zwar ist keine volle Trennung von Staat und Kirche ausgesprochen, aber die Behandlung aller Religionsgesellschaften ist gleich, es gibt keine Staatskirche. Die Garantie eines Nichteingreifens in die kirchlichen Verhältnisse steht im Gegensatz zur Behandlung des Schulwesens, wo der Staat sämtliche Schulen seiner Aufsicht unterwirft. Die allgemeine Schulpflicht erfährt soziale Ergänzungen: Unterricht und Lernmittel sind in den Schulen und Fortbildungsschulen unentgeltlich, öffentliche Gelder werden für Minderbemittelte in allen weiterführenden Schulen gezahlt. Der Besuch dieser Schulen hängt nur von der Begabung und der Neigung des Kindes ab. Die Freiheit des Eigentums ist zu einer rein ökonomischen Frage geworden, die erst im letzten Abschnitt über das Wirtschaftsleben behandelt wird. Das Eigentum wird in vieler Hinsicht gebunden. Das Privateigentum bleibt frei, aber der Grundsatz, Eigentum verpflichtet, gilt auch für dieses. Eingriffsrechte sind durch Gesetz geregelt. Eine Enteignung ist nur gegen angemessene Entschädigung zulässig, aber der Notverordnungsparagraph bietet zusätzliche Handhaben. Die Möglichkeit der Sozialisierung von Unternehmen auf gesetzlichem Wege ist vorgesehen, auch überwacht der Staat die Verteilung und Nutzung des Bodens. Die arbeitende Klasse soll gefördert werden. Für sie wird gesondert die Koalitionsfreiheit zur Wahrung und Förderung der Arbeits- und Wirtschaftsbedingungen zugestanden und die Mitbestimmung im Betrieb rechtlich fixiert. Aber man nahm davon Abstand, ein Recht auf Arbeit auszusprechen, weil es mit der bestehen bleibenden bürgerlichen Wirtschaftsform unvereinbar wäre. Dennoch sind die sozialen Rechte eines der wesentlichsten neuen Ergebnisse der Verfassung von 1919.

Der zweite Hauptteil der Weimarer Reichsverfassung enthielt absolute und relative Grundrechte, unmittelbar geltendes Recht und Richtlinien für den Gesetzgeber. Als Ganzes war er nach den Worten R. *Smends* der zeitgemäße Ausdruck für „ein bestimmtes Kultur- und Wertsystem, das der Sinn des von dieser Verfassung konstituierten Staatslebens sein soll". Der Weg vom bürgerlich-liberalen Rechtsstaat zum sozialen Rechtsstaat führte zu einem Wandel der Theorie. Überhaupt wies die verfassungsrechtliche Aussprache sozialer Rechte auf das allgemeine Problem der Begrenzung neuer Grundrechte hin. Die durch Smend allerdings in anderen Zusammenhängen bewußt gemachte Veränderung stellte die Grundrechte auch unter die Verantwortung des Staatsbürgers für das Staatsganze und, wie man hinzufügen muß, unter die umfassende, auch soziale Verpflichtung des Staates für einzelne Bürgergruppen. Nicht mehr die Freiheit vom Staat im Sinne des westeuropäischen Liberalismus des 19. Jahrhunderts kann daher noch als vorherrschende Tendenz der Grundrechtssysteme aufgefaßt werden, sondern ihr über die individuellen Freiheitsrechte hinausgehender Gehalt. Die Wirkung vom und zum Staate und die Drittwirkung werden immer stärker beachtet. Die Grundrechte können nun als ein bedeutsamer Integrationsfaktor im Rahmen des Staats- und Gesellschaftslebens und der Staats- und Gesellschaftsentfaltung entdeckt werden, zeigt doch U. *Scheuners* neuere inhaltliche Einteilung der grundrechtlichen Bestimmungen in Freiheitsrechte, institutionelle Garantien, Schutz der Ordnungen des Gemeinschaftslebens, verfassungsrechtliche Leitprinzipien und soziale Grundrechte den eine breite Staatlichkeit repräsentierenden Umfang der modernen Fundamentalrechte. Der von Carl *Schmitt* geprägte Begriff der institutionellen Garantien galt den verfassungsrechtlichen Verbürgungen von öffentlich-rechtlichen Einrichtungen, die ursprünglich nur freiheitliche Einrichtungen wie Selbstverwaltung der Gemeinden oder wissenschaftliche Lehrfreiheit garantieren sollten, nun aber auch die Institution des Berufsbeamtentums schützen. Mit der Anerkennung sozialer Rechte wird die ältere, im deutschen Idealismus bewahrte Relation zwischen Pflicht und Recht des Menschen unter ganz anderen Aspekten wieder lebendig. Damals sollten den natürlichen Pflichten des einen natürliche Rechte des anderen entsprechen. Nun entstehen durch Verpflichtung der im Staat verkörperten Gesamtheit Rechte für Teile der Wirtschaftsgesellschaft, um ein soziales Ganzes für Person und Gemeinschaft zu errichten.

Die soziale Frage des 19. Jahrhunderts, die laut werdenden Forderungen nach Schutz des Arbeitertums und nach grundrechtlichen Sicherungen des vierten Standes haben die christlichen Kirchen zur Stellungnahme gezwungen. In der protestantischen Kirche mit ihrem gebrochenen oder ablehnenden Verhältnis zum Naturrecht nahmen sich nur einige Vertreter der auf einer menschenrechtlichen Tradition aufbauenden modernen Postulate an. So forderte Friedrich *Naumann* 1889 in seinem Arbeiterkatechismus Anrechte und Schutzrechte der Arbeiterschaft, ohne daß es in der protestantischen Kirche zu einer fortschrittlichen geschlossenen Soziallehre kam. Anders in der katholischen Kirche, die seit der berühmten Enzyklika Rerum novarum *Leos XIII.* von 1891 die Pflichten des Staates zur Sozialpolitik und Fürsorge betonte und in einzelnen Forderungen niederlegte. Die Menschenwürde auch des Arbeiters wurde den Christen vor Augen gehalten, sein Vereinigungsrecht als Naturrecht nachgewiesen und durch eine zeitgemäße Erneuerung der Lehren des Thomas von Aquin ein System von Rechten des Arbeiters verkündet. Diese Magna Charta der katholischen Sozialarbeit der Gegenwart wurde in den späteren großen Enzykliken *Pius' XI.* und besonders *Johannes' XXIII.* neu gestaltet und umfassend erweitert. Das christliche Naturrecht gewann damit einen zeitgemäßen Ausdruck in einer entscheidenden Phase der gesellschaftlichen Entwicklung und konnte von seiner überstaatlichen und alle Gesellschaftsschichten repräsentierenden Ebene aus in Theorie und Praxis in alle Bereiche der Grundrechtsproblematik einwirken.

Ich sagte in den einleitenden Bemerkungen, daß die Idee der Menschen- und Grundrechte sich nicht nur in den großen Freiheitsbewegungen der Neuzeit erschöpfe. Weder die Betrachtung der politischen noch der geistigen Emanzipation, der gesellschaftlichen oder der wirtschaftlichen Befreiung kann den Wesensgehalt der Grundrechte ganz erfassen. Die Emanzipation des dritten und des vierten Standes führte zu Grundrechtsformulierungen, die teils gegensätzlicher Art sind. Ihre Synthese zu finden, wird die Aufgabe eines sittlich-rechtlichen Denkens und Handelns bleiben, das mit der Würde des Menschen auch das Wohl aller in der konkreten Situation des Lebenszusammenhanges vereinigt. Ebenso deutlich wird aus der historischen Betrachtung, daß in den Grundrechtskodifikationen ein wenn auch sehr begrenztes Kapitel der Staatsziele einer Zeit geschrieben und verwirklicht wurde. Ihr Wandel ist gleichfalls nicht nur ein Ergebnis der Freiheitsbewegungen, sondern komplexer weltgeschichtlicher Prozesse, die zudem mit ihren Phasenverschiebungen auf den Teilgebieten des öffentlichen und privaten Lebens auch Phasenverschiebungen in der Forderung nach und in der Anerkennung von einzelnen Grundrechten zur Folge hatten. Aber erst der subtile Einblick in die ideelle und reale Herkunft und Entwicklung der Einzelrechte erschließt uns das volle Verständnis für ihr Wesen und ihren Wandel. Ihre historischen Monographien müssen noch geschrieben werden: nicht im Stil der älteren geistesgeschichtlichen Untersuchungen über philosophische und politische Begriffe, sondern mitten aus den Nöten und Kämpfen der Zeiten, aus dem Behauptungs- und Entfaltungswillen bedrängter Seelen und Geister und unterdrückter Schichten, aus Zugriff und Abwehr wirtschaftlicher und politischer Interessen. Das Selbstverständnis des Menschen und gewisse Zielsetzungen staatlicher und gesellschaftlicher Ordnung sind in jedem Grundrecht enthalten.

Eigentum, Leben, Freiheit, Religionsfreiheit, Gleichheit, Persönlichkeit, soziale Sicherheit sind einige der bevorzugten Kerngehalte menschen- und grundrechtlicher Vorstellungen, die im Laufe der Geschichte mit anderen aus ihnen abgeleiteten oder begründeten Forderungen in Verbindung standen. Kein historisch-philosophisches ‚System' läßt sich aus den wechselnden Gehalten erschließen, aber eine vorherrschende gesellschaftliche Tendenz wird sichtbar. Der Begriff des Gesellschaftlichen muß im alten Sinne der societas humana seine volle Bedeutung wiedererhalten. In Abwandlung eines Wortes von Ludo Moritz Hartmann könnte man schlicht sagen, daß die Aufgabe der Grundrechte sei, „gesellschaftliche Tendenzen in rechtliche Formen umzusetzen". Die Würde des Menschen scheint uns heute die gesellschaftliche Tendenz, den alle Grundrechte umfassenden und zusammenschließenden Wert auszudrücken.

XX. Menschenrechte und Grundfreiheiten nach 1945. Ein neues Verständnis in Jurisprudenz, Theologie und Sozialethik der Gegenwart

Ein neues Zeitalter der Menschenrechte, ein neuer Einsatz für die Grundfreiheiten begann unter Führung der USA in den 30er und 40er Jahren unseres Jahrhunderts unter dem Eindruck der nationalsozialistischen Verbrechen. Es waren vornehmlich die klassischen: die liberalen und individuellen Menschenrechte, die dem unterdrückten und mit Krieg überzogenen Europa ein Gefühl der Erlösung und Befreiung vermittelten. Mit den großen Umwälzungen nach 1945 setzte die Beschäftigung mit Inhalt und Wesen der Fundamentalrechte auf breiter Basis voll ein, aber die anfängliche Übereinstimmung schlug mit der Aufnahme der Menschenrechtsproblematik durch immer mehr Nationen mehr und mehr in Kritik und Auseinandersetzung um. Die Einsicht in die globale Abhängigkeit aller Völker untereinander, die immer dichtere Berührung von armen und reichen Nationen, das unmittelbare Zusammentreffen von Hunger und Überfluß und die zunehmende Bedrohung aller durch Atombomben und Zerstörungstechniken jeglicher Art stärkte die Entwicklung internationaler Zusammenarbeit, die auf dem humanitären Sektor drei Tendenzen hervortreten ließ: politische und individuelle, soziale und materiale Vorstellungen über Menschenrechte und Grundfreiheiten sowie das Verlangen nach rechtsverbindlichen Übereinkommen zur Stärkung und Sicherung des Individuums. War die Verwirklichung menschenrechtlicher Programme bisher an den souveränen Staat, an die verfassungsmäßig garantierten Bürger- und Grundrechte gebunden, womit Menschenrechtssicherung und Menschenrechtsschutz allein vom staatlichen Machthaber abhängig blieben, so ging die Tendenz weiter, neben den souveränen Staaten oder über diese hinweg den einzelnen Menschen als Träger der Menschenrechte zum *Völkerrechtssubjekt* zu machen — ein Ziel, das in Ansätzen für die westeuropäische Staatengemeinschaft verwirklicht ist. Wir befinden uns also inmitten intensivster politisch-moralischer Diskussionen und juristischer Bestrebungen, bei denen sich die drei Tendenzen der klassischen, der sozialen und der zwischenstaatlichen bzw. überstaatlichen Rechte bisher auf keinen gemeinsamen Nenner haben bringen lassen. Helsinki 1975 und Belgrad 1977 sind vorläufig die letzten Stationen auf diesem Weg.

Die Welt, nicht nur Europa, ist *ideologisch wie machtpolitisch geteilt in die des Westens und die des Ostens* mit sehr unterschiedlichen Vorstellungen über Anerkennung, Aufgabe und Inhalt der Menschenrechte und Grundfreiheiten. Diese Vorstellungen widerstreiten einander in wesentlichen Punkten. Von einer einheitlichen Grundlegung in der anwachsenden Menschenrechtsschutz-Bewegung kann also nicht die Rede sein. Dazu kommt, daß die sozio-kulturellen (religiösen wie philosophischen) Bedingungen, die rechtlich-politischen Voraussetzungen und nicht zuletzt die materiellen Gegebenheiten in Asien anders sind als in Afrika oder wiederum in Europa und in Süd- oder Nordamerika auf Grund ihrer alle Bereiche umfassenden Traditionen und aktuellen Situationen. Es besteht eine voneinander abweichende Empfindungswelt und ein sehr differentes Menschenbild in den 160 souveränen Staaten der Welt. Die Verschiedenheit in der Verteilung der Güter, die sozialen und wirtschaftlichen Unterschiede zwischen den großen Industrienationen und den Entwicklungsländern erzeugen *Spannungen zwischen Nord und Süd.* Die Idee der politischen Souveränität als Kennzeichen der Freiheit und Selbstbestimmung eines Staates steht einer überstaatlichen Integration der Freiheitsrechte im Wege. Gerade die entkolonialisierten neuen Staaten in Afrika und Asien, die Länder der dritten Welt, vertreten in einem frischen, kräftig entwickelten Nationalismus ihre eben errungene Souveränität gegenüber allen Eingriffsmöglichkeiten von außen durch völkerrechtliche Bindungen. Ein einheitliches Rechtswesen und Rechtsdenken ist in regionalen Staatengemeinschaften kaum, in der universalen Staatengesellschaft der Vereinten Nationen gar nicht vorhanden. Die UN, von 51 Staaten gegründet, umfassen jetzt fast 150 Mitglieder aus allen Teilen der Welt in den unterschiedlichsten Stufen des wirtschaftlichen und gesellschaftlichen Zustandes, der kulturellen Tradition in Recht, Religion, Weltanschauung und politischer Überzeugung.

Als sich die *Vereinten Nationen* 1945 ihre Charta gaben, nannten sie bereits in der Präambel als vornehmlichsten Grund und Zweck ihres Zusammenschlusses, „den Glauben an grundlegende Menschenrechte, an die Würde und den Wert der menschlichen Person, an die gleichen Rechte von Männern und Frauen und von großen und kleinen Nationen zu befestigen". Das Ziel der künftigen internationalen Zusammenarbeit sollte es sein, „zur Realisierung der Menschenrechte und Grundfreiheiten aller Menschen ohne Ansehen von Rasse, Geschlecht, Sprache oder Religion beizutragen" (Art. 13, ähnlich Art. 1). Der Völkerbund nach dem Ersten Weltkrieg hatte kein Menschenrechtsprogramm entwickelt. Im Zweiten Weltkrieg verkündete der amerikanische Präsident Franklin D. Roosevelt 1941 in seiner Jahresbotschaft an den Kongreß

XX. Menschenrechte und Grundfreiheiten nach 1945

die Doktrin von den vier Grundfreiheiten (Freiheit von Not und Furcht, Freiheit der Meinungsäußerung und der Religionsausübung) als Grundlagen jeder zukünftigen Ordnung in der Welt und verknüpfte innenpolitische Grundsätze mit moralischen Forderungen. Die bei der Begegnung von Roosevelt und Churchill veröffentlichte Atlantic-Charta des gleichen Jahres verbriefte unter ihren freiheitlichen Friedenszielen allen Völkern und Menschen ein Leben in Sicherheit und frei von Furcht und Not. Die enge, seitdem verstärkte gedankliche und praktische Verbindung von Frieden, internationaler Sicherheit und Schutz der Menschenrechte kam dann in der Satzung der United Nations zum Ausdruck. Präsident Truman bezeichnete sie schon als „eine internationale Bill of Rights". Aber das knappe und unverbindliche Menschenrechtskonzept mußte erst weiter entfaltet werden. Nach insgesamt über zwanzigjähriger Arbeit in den UN liegt es nun in mehreren umfangreichen Dokumenten oder rechtlich verbindlichen Pakten vor.

Als erstes ist die *Universal Declaration of Human Rights* vom 10. Dezember 1948 zu nennen, eine neue Magna Charta der Welt. Sie geht von der „Anerkennung der allen Mitgliedern der menschlichen Familie innewohnenden Würde und ihrer gleichen und unveräußerlichen Rechte" aus, die „die Grundlage der Freiheit, der Gerechtigkeit und des Friedens in der Welt" bilden. Ein Katalog von 30 umfassenden Artikeln war in mühseligem Kompromiß zustande gekommen; um diese rechtlich nicht verbindliche Universale Deklaration der Menschenrechte wurde fast zwei Jahre gekämpft. In den Beratungen der eingesetzten Menschenrechtskommission zeigten sich die gewaltigen Spannungen in der Welt. Die Gegensätze zwischen West und Ost trafen in der Frage aufeinander, ob die klassischen Freiheiten vom Staat oder die ökonomischen und sozialen Ansprüche an den Staat als Basis eines solchen universalen Katalogs anzusetzen seien. Das Rededuell zwischen der freiheitlich-demokratischen und der kommunistischen Welt spitzte sich zu in den beiden Sätzen, hier des Engländers: „Wir wollen freie Menschen, nicht wohlgenährte Sklaven", dort des Vertreters der Sowjetunion: „Freie Menschen können verhungern". Der weltanschauliche Kompromiß der Charta führte keineswegs zur Übereinstimmung der Meinungen. Er wurde bei Stimmenthaltung des Ostblocks und zweier weiterer Staaten ohne Gegenstimmen angenommen, und der Kampf um Durchsetzung und Verwirklichung der Deklaration ging in den UN weiter. Aber die grundsätzliche Erklärung der klassischen individuellen Grundfreiheiten von 1789 hatte sich nun mit den in jüngster Zeit gestellten politischen, wirtschaftlichen, sozialen und kulturellen Ansprüchen verbunden zu einer Erklärung der Völker der Welt von universalerem Charakter. Der generellen, nur moralisch verbindlichen Formulierung sollten nun rechtlich bindende Verträge und Instrumente der Durchführung folgen.

Die beiden *Menschenrechtskonventionen der Vereinten Nationen* vom 16. Dezember 1966 stellen die zwei bedeutenden Stationen einer globalen Entwicklung dar. Schon das Auseinandertreten in zwei Übereinkommen, die jeweils von einer der miteinander ringenden Parteien letztlich bestimmt wurden, verdeutlicht die weiterhin über Helsinki bis zur Belgrader Konferenz hart konkurrierenden Grundprinzipien. Im ersten Übereinkommen, der „Internationalen Konvention über die wirtschaftlichen, sozialen und kulturellen Rechte", trat das sozialistische Lager in den UN unter Führung der Sowjetunion im Bunde mit den Entwicklungsländern strikt für die unantastbare Souveränität des Staates und eine nationale Selbstbestimmung ein und setzte sich durch. Die Konvention verkündet das Recht auf Arbeit sowie auf günstige und gerechte Arbeitsbedingungen, Gewerkschaftsbildung, soziale Sicherheit und Sozialversicherung, Schutz und Beistand für die Familie und einen angemessenen Lebensstandard, Genuß der physischen und geistigen Gesundheit sowie das Recht auf Erziehung. Diese wirtschaftlichen, sozialen und kulturellen Rechte sind näher begründet, ihre materiellen Voraussetzungen berücksichtigt, auf die Möglichkeiten der Entwicklungsländer hin modifiziert. Schon die Präambel weist die verfolgte Richtung deutlich aus, wenn es heißt, daß „das Ideal freier menschlicher Wesen, die sich der Freiheit von Furcht und Not erfreuen, nur vollendet werden kann, wenn Bedingungen geschaffen werden, durch die jeder seine wirtschaftlichen, sozialen und kulturellen Rechte genau so wie seine zivilen und politischen Rechte genießen kann".

Das andere Übereinkommen, die „Internationale Konvention über die zivilen und politischen Rechte" von 1966, erweist sich als ein den klassischen westlichen Traditionen verhafteter Vertrag. Auch er ist mit seinen 53 Artikeln sehr detailliert ausgearbeitet und setzt gleichfalls das Selbstbestimmungsrecht aller Völker und die Freiheit ihrer Entscheidung über die politische Stellung und angestrebte Entwicklung voraus. In 27 Artikeln werden Rechte ausgesprochen, die im Rahmen der staatlichen Gesetzgebung wirksam werden sollen. Die Einschränkungsmöglichkeit in Zeiten eines öffentlichen Notstandes unter bestimmten Voraussetzungen ist berücksichtigt. Eine eingefügte Habeas-Corpus-Akte regelt die gleiche Rechtsstellung aller Personen und die Grundzüge des Gerichtsverfahrens mit strengen Mindestgarantien. Die Rechte auf Freizügigkeit im In- und Ausland, auf Gedanken-, Gewissens- und Religionsfreiheit, auf Vertretung der eigenen Meinung, auf Versammlungs- und Vereinigungsfreiheit sind ausgesprochen; Regelungen über Schutz der Familie, der Kinder und der Minderheiten machen den Beschluß. Aber das klassische Recht auf Eigentum findet sich nicht mehr in den Bestimmungen.

Beide Vereinbarungen sind nach Ratifizierung durch die vertraglich vorgeschriebene Mindestzahl von 35 Staaten seit 1976 für die bisherigen Unterzeichnerstaaten in Kraft und völkerrechtlich verbindlich. Die Vereinten Nationen haben noch weitere umfassende Übereinkommen verabschiedet, so unter anderem 1948 die Konvention gegen den Völkermord, 1953 über die politischen Rechte der Frau, 1960 gegen Diskriminierung im Erziehungswesen, 1967 das Protokoll über die Rechtsstellung der Flüchtlinge. Man sieht, einen wie großen Anteil die Fragen der Menschenrechte an der Arbeit der UN haben. Die Menschenrechtskommission erfüllt in einem lockeren Berichts- und Beschwerdesystem eine ausgleichende Funktion. Heftig umkämpft ist die geplante Institution eines Generalanwalts oder Hochkommissars der Menschenrechte als zentrale Stelle für Beobachtung und Durchführung der Konventionen.

Einen völkerrechtlich entscheidenden Schritt hatten bereits 16 Jahre vorher die Vertreter der Mitgliedstaaten des Europarates getan. Sie unterzeichneten am 4. November 1950 in Rom die „Europäische Konvention zum Schutze der Menschenrechte und Grundfreiheiten", die 1953 in Kraft trat. Ohne die „Universale Deklaration der Menschenrechte" der UN von 1948, ohne den anfänglichen Schwung der europäischen politischen und wirtschaftlichen Einigungsbewegung, ohne die Tradition eines jus europaeum, des jus commune oder Gemeinen Rechts, und ohne das Bewußtsein gemeinsamer philosophischer und religiöser Denkelemente wäre es nicht möglich gewesen, die Beratungen der Europäischen Konvention schon nach so kurzer Zeit mit einem internationalen Vertrag abzuschließen. Dieses Abkommen bindet die Mitgliedsstaaten unter völkerrechtlichen Regeln und schützt die einzelnen Staatsangehörigen in ihren Rechten und Grundfreiheiten. Denn der Artikel 1 lautet: „Die Hohen vertragsschließenden Teile sichern allen ihrer Herrschaftsgewalt unterstehenden Personen die in Abschnitt I dieser Konvention niedergelegten Rechte und Freiheiten zu", daß heißt, die Individuen haben Anspruch auf die Verwirklichung der Rechtsnormen der Internationalen Konvention.

Mit der Rom-Konvention erreichte die Menschenrechtsbewegung in mehrfacher Hinsicht ihren ersten Höhepunkt seit 1945. Einmal wurde der internationale Schutz der Menschenrechte und Grundfreiheiten einer regionalen Staatengemeinschaft Bestandteil der Völkerrechtsordnung, zum anderen wandelte sich das Individuum zum Völkerrechtssubjekt, und schließlich wurde ein wirksames Rechtsschutzsystem aufgebaut. Als Organe zum Schutz und zur Sicherung der Freiheiten wurden in Straßburg die Europäische Menschenrechts-Kommission und der Europäische Gerichtshof für Menschenrechte geschaffen. Die in der Konvention aufgeführten Rechte brauchen hier nicht wiedergegeben zu werden, da sie im wesentlichen mit den Artikeln der Universalen Deklaration der Menschenrechte der UN übereinstimmen. Die Europäische Konvention erkennt Geltungsvorbehalte auf Grund bestehender nationaler Rechtsnormen an und enthält eine Notstandsklausel (Art. 15). Der Abschnitt I (Art. 1 - 18) handelt von den Menschenrechten und Freiheiten selbst, Abschnitt II bis IV (Art. 19 - 66) bestimmen Organisation und Verfahren der beiden Menschenrechts-Institutionen, der Kommission und des Gerichtshofes. So kam für eine regionale Staatengemeinschaft — für Westeuropa — ein menschenrechtlicher Grundvertrag zustande, der mit seinen ausführenden Organen am Sitz des Europarates in Straßburg seitdem arbeitet. Das Staats- und Völkerrecht hat eine „notwendige Ergänzung" durch das „öffentliche Menschenrecht" erfahren, wie es einst Immanuel Kant kurze Zeit nach der französischen Deklaration der Rechte des Menschen und Bürgers von 1789 forderte.

Wie schwer es bei den gesellschaftlichen Spannungen zwischen dem Ostblock und dem Westblock ist, eine Verständigung über Menschenrechte zu erzielen, zeigte die *„Konferenz über Sicherheit und Zusammenarbeit in Europa" (KSZE)* in Helsinki (1973 - 1975) mit ihrer mühsam zustande gekommenen Schlußakte vom August 1975. 32 west- und osteuropäische Staaten, dazu die USA, Kanada und der Heilige Stuhl, nahmen teil. Die Aufnahme einer Erklärung zu den Menschenrechten im Prinzip VII der Schlußakte erfolgte erst nach längerem Widerstand der sozialistischen Länder. Die Sowjetunion gab schließlich am letzten Tag ihre Zustimmung, um das Scheitern der von ihr zur Sicherung der Staatsgrenzen angeregten und betriebenen gesamteuropäischen Konferenz zu verhindern. Dabei handelt es sich nur um eine sehr allgemeine Verpflichtung der Staaten zur Wahrung der Menschenrechte. Das Prinzip VII der KSZE-Schlußakte lautet in seinem Absatz 1: „Die Teilnehmerstaaten werden die Menschenrechte und Grundfreiheiten einschließlich der Gedanken-, Gewissens-, Religions- oder Überzeugungsfreiheit für alle ohne Unterschied der Rasse, des Geschlechts, der Sprache und der Religion achten." Die Grundsätze der Charta der UN und der Allgemeinen Erklärung der Menschenrechte werden als verbindlich anerkannt, die Menschenrechtspakte von 1966 erwähnt. Es sind nur acht knappe Paragraphen im Prinzip VII aufgeführt. Dennoch haben diese politischen und moralischen Postulate von Helsinki die Bewegung der Bürgerrechtler, Dissidenten und Auswanderungswilligen in den sozialistischen Staaten ausgelöst oder gestärkt, so beispielsweise in der Tschechoslowakei unter der Devise Charta 77. Die Kämpfe auf der

KSZE-Nachfolgekonferenz in Belgrad um die Menschenrechte und Grundfreiheiten verdeutlichen weiterhin den kritischen Punkt der Interpretation. Die zweihundertjährige Geschichte der Menschenrechte und Grundfreiheiten in Europa hat keineswegs eine Einheit des Denkens in der Gegenwart entstehen lassen.

Ein neuer Partner im moralischen Kampf um die Verwirklichung der Menschenrechte erstand in den *christlichen Kirchen,* besonders in der Ökumenischen Bewegung, der Zusammenarbeit der Kirchen im Weltkirchenrat in Genf. Erst nach 1945 hat eine theologische Reflexion über die Menschenrechtsthematik eingesetzt, die dann rasch in allen Kirchen anwuchs. Noch Leo XIII., der 1891 als erster Papst die auf dem thomistischen Naturrecht aufbauende Sozialllehre der *katholischen Kirche* den Umwälzungen der industriellen Gesellschaft und der mit ihr entstandenen Arbeiterfrage anzupassen suchte und Grundlagen einer sozialen Charta schuf, lehnte in dieser Enzyklika Rerum novarum das Recht auf Gleichheit, auf Meinungs-, Presse- und Lehrfreiheit oder auf Kultusfreiheit ab. Die evangelische Theologie, die zudem für das naturrechtliche Denken, ob christlicher oder säkularer Herkunft, kein oder wenig Verständnis hatte, zeigte eine ähnlich abweisende Reaktion. Beide Kirchen standen damals unter einem geistig-moralischen Zwang der Ablehnung der Französischen Revolution und ihrer Ergebnisse, weil die Revolution die christlichen Kirchen bekämpft hatte.

Die Diktaturen und Verbrechen des Zweiten Weltkrieges führten zu einer grundlegenden Revision der Einstellung der beiden großen Konfessionen zu den Menschenrechten. Papst Johannes XXIII. nahm 1963 in seine Enzyklika *Pacem in terris* eine Erklärung der Menschenrechte auf der Grundlage der Würde der menschlichen Person auf. Auf dem Zweiten Vatikanischen Konzil 1965 folgten erneute dokumentarische Bekenntnisse der ganzen Kirche zu den Menschenrechten, zur Würde des Menschen, zu seiner vollen Entfaltung in einer Rechtsgemeinschaft, in der die Grundfreiheiten gewahrt und gefördert werden sollen. Die „Erklärung über die Religionsfreiheit" enthält einen Beitrag zur Theorie der Menschenrechte; ferner werden die Industriestaaten auf die Verpflichtung hingewiesen, den aufstrebenden Völkern bei der vollen menschlichen Entfaltung ihrer Bürger zu helfen. Die Besserung der sozialen Verhältnisse wird als christliche Befreiungsaufgabe verstanden. So entwickelte sich eine *„Theologie der Befreiung",* die die Veränderung der materiellen Lebensbedingungen mit einschloß. Zwei Jahre später wandte sich eine päpstliche Enzyklika den sozialen Menschenrechten besonders zu. Sie forderte Freiheit von jeglichem Elend, „Sicherung des Lebensunterhaltes, Gesundheit, feste Beschäftigung, größere Anteilnahme an Verantwortung, Schutz vor Situationen, die die Menschenwürde verletzen, bessere Ausbildung". Und sie billigte das Recht der Revolution „im Falle der eindeutigen und lang dauernden Gewaltherrschaft, die die Grundwerte der Person schwer verletzt und dem Gemeinwohl des Landes gefährlich schadet". In den Kirchen Südamerikas, den Ländern großen sozialen Elends und politischer Unterdrückung, fand die „Theologie der Befreiung" ein starkes Echo.

Die Römische Bischofssynode 1974 ergänzte ihre „Botschaft über Menschenrecht und Versöhnung" um weitere wirtschaftliche und soziale Aspekte. Dem Recht auf Leben mit der Stellungnahme gegen Folter, Gewaltanwendung, Krieg und Rüstungswettlauf folgte das Recht auf Nahrung mit Blick auf die hungernde Welt. Die sozioökonomischen Rechte wenden sich gegen Monopolisierung wirtschaftlicher Macht, gegen Arbeitslosigkeit, Diskriminierung im Beruf. Unter den politischen und kulturellen Rechten werden Freiheit der politischen Tätigkeit, Meinungs- und Pressefreiheit genannt. Das Recht auf Religionsfreiheit wird dabei als Grundlage aller Menschenrechte betrachtet.

Schließlich hat die Päpstliche Kommission Justitia et Pax in einer besonderen Schrift „Die Kirche und die Menschenrechte" 1975 die Aussagen des kirchlichen Lehramts der letzten Jahrzehnte (aus Päpstlichen Enzykliken und Konzilsdekreten) in 27 Artikeln zu einem eigenen Katalog der Menschenrechte zusammengefaßt. Er ist gegliedert in „Freiheit und Grundrechte" und „Bürgerliche, politische, wirtschaftliche, gesellschaftliche und kulturelle Rechte". Die enge Verbindung mit der historisch-politischen Situation ist auffallend und wird zuvor in einem Zitat aus der Pastoralkonstitution des Zweiten Vatikanischen Konzils deutlich angesprochen: „Die Kirche weiß auch, wie sehr sie selbst in ihrer lebendigen Beziehung zur Welt an der Erfahrung der Geschichte immerfort reifen muß." Die Kirche unterstützt und verstärkt heute also den Dienst am geschichtlichen Entwicklungsprozeß und damit auch ihren Einfluß auf das reale Geschehen. Unter den Begrüßungsrednern in Belgrad 1977 war es der Vertreter des Heiligen Stuhls, der am deutlichsten auf Verletzungen der in Helsinki zugesicherten Achtung und Beförderung der Menschenrechte und Grundfreiheiten zu sprechen kam. Der Vatikan beobachte mit besonderer Aufmerksamkeit die praktischen Auswirkungen der Schlußakte von 1975, hob der Diplomat hervor.

Auch der *Protestantismus* erhielt einen ersten Anstoß zur ernsthaften Beschäftigung mit den Menschenrechten durch die Verbrechen der nationalsozialistischen Diktatur und deren Kirchenbekämpfung. Aber erst die Mitarbeit in der *Ökumenischen Bewegung der Kirchen* förderte die theologische Reflexion über die Menschenrechte weiter und bestärkte ihre Bejahung. In der Zwischenzeit umfaßt der Weltkirchenrat in Genf 280 Kirchen aus 82 Ländern als Mitglieder und 19 Kirchen mit

Gäste-Status, ferner kooperieren noch 26 sogenannte Räte (nationale Kirchenräte und ähnliche Organisationen wie z. B. die Arbeitsgemeinschaft christlicher Kirchen in Deutschland, der die evangelische, die katholische Kirche sowie die meisten Freikirchen angehören). Auch die Kirchen der Sowjetunion sind seit 1961 Mitglieder des Weltkirchenrates.

Auf der Gründungsversammlung des Ökumenischen Rats 1949 bestimmte die angelsächsische Tradition das „Konzept der verantwortlichen Gesellschaft", das sich zur Meinungsfreiheit, Toleranz, Kontrolle politischer und wirtschaftlicher Macht bekannte. Die Grundfragen des gesellschaftlichen und wirtschaftlichen Wandels der Zeit wurden später näher behandelt, schließlich erfolgte die Verurteilung der Diskriminierung aus rassischen Gründen. 1970 gab der *Lutherische Weltbund* auf seiner Vollversammlung eine Menschenrechtserklärung ab, die sich zum göttlichen Ursprung der Rechte bekannte. Sie klagte nicht nur die politischen Diktaturen, sondern auch die ungerechten sozialen und ökonomischen Systeme an. Im gleichen Jahr rief der *Reformierte Weltbund* zur verstärkten Beschäftigung mit den Menschenrechten und Grundfreiheiten auf. Durch das immer deutlichere Bewußtwerden von weltweiter politischer Unterdrückung und weltweitem materiellen Elend, durch den Einblick in den Zustand von Hunger und Not in den Ländern der Dritten Welt fühlte sich der Weltkirchenrat 1974 gedrängt, die Menschenrechte erneut ausführlich zu diskutieren. Das Ergebnis war eine Liste fundamentaler individueller und sozialer Rechte, die in vielem mit der gleichzeitig entstandenen Liste der Römischen Bischofssynode von 1974 übereinstimmt. Ein Gespräch über die Menschenrechte ist zwischen den Völkern und Staaten, den christlichen Kirchen und Weltreligionen in Gang gekommen. Die individuellen und sozialen, die ökonomischen und politischen Rechte sind heute Gegenstand lebhafter juristischer, religiöser und sozialethischer Reflexionen. Die Diskussionen greifen ineinander. Die KSZE-Schlußakte von Helsinki wirkte auf die Tagung des Weltkirchenrates in Nairobi ein. „Die Kirche kann nicht neutral sein, wenn die Menschenrechte verletzt werden", erklärte 1975 die Päpstliche Kommission Justitia et Pax.

Die Bewegung der Menschenrechte nach dem Zweiten Weltkrieg zeigt einen lebhaften Niederschlag in der Rechtswissenschaft, wo Jahrbücher und Zeitschriften eigens für diese Materie entstanden. Die sichtbarste Auswirkung läßt sich aber wohl an den *nationalen Kodifikationen* ablesen. Die Mehrzahl der Staatsverfassungen in der Welt weist heute einen Grundrechtekatalog auf. Das Grundgesetz der Bundesrepublik Deutschland von 1949 beginnt im Artikel 1 mit den Worten: „Die Würde des Menschen ist unantastbar. Sie zu achten und zu schützen ist Verpflichtung aller staatlichen Gewalt." Die Würde des Menschen bildet also den Ausgangspunkt; ihre Aufrechterhaltung ist Zielsetzung jeder menschlichen Gemeinschaft. Die Menschenwürde wird vom Staat vorgefunden. Ihre Achtung und ihr Schutz ist ihm vorgegeben und aufgegeben. Der Art. 1 fährt fort: „Das Deutsche Volk bekennt sich darum zu unverletzlichen und unveräußerlichen Menschenrechten als Grundlage jeglicher Gemeinschaft, des Friedens und der Gerechtigkeit in der Welt. Die nachfolgenden Grundrechte binden Gesetzgebung, vollziehende Gewalt und Rechtsprechung als unmittelbar geltendes Recht." Damit sind nicht nur Grund- oder Bürgerrechte für die deutschen Staatsangehörigen ausgesprochen, sondern allgemeine Menschenrechte in der Verfassung anerkannt. Die institutionelle Garantie der Grundrechte erklärt im Art. 79, Abs. 3 die Unzulässigkeit jeder Änderung der im Art. 1 niedergelegten Grundsätze. Nur das Bundesverfassungsgericht kann im Falle eines Mißbrauchs der Rechte „zum Kampf gegen die freiheitliche demokratische Grundordnung" die Verwirkung einiger bestimmter Grundrechte aussprechen. Zu dieser gesetzlichen Einschränkung heißt es weiter: „In keinem Falle darf ein Grundrecht in seinem Wesensgehalt angetastet werden" (Art. 19, Abs. 2).

Die knapp gefaßten Grundrechte in Art. 1 - 19 GG verbürgen das Recht auf die freie Entfaltung der Person, des Glaubens und Gewissens, des religiösen und weltanschaulichen Bekenntnisses und der ungestörten Religionsausübung, auf Freiheit in Kunst, Wissenschaft und Lehre, Freiheit der Meinungsäußerung, auf freie Wahl des Berufes, des Arbeitsplatzes und der Ausbildungsstätte, auf Briefgeheimnis und Unverletzlichkeit der Wohnung. So wendet sich das Grundgesetz gegen jede Erniedrigung des Menschen zu einem bloßen Objekt von Staat, Gesellschaft oder Wirtschaft, aber man sieht am Beispiel der Rechte zur Berufswahl auch die ganze Problematik der Verbriefung sehr ins einzelne gehender Rechte im Wandel der wirtschaftlichen und sozialen Verhältnisse. Die Zeitgebundenheit kommt in der Frontstellung zum soeben überwundenen Totalitarismus besonders zum Ausdruck: Als gerichtlich einklagbare Rechte sollen die Grundrechte Diskriminierung, Versklavung, Terror und Entrechtung verhindern — aber trotz des Bekenntnisses zum „sozialen Bundesstaat" und „sozialen Rechtsstaat" (Art. 20, 28 GG) sind kaum soziale Grundrechte ausgesprochen. Die Eigentumsgarantie Art. 14, Abs. 2 GG lautet einschränkend: „Eigentum verpflichtet. Sein Gebrauch soll zugleich dem Wohle der Allgemeinheit dienen." Die Möglichkeit der Verfassungsbeschwerde vor dem Bundesverfassungsgericht gibt Rechtsschutz bei Verletzung der Grundrechte durch die öffentliche Gewalt. Das Bundesverfassungsgericht ist zugleich oberste Instanz in Auslegungsfragen.

Aus den westlichen Nachkriegskodifikationen geht allgemein die Tendenz hervor, durch eine *integrale Erfassung der Menschenrechte und Grundfreiheiten*, die einem jeden Bürger als Menschen zustehen, das gesellschaftliche Leben im demokratischen Rechtsstaat, der über sich die normative Gewalt vorstaatlicher Rechte anerkennt, zu gestalten und die ständig wachsende Macht von Staat und Wirtschaft durch Teilung, Hemmung und Kontrolle zu beschränken. Die kommunistischen Staaten Europas haben auch einen Katalog von Grundfreiheiten, aber derzeit läßt sich nur bei Jugoslawien die Möglichkeit eines wirksamen Gerichtsschutzes annehmen. Um die Durchführung der auch von ihren Staaten unterzeichneten Konventionen der UN von 1966 und ihrer Bestätigung in Helsinki geht der Kampf der Bürgerrechtler. Das Problem des Verhältnisses von klassischen und sozialen Menschenrechten beschäftigt in den westlichen Industrienationen in steigendem Maße Wissenschaft und Gesetzgebung, vollziehende Gewalt und Rechtsprechung, beherrscht die Beziehungen von Unternehmern und Gewerkschaften. Hier ergeben sich Veränderungen nicht nur für die historisch bedingten textlichen Fassungen der Grundrechte, sondern auch für ihren Gehalt, denn sie sollen nun individuelle Freiheiten vom Staat mit Ansprüchen an den Staat vereinigen.

Die ganze Problematik der internationalen Menschenrechtsbewegung hat sich erst nach 1945 in einer sich ständig verändernden Welt enthüllt. Jetzt, wo sich nicht nur 50 Staaten mit ähnlicher politisch-historischer Tradition und geistig-kultureller Vergangenheit an der Weltpolitik beteiligen, sondern 150 Staaten von oft grundlegend fremder Herkunft und mit verschiedensten Rechtsvorstellungen, Lebensgewohnheiten und materiellen Bedingungen zu den Vereinten Nationen gehören, offenbaren sich die Schwierigkeiten supranationaler Formulierung, Interpretation und erst recht Realisierung der Menschenrechte und Grundfreiheiten. Es widerspricht dem Geist der Geschichte, sie durch Abstimmung nach Mehrheiten der Staatengesellschaft festlegen zu wollen und damit für alle verbindlich zu machen. Dafür sind die gegenwärtigen Pakte und Deklarationen zu perfektionistisch geplant, sie werden immer konkreter formuliert. Eine Politisierung der Menschenrechte findet statt, um sie letztlich bestimmten Herrschaftssystemen anzupassen und den übrigen aufzuzwingen. Sie passen so nicht für alle Stufen menschlich-gesellschaftlicher und politisch-kultureller, wirtschaftlich-materieller Entwicklung in der Welt, nicht für alle Staaten und ihre Bürger. Die Menschenrechte sind immer dem historischen Wandel von Politik, Wirtschaft und Gesellschaft unterworfen gewesen. Das macht ein Vergleich der Bills of Rights der amerikanischen Kolonien und der französischen Deklaration von

1789 mit der UN-Erklärung von 1948 und den UN-Konventionen von 1966 deutlich.

Der ursprünglich aufklärerisch-naturrechtliche Einsatz der Menschenrechtsidee des 18. Jahrhunderts war im 19. Jahrhundert im Rechtspositivismus nationaler Grund- oder Bürgerrechte fast ganz verschwunden. Die ursprüngliche Verteidigung des Eigentums und des Individuums gegen den parlamentarischen und monarchischen Absolutismus ist heute zurückgetreten. Nach der Ablehnung der bürgerlich-liberalen politischen Freiheiten durch Marx vor über 130 Jahren hat sich in unserem Jahrhundert ein eigenes kommunistisches Menschenrechtsverständnis ausgebildet, das in den sozialistischen Staaten praktiziert wird. Von den beiden UN-Konventionen von 1966 zeigt die eine den Zusammenhang mit den fortentwickelten klassischen Erklärungen und Gesetzen, die andere das Herkommen vom sozialistischen Menschenrechtsverständnis. Der seinen Machthabern — ganz gleich wo in der Welt — ausgelieferte, gefolterte und gepeinigte Mensch droht in der institutionalisierten und politisierten Menschenrechtsbewegung immer mehr in den Hintergrund zu treten.

Eine neue Menschenrechtsinitiative ist inzwischen auf einer ganz anderen Ebene entstanden, nämlich durch den Einsatz privater Vereinigungen. Besonders Amnesty International hat sich durch ihre Aktivitäten und Erfolge einen Namen gemacht und ist durch die Verleihung des Friedens-Nobelpreises zu gesteigertem Ansehen gelangt. Sie dient keinem politischen System und geht bei ihrer Intervention im Falle von Menschenrechtsverletzungen nur von einem Mindestbestand fundamentaler Freiheitsrechte aus. Eine ähnliche Beschränkung auf das Mindestmaß elementarster Menschenrechte in allen internationalen Übereinkommen und völkerrechtlichen Verträgen könnte vielleicht eher vom Konsensus der Regierungen der ganzen Welt oder zum mindesten der überwältigenden Mehrheit getragen und rechtlich geschützt werden. Auf der historischen Grundsubstanz gilt es dann behutsam weiter aufzubauen und nicht umgekehrt. Das Prinzip VII der Schlußakte von Helsinki ist für Gesamteuropa in dieser Hinsicht ein Anfang. Es genügt nicht, Regierungen und Machthaber zur Unterzeichnung von Vertragspapieren bewegen zu wollen, das wichtigste ist und bleibt, sie von ihrer Aufgabe des tatsächlichen Schutzes der Menschenrechte zu überzeugen.

Bibliographie

Quellensammlungen und allgemeine Darstellungen (Geschichte und Systematik)

Asbeck, F. M. Baron van (Hrsg.), The Universal Declaration of Human Rights and its Predecessors 1679—1948, Leiden 1945. — *Aulard*, A. / *Mirkine-Guetzévitch*, B., Les Déclarations des Droits de l'Homme. Textes constitutionels concernant les droits de l'homme et les garanties des libertés individuelles dans tous les pays, Paris 1929. — *Dareste*, F. R. et P. (Hrsg.), Les constitutions modernes. Rev. par J. Delpesch et J. Lafferière, 6 Bde., 4. Aufl. Paris 1928—34. — *Dennewitz*, B. / *Meissner*, B. (Hrsg.), Die Verfassungen der modernen Staaten, 4 Bde. Hamburg 1947/49. — *Erdmann*, G., Die Entwicklung der deutschen Sozialgesetzgebung, 2. erw. Aufl. Göttingen 1957 (= Quellensammlung zur Kulturgeschichte, Bd. 10). — *Franz*, G. (Hrsg.), Staatsverfassungen. Eine Sammlung wichtiger Verfassungen der Vergangenheit und Gegenwart in Urtext und Übersetzung, 2. erw. u. erg. Auflage Darmstadt 1964. — *Hartung*, F., Die Entwicklung der Menschen- und Bürgerrechte von 1776 bis zur Gegenwart, 3. erw. Aufl. Göttingen 1964 (= Quellensammlung zur Kulturgeschichte, Bd. 1). — *Mirkine-Guetzévitch*, B. S. (Hrsg.), Les constitutions européennes, 2 Bde. Paris 1951. — *Peaslee*, A. J. (Hrsg.), Constitutions of Nations, 3 Bde., 2. Aufl. Haag 1956. — *Verzijl*, J. H. W. (Hrsg.), Human Rights in Historical Perspective. Documents selected. Haarlem 1958. — *Voigt*, A. (Hrsg.), Der Herrschaftsvertrag, Neuwied 1965 (= Politica, Bd. 16). — *Mirkine-Guetzévitch / Prélot* (Hrsg.), Chrestomathie des Droits de l'Homme, in: Politique, Nouv. série, 1960, num. 9—12.

Armbruster, H., Wesen und Bedeutung der Menschenrechte, in: Hess. Hochschulwochen für die staatswiss. Fortbildung, Homburg 1953, S. 251 ff. — *Bettermann*, K. A. / *Neumann*, F. L. / *Nipperdey*, H. C. / *Scheuner*, U. (Hrsg.), Die Grundrechte. Handbuch der Theorie und Praxis der Grundrechte, 5 Bde., Berlin 1954 ff. — *Bloch*, E., Naturrecht und menschliche Würde, Frankfurt/M. 1961. — *Bornkamm*, H., Art. Toleranz, in: Religion in Gesch. u. Ggwt., 3. Aufl., Bd. 6 (1962), Sp. 932—46. — *Brunner*, E., Gerechtigkeit. Eine Lehre von den Grundgesetzen der Gesellschaftsordnung, Zürich 1943. — *Brunner*, E., Die Menschenrechte nach reformierter Lehre. Universitätsrede, Zürich 1942 (Wiederabdr. u. d. T. „Das Menschenbild und die Menschenrechte" in: Universitas, Jg. 2 (1947), S. 269—75 u. 385—90. — *Burdeau*, G., Les Libertés publiques, 2. Aufl. Paris 1961. — *Calvez*, J.-Y. / *Perrin*, J., Église et société économique. L'enseignement social des papes de Léon XIII à Pie XII (1878 à 1958), Paris 1959 (Dt. Ausg. 2 Bde. Recklinghausen 1964). — *Cassirer*, E., Freiheit und Form. Studien zur deutschen Geistesgeschichte, 2. Aufl. Berlin 1918. (3. Aufl., ebd. 1922). — *Cassirer*, E., Die Idee der republikanischen Verfassung, Rede zur Verfassungsfeier am 11. 8. 1928, Hamburg 1929. — *Cassirer*, E., The Myth of the State (1946); dt. u. d. T. „Vom Mythus des Staates", Zürich 1949. — *Castberg*, F., Freedom of Speech in the West, a Comparative Study of Public Law in France, the United States and Germany, Oslo/London 1960. — *Castberg*, F., Die Erklärung der Menschenrechte im

Licht der Geschichte, in: Festschr. f. A. Verdross, Wien 1960, S. 97 ff. — *Coing, H.,* Die obersten Grundsätze des Rechts. Ein Versuch zur Neugründung des Naturrechts, Heidelberg 1947 (= Schriften der Süddeutschen Juristenzeitung, H. 4). — *Coing, H.,* Grundzüge der Rechtsphilosophie, Berlin 1950 (= Lehrbücher und Grundrisse der Rechtswissenschaft, Bd. 19). — *Coing, H.,* Zur Geschichte des Privatrechtsystems, Frankfurt/M. 1962 (= Wissenschaft u. Gegenwart, H. 22). Darin: 1. Zur Geschichte des Begriffs „subjektives Recht" (1958). 2. Der Rechtsbegriff der menschlichen Person und die Theorien der Menschenrechte (1950). — *Conrad, D.,* Freiheitsrechte und Arbeitsverfassung, Berlin/München 1965. — Autour de la nouvelle *Déclaration* des droits de l'homme Universelle, Paris 1949 (dt. u. d. T. „Um die Erklärung der Menschenrechte, Zürich/Wien/Konstanz 1951). [34 Beiträge, Einführung v. J. Maritain.] — *Dietze, G.,* Über Formulierung der Menschenrechte, Berlin 1956. — *Dombois, H.,* Menschenrechte und moderner Staat, Frankfurt/M. 1948. — *Dombois, H.,* Naturrecht und christliche Existenz, Kassel 1952. — *Eckardt, U. M. v.,* The Pursuit of Happiness in the Democratic Creed, An Analysis of Political Ethics, New York 1959. — *Fang, S.,* Étude sur Les Déclarations des Droits, Thèse Caen 1938. — *Festgabe Bundesverfassung,* „Die Freiheit des Bürgers im Schweizerischen Recht", Festg. z. Hundertjahrfeier der Bundesverfassung, hrsg. von den juristischen Fakultäten der schweizerischen Universitäten, Zürich 1948. — *Förster, W.,* Verfassung und Verfassungsänderung im Hinblick auf Staatsform und Grundrechte, Diss. jur. Köln 1954 (Masch. Schr.). — *Friedrich, C. J.,* Der Verfassungsstaat der Neuzeit, Berlin/Göttingen/Heidelberg 1953. — *Friesenhahn, E.,* Menschenrechte, Menschenrechtsdeklaration der Vereinten Nationen, Menschenrechtskonvention der Europarat-Staaten, in: Strupp-Schlochauer, Wörterbuch des Völkerrechts, Bd. 2, 2. Aufl., Berlin 1961. — *Garaud, M.,* La Révolution et l'égalité civile, Paris 1953. — *Gasser, A.,* Geschichte der Volksfreiheit und der Demokratie, 2. Aufl., Aarau 1949. — *Geiger, W.,* Art. „Grundrechte", in: Staatslexikon. Recht - Wirtschaft - Gesellschaft, 6., völlig neu bearb. u. erw. Aufl., Bd. 3, Freiburg 1959, Sp. 1122 bis 1134. — *Giacometti, Z.,* Die Demokratie als Hüterin der Menschenrechte, Zürich 1954. — *Giacometti, Z.,* Die Freiheitskataloge als Kodifikation der Freiheit (Universitätsrede), Zürich 1955. — *Gierke, O. v.,* Das deutsche Genossenschaftsrecht, Bd. 3/4 (1881/1913), Neudr. Darmstadt 1954. — *Gierke, O. v.,* Johannes Althusius und die Entwicklung der naturrechtlichen Staatstheorien, 5. Aufl., Aalen 1958. — *Guradze, H.,* Der Stand der Menschenrechte im Völkerrecht, Göttingen 1956. — *Habermas, J.,* Strukturwandel der Öffentlichkeit, Neuwied 1962 (= Politica, Bd. 4). — *Hartung, F.,* Deutsche Verfassungsgeschichte vom 15. Jhrdt. bis zur Gegenwart, 8. Aufl., Stuttgart 1964. — *Hintze, O.,* Weltgeschichtliche Bedingungen der Repräsentativverfassung, in: Histor. Zs., Bd. 143 (1931), S. 1—47, abgedr. in: Staat u. Verf., 2. erw. Aufl. Göttingen 1962, S. 140—85. — *Holcombe, A. N.,* Human Rights in the modern World, New York/ London 1948. — *Huber, E. R.,* Bedeutungswandel der Grundrechte, in: Arch. d. öffentl. Rechts, N.F. Bd. 23 (1933), S. 1—98. — *Jellinek, G.,* Allgemeine Staatslehre, 7. Neudruck der 3. Aufl. (1913), Darmstadt 1959. — *Jellinek, G.,* Die Erklärung der Menschen- und Bürgerrechte, München 1895, 4. Aufl. 1927. — *Jung, E.,* Die Entwicklung der Grundrechte seit 1789, Diss. jur. Göttingen 1950. — *Kelsen, H.,* Hauptprobleme der Staatsrechtslehre entwickelt aus der Lehre vom Rechtssatze, Tübingen 1911. — *Kern, E.,* Moderner Staat und Staatsbegriff. Eine Untersuchung über die Grundlagen und die Entwicklung des kontinental-europäischen Staates, Hamburg 1949. — *Kirk, R.,* The Conservative Mind, Chicago 1955. (dt. Ausg. u. d. T. „Lebendiges politisches Erbe. Freiheitliches Gedankengut von Burke bis Santayana 1790—1958", Zürich/Stuttgart 1959). — *Kleinert*, E., Die Soziabilität der Menschenrechte, Diss. jur. Frankfurt/M. 1957. — *Klenner*, H., Studien über die Grundrechte, Berlin (Ost) 1964. — *Kraft*, R., Ursprung und Sicherung der Grundrechte, Karlsruhe 1946 (= Schriften der überparteilichen demokratischen Arbeitsgemeinschaft, H. 3). — *Krüger*, H., Allgemeine Staatslehre, Stuttgart 1964. — *Lachance*, L., Le droit et les droits de l'homme, Paris 1959. — *Laun*, R., Die Menschenrechte, Hamburg 1948. — *Leisner*, W., Grundrechte und Privatrecht, München 1960 (= Münchener öffentl.-rechtl. Abhandl., H. 1). — *Lentner*, L., Der Christ und der Staat. Grundsätzliche Feststellungen in den Rundschreiben Leos XIII. und ihre Gültigkeit für die Gegenwart, Wien 1953. — *Lewis*, W. D. / *Ellison*, J. R. (Hrsg.), Essential Human Rights, in: The Annals of the American Academy of Political and Social Sciences, vol. 243, 1946. — *Löwenstein*, K., Verfassungslehre, Tübingen 1959. (Titel der amerik. Originalausgabe „Political Power and Governmental Process", Chicago 1957.) — *Lütge*, F., Freiheit und Unfreiheit in der Agrarverfassung, in: Historisches Taschenbuch, 74. Jg., München 1955, S. 643 ff. — *Luhmann*, N., Grundrechte als Institution, Berlin 1965. — *Maihofer*, W. (Hrsg.), Naturrecht oder Rechtspositivismus? Darmstadt 1962 (= Wege der Forschung, Bd. XVI). — *Maritain*, J., Les droits de l'homme et la loi naturelle, Paris 1947; dt. Übers. Bonn 1951. — *Mirkine-Guetzévitch*, B., L'O.N.U. et la doctrine moderne des droits de l'homme. Théorie, technique, critique, Paris 1951. — *Nöfer*, G., Die Grundrechte und ihre Verbindlichkeit für die Gesetzgebung, Diss. jur. (Ms.), Köln 1955. — *Oestreich*, G., Die Idee der Menschenrechte in ihrer geschichtlichen Entwicklung, Berlin 1963 (Zur Politik u. Zeitgesch., H. 11). — *Pelloux*, R. (Hrsg.), Essais sur les droits de l'homme en Europe, Torino 1959. — *Peters*, H., Auslegung der Grundrechtsbestimmungen aus der Geschichte, in: Histor. Jb., Bd. 72 (1953), S. 457—473. — *Planitz*, H., Zur Ideengeschichte der Grundrechte, in: Die Grundrechte und Grundpflichten der Reichsverfassung, hrsg. v. H. C. Nipperdey, Bd. III, Berlin 1930, S. 597—623. — *Planitz* H., Das Naturrecht und die Menschenrechte, in: Juristische Blätter, Jg. 70 (1948), S. 111 ff. — *Pollock*, F., Essays in the Law, London 1922. — Das *Problem* der Freiheit in der deutschen und schweizerischen Geschichte, Mainauvorträge 1953, Lindau/Konstanz 1955 (= Vorträge und Forschungen, Bd. 2). — Das *Problem* der Freiheit im europäischen Denken von der Antike bis zur Gegenwart, München 1958. Darin: H. *Schäfer*, Politische Ordnung und individuelle Freiheit im Griechentum. H. *Grundmann*, Freiheit als religiöses, politisches und persönliches Postulat im Mittelalter, K. v. *Raumer*, Absoluter Staat, korporative Libertät, persönliche Freiheit, H. *Freyer*, Das soziale Ganze und die Freiheit des einzelnen unter den Bedingungen des industriellen Zeitalters. — *Ramser*, U. P., Das Bild des Menschen im neuern Staatsrecht (Die Antinomie des Westens und des Ostens), Winterthur 1958. — *Rehm*, H., Allgemeine Staatslehre, Freiburg/Br. 1899 (= Hb. d. öffentl. Rechts, Einleitungsbd., 2. Abt.). — *Reibstein*, E., Völkerrecht. Eine Geschichte seiner Ideen in Lehre und Praxis. 2 Bde. Freiburg 1957—1963. — *Ritter* G., Ursprung und Wesen der Menschenrechte, in: Histor. Zs., Bd. 169 (1949), S. 233—263. — *Rommen*, H. A., The Genealogy of Natural Rights, in: Thought, Bd. 29 (1954). — *Rommen*, H. / *Thieme*, H., Art. Naturrecht, Abschn. II (Geschichtlicher Überblick), in: Staatslexikon, Recht - Wirtschaft - Gesellschaft, 6., neubearb. Aufl., Bd. 5 (1960), Sp. 932—40. — *Rüstow*, A., Menschenrechte oder Menschenpflichten? erw. Sonderdr. d. FAZ, Nr. 149, 29. 6. 1960. — *Sauer*, E. F., Staatsphilosophie, o. O. 1965. — *Sauter*, J., Die philosophischen Grundlagen des Naturrechts, Wien 1932. — *Scheuner*, U., Die institutionellen Garantien des Grundgesetzes, in: Recht, Staat, Wirtschaft (Schr. R. d. JM d. Landes NRW f. staatswiss. Fortbildg.), Bd. 4 (1953), S. 88—119. — *Scheuner*, U., Menschenrechte und christliche Existenz, in: Verantwortung für den Menschen, hrsg. v. Karrenberg und Beckmann, Stuttgart 1957. — *Scheuner*, U., Grundlage und Sicherung der Menschenrechte, in: Salzburger Jahrbuch für Philosophie und Psychologie, Bd. III (1959). — *Schmidt*, E., Die Freiheit der Persönlichkeit in Geschichte und Gegenwart der Rechtspflege, in: Iustitia Fundamentum Regnorum, Fünf Vorträge über Macht und Recht, Staat und Justiz, Heidelberg 1947, S. 99—124. — *Schmidt*, R., Die Vorgeschichte der geschriebenen Verfassungen, in: Zwei öffentlich-rechtliche Abhandlungen als Festgabe für Otto Mayer, Leipzig 1916. — *Schmieden*, H., Recht und Staat in den Verlautbarungen der katholischen Kirche seit 1878, Bonn 1959 (= Schriften z. Rechtslehre u. Politik, H. 19). — *Schmitt*, C., Verfassungslehre, München/Leipzig 1928, unveränd. Nachdr. Berlin 1954. — *Schneider*, F., Pressefreiheit und politische Öffentlichkeit, Neuwied 1966 (= Politica, Bd. 24). — *Schnur*, R. (Hrsg.), Zur Geschichte der Erklärung der Menschenrechte, Darmstadt 1964. Darin: *Jellinek*, Erkl. d. Menschen- u. Bürgerrechte, *Boutmy*, Die Menschen- u. Bürgerrechte u. G. Jellinek, *Jellinek*, Antwort an Boutmy, *Hashagen*, Entst. Gesch. d. nordamerik. Erklärungen..., *Vossler*, Studien z. Erkl. d. Menschenrechte, *Ritter*, Ursprung und Wesen der Menschenrechte, *Welzel*, Ein Kap. aus der amerik. Erkl. d. Menschenrechte, *Bohatec*, Vorgeschichte der Menschen- u. Bürgerrechte. — *Smend*, R., Staatsrechtliche Abhandlungen und andere Aufsätze. Berlin 1955 (darin u. a. Verfassung und Verfassungsrecht, Bürger und Bourgeois im deutschen Staatsrecht). — *Spahn*, C. A., Staatsmacht und Individualsphäre: Zur Krise der verfassungsmäßigen Individualrechte, Zürich 1944. — *Stanka*, R., Die Menschenrechte, ihre Geschichte und ihre Problematik, Wien 1954. — *Strauß*, L., Natural Right and History, Chicago 1953 (dt. Stuttgart 1956). — *Strzelewicz*, W., Der Kampf um die Menschenrechte, 2. Aufl., Hamburg 1948. (Nachwort v. H. Wehner) zuerst in schwed. Sprache 1943. — *Suys*, J., De rechten van den mens, Proeve van positieve critiek, Amsterdam 1947. — *Thieme*, H., Das Naturrecht und die europäische Privatrechtsgeschichte, Basel 1947. — *Troeltsch*, E., Die Bedeutung des Protestantismus für die Entstehung der modernen Welt, in: Histor. Zs., Bd. 97 (1906). — *Troeltsch*, E., Die Sozialehren der christlichen Kirchen und Gruppen, Tübingen 1912, 3. Aufl. 1923 (Neudr. Aalen 1961). — *Vecchio*, G. del, Grundlagen und Grundfragen des Rechts. Rechtsphilosophische Abhandlungen, Göttingen 1962. — *Vedel*, G., Les déclarations des droits de l'homme (1789—1949), in: Études, 1950. — *Verdoodt*, A., Naissance et Signification de la Déclaration Universelle des Droits de L'Homme, Louvain/Paris 1965. — *Verdross*, A., Die Idee der menschlichen Grundrechte, in: Anzeigen der philos.-histor. Klasse der Österr. Akad. d. Wiss., 1954, S. 335 ff. — *Verdross*, A., Abendländische Rechtsphilosophie, Wien 1958. — *Voigt*, A., Geschichte der Grundrechte, Stuttgart 1948. — *Vossler*, O., Die amerikanischen Revolutionsideale in ihrem Verhältnis zu den europäischen, München 1929. — *Weber*, M., Wirtschaft und Gesellschaft. Grundriß der Sozialökonomik, Abt. III, 3. Aufl. 1947; 4. neu hrsg. Aufl., bes. v. J. Winckelmann, Tübingen 1956. — *Welty*, E., Wie denkt die katholische Soziallehre über die Grundrechte des Menschen, in: Die neue Ordnung, Jg. 2 (1948), S. 5—26. — *Welty*, E., Herders Sozialkatechismus: I. Bd.: Grundfragen und Grundkräfte des sozialen Lebens, Freiburg 1951. II. Bd.: Der Aufbau der Gemeinschaftsordnung, ebd. 1953. — *Welzel*, H., Naturrecht und materiale Gerechtigkeit, Prolegomena zu einer Rechtsphilosophie, 4. Aufl. Göttingen 1962. — *Wendland*, H.-D., Person und Gesellschaft in evangelischer Sicht, [Hannover] 1963 (= Niedersächs. Landeszentrale f. Polit. Bildung). — *Wertenbruch*, W., Art. „Menschenrechte", in: Religion in Geschichte und Gegenwart, 3., völlig neu bearb. Aufl., Bd. 4, Tübingen 1960,

Sp. 869—72. — *Wertenbruch, W.*, Art. „Menschenwürde", in: Staatslexikon. Recht — Wirtschaft — Gesellschaft, 6., völlig neu bearb. u. erw. Aufl., Bd. 5, Freiburg 1960, Sp. 665 ff. — *Westphalen-Fürstenberg, E.*, Das Problem der Grundrechte im Verfassungsleben Europas, Wien 1935. — *Wieacker, F.*, Privatrechtsgeschichte der Neuzeit unter besonderer Berücksichtigung der deutschen Entwicklung, Göttingen 1952 (= Jurisprudenz in Einzeldarstellungen, Bd. 7). — *Wimmer, A.* (Hrsg.), Die Menschenrechte in christlicher Sicht, in: Herder-Korrespondenz, 2. Beiheft, Freiburg 1953. — *Wolf, E.*, Große Rechtsdenker der deutschen Geistesgeschichte, 4. durchgearb. u. erg. Aufl., Tübingen 1963. — *Wolzendorff, K.*, Staatsrecht und Naturrecht in der Lehre vom Widerstandsrecht des Volkes, Breslau 1916, Neudr. Aalen 1961.

Geschichte einzelner Grundrechte

Bates, M. S., Glaubensfreiheit, New York 1944, dt. ebd. 1947. — *Becker, K.*, Die Entwicklung des Petitions- und Beschwerderechts in ausländischen und deutschen Verfassungen bis 1948, 1935. — *Bentele, M.*, Das Recht auf Arbeit in rechtsdogmatischer und ideengeschichtlicher Betrachtung, Diss. jur., Zürich 1949. — *Bertram, K. F.*, Widerstand und Revolution. Ein Beitrag zur Unterscheidung der Tatbestände und ihrer Rechtsfolgen, Berlin 1964. — *Borch, H. v.*, Obrigkeit und Widerstand, Zur politischen Soziologie des Beamtentums. Tübingen 1954. — *Bornhak, C.*, Das Petitionsrecht, in: Archiv f. öffentl. Recht (1901), S. 403 ff. — *Brepohl, W.*, Die sozialen Menschenrechte, ihre Geschichte und Begründung, Wiesbaden 1950 (= Schriftenreihe d. Europäischen Akademie, H. 5). — *Bury, J. B.*, A History of Freedom of Thought, New York/London 1913 (dt. Berlin 1949). — *Dufour, J.*, Etude historique sur les théories du droit au travail, Thèse Paris 1949. — *Eitel, W.*, Das Grundrecht der Petition, Diss. jur. Tübingen 1960. — *Fürstenau, H.*, Das Grundrecht der Religionsfreiheit nach seiner geschichtlichen Entwicklung und heutigen Geltung in Deutschland, Leipzig 1891. — *Gätcke, E.*, Das Vereinigungsrecht, Hamburg 1922 (= Abh. u. Mitteilungen aus d. Seminar f. öffentl. Recht u. Sozialrecht, H. 10). — *Giesker, H.*, Das Recht des Privaten an seiner eigenen Geheimsphäre. Ein Beitrag zur Lehre von den Individualrechten, Zürich 1905. — *Groh, W.*, Koalitionsrecht, Mannheim/Berlin/Leipzig 1923. — *Gurvitch, G.*, La déclaration des droits sociaux, Paris 1946. — *Ders.*, L'Idée du droit social. Notion et système du droit social. Histoire doctrinale depuis le XVIIIe siècle jusqu'à la fin du XIXe siècle. Paris 1931. — *Harnisch, E.*, Soziale Grundrechte und Grundpflichten, Diss. jur. Hamburg 1953 (Masch. Schr.). — *Heyland, C.*, Das Widerstandsrecht des Volkes gegen verfassungswidrige Ausübung der Staatsgewalt im neuen deutschen Verfassungsrecht, Tübingen 1950. — *Hoffmann, D. H.*, Das Petitionsrecht, Diss. jur. Frankfurt 1959. — *Hubmann, H.*, Das Persönlichkeitsrecht, Münster/Köln 1953 (= Beitr. z. Handels-, Wirtschafts- u. Steuerrecht, H. 4). — *Lakoff, S. A.*, Equality in Political Philosophy, Cambridge/Mass. 1964. — *Lavalette, F.*, Le droit au travail en 1848. Thèse Paris 1912. — *Leibholz, G.*, Die Gleichheit vor dem Gesetz. Eine Studie auf rechtsvergleichender und rechtsphilosophischer Grundlage, 2. Aufl. München/Berlin 1959 (1. Aufl. Berlin 1925). — *Liermann, H.*, Das Recht der Religionsfreiheit, in: Die Ordnung Gottes und die Unordnung der Welt. Beiträge zum Amsterdamer ökumenischen Gespräch, hrsg. v. W. Menn, Stuttgart 1948. — *Meyer, P.*, Das Prinzip der Rechtsgleichheit in historischer und dogmatischer Betrachtung, Langensalza 1923 (Diss. jur. Zürich 1923). — *Miegge, G.*, Religious Liberty, London 1957. — *Ramm, T.*, Die Freiheit der Willensbildung. Zur Lehre von der Drittwirkung der Grundrechte und der Rechtsstruktur der Vereinigung

(= Arbeits- u. sozialrechtl. Studien, H. 1), Stuttgart 1960. — *Richter*, L., Vereinigungsfreiheit, in: Verw. Archiv, Bd. 32 (1927) S. 1—24. — *Rohner*, A., Die Gewissensfreiheit, Freiburg 1940. — *Rothenbücher*, K., Das Recht der freien Meinungsäußerung, Berlin/Leipzig 1928 (= Veröff. d. Vereinigg. d. Dt. Staatsrechtslehrer, H. 4). — *Ruffini*, F., Religious Liberty, London 1912. — *Schaller*, F., De la charité privée aux droits économiques et sociaux, Paris 1951. — *Scheuner*, U., Die Auswanderungsfreiheit, in: Festschr. f. R. Thoma, Tübingen 1950. — *Scheuner*, U., Das Grundrecht der Berufsfreiheit, in: Deutsches Verw. Blatt, 1958, S. 845—849. — *Schlatter*, R., Private Property. The History of an Idea, London 1951. — *Schneider*, F., Pressefreiheit und politische Öffentlichkeit (bis 1848). Neuwied 1966. — *Scholler*, H., Die Freiheit des Gewissens, Berlin 1958. — *Scholler*, H., Das Gewissen als Gestalt der Freiheit, Köln/Berlin/Bonn/München 1962. — *Sengelmann*, H., Der Zugang des einzelnen zum Staat abgehandelt am Beispiel des Petitionsrechts. Ein Beitrag zur allgemeinen Staatslehre, Diss. jur. Hamburg 1965. — *Smend*, R., Das Recht der freien Meinungsäußerung, Mitbericht in der Verhandlung d. Vereinigung der deutschen Staatsrechtslehrer v. 24. 3. 1927, abgedr. in: Smend, R., Staatsrechtliche Abhandlungen, Berlin 1955. — *Steiner*, H., Das Grundrecht der Unverletzlichkeit der Wohnung, Zürich 1959. — *Teuben*, H. N., Recht op arbeid in Historie en in Verklaring van Mensenrechten, Assen 1955. — *van der Ven*, F., Sociale Grondrechten, Utrecht 1957 (dt. Köln 1963). — *Weskott*, J., Das Grundrecht der Gewissensfreiheit, Diss. jur. Marburg 1951 (Masch. Schr.).

Zu II. Menschenwürde und politische Freiheit in der Antike

Altheim, F., Staat und Individuum bei Antiphon dem Sophisten, in: Klio, Bd. 20 (1926). — *Barker*, E., Greek Political Theory. Plato and his predecessors (1918), Neuaufl. New York/London 1960. — *Ehrenberg*, V., Anfänge des griechischen Naturrechts, in: Arch. f. Gesch. d. Philos., Bd. 24 (1923), S. 120 ff. — *Ehrhardt*, A. A. T., Politische Metaphysik von Solon bis Augustin, 2 Bde. Tübingen 1959. — *Flückiger*, F., Geschichte des Naturrechtes I (mehr nicht ersch.), Zürich 1954. — *Heinimann*, F., Nomos und Physis — Herkunft und Bedeutung einer Antithese im griechischen Denken des 5. Jahrhunderts, Basel 1945. — *Maguire*, J., Plato's theory of natural law, New Haven 1947. — *McKeon*, R., Aristotle's conception of moral and political philosophy, in: Ethics Bd. 51 (1941), S. 253—90. — *Nestle*, W., Vom Mythos zum Logos, 1940 (2. Aufl. 1942). — *Pöschl*, V., Römischer Staat und griechisches Staatsdenken bei Cicero, 1936. — *Pohlenz*, M., Griechische Freiheit, Wesen und Wert eines Lebensideals, Heidelberg 1955. — *Pohlenz*, M., Die Stoa. Geschichte einer geistigen Bewegung, Göttingen Bd. 1 1948, Bd. 2 1955. — *Popper*, K. R., The Open Society and its Enemies, I. The Spell of Plato, dt.: Die offene Gesellschaft und ihre Feinde, Bd. 1, Der Zauber Platons, Bern 1957 (= Sammlung Dalp, Bd. 84/85). — *Ritter*, J., „Naturrecht" bei Aristoteles. Zum Problem einer Erneuerung des Naturrechts, Stuttgart 1961 (= res publica, Beitr. z. öff. Recht, Bd. 6). — *Salomon*, M., Der Begriff des Naturrechts bei den Sophisten, in: Zs. d. Sav. St. f. RG, Rom. Abt., Bd. 32 (1911), S. 129 ff. — *Sinclair*, Th., A History of Greek Political Thought, 1952. — *Snell*, B., Die Entdeckung des Geistes, Studien zur Entstehung des europäischen Denkens bei den Griechen, 3., erw. Aufl., Hamburg 1955. — *Stanka*, R., Die politische Philosophie des Altertums. 1951. — *Trude*, P., Der Begriff der Gerechtigkeit in der aristotelischen Rechts- und Staatsphilosophie, 1955. — *Verdross*, A., Grundlinien der antiken Rechts- und Staatsphilosophie, 2. Aufl., Wien 1948. — *Wild*, J., Plato's modern enemies and the theory of natural law, 1954. — *Wirszubski*, Ch., Libertas as a political idea at Rome during the late republic and early principate, Cambridge 1950. — *Wolf*, E., Griechisches Rechtsdenken, Frankfurt/M., Bd. I 1950, II 1952, III 1 1954, III 2 1956.

Zu III. und IV. Frühchristliches Menschenbild. Mittelalterliches Naturrecht

Baur, Die Lehre vom Naturrecht Dei Bonaventura, in: Festg. f. Bäumker, 1913. — *Baynes*, N. H., The Political Ideas of St. Augustin, 1935. — *Bezold*, F. v., Die Lehre von der Volkssouveränität während des Mittelalters, in: Histor. Zs., Bd. 36 (1876), S. 313—67. — *Carlyle*, R. W./*Carlyle*, A. J., A History of Mediaeval Political Theory in the West, 6 Bde., London 1903—1936. — *Dempf*, A., Sacrum Imperium. Geschichts- und Staatsphilosophie des Mittelalters und der politischen Renaissance (1929), 2. unveränd. Aufl. Darmstadt 1954 (3. Aufl. 1962). — *v. Eicken*, H., Geschichte und System der mittelalterlichen Weltanschauung, Stuttgart 1887. — *d'Entrèves*, A. P., The Medieval Contribution to Political Thought: Thomas Aquinas, Marsilius of Padua, Richard Hooker, Oxford 1939. — *Faller*, F., Die rechtsphilosophische Begründung der gesellschaftlichen und staatlichen Autorität bei Thomas von Aquin, Heidelberg 1954. — *Gewirth*, A., Marsilius of Padua and medieval political Philosophy, New York 1951. — *Gilson*, E., L'Esprit de la Philosophie Médiévale, 2. Aufl. 1944 (Études de philosophie médiévale, Bd. 33). — *Grabmann*, M., Das Naturrecht der Scholastik von Gratian bis Thomas, in: Mittelalterliches Geistesleben (1926). — *Jarrett*, B., Social Theories of the Middle Ages (1200—1500), London 1926. — *Kallen*, G., Die politische Theorie im philosophischen System des Nikolaus von Cues, in: Histor. Zs., Bd. 165 (1942), S. 246 ff. — *Kleckow*, M., Die Rechtfertigung des Eigentums und der Eigentumsbegriff nach christlich-mittelalterlicher Auffassung unter besonderer Berücksichtigung der Rechts- und Soziallehre des hl. Thomas von Aquin, Diss. Breslau 1939. — *Kurz*, E., Individuum und Gemeinschaft beim heiligen Thomas von Aquin, München 1932. — *Lagarde*, G. de, La Naissance de L'Esprit laïque au déclin du Moyen Age, 6 Bde. Wien/Paris 1934—46. (Bd. 1: 3. Aufl. Paris/Louvain 1956; Bd. 2: 2. Aufl., Paris/Louvain 1958). — *Lewis*, E., Natural Law and Expediency in Mediaeval Political Theory, in: Ethics, Bd. 50 (1939/40). — *Liebeschütz*, H., Mediaeval humanism in the life and writings of John of Salisbury, London 1950. — *Linhardt*, R., Die Sozialprinzipien des hl. Thomas von Aquin, Freiburg 1932. — *Lottin*, Le droit naturel chez S. Thomas et ses prédécesseurs, 2. Aufl. 1931. — *Mc Ilwain*, C. H., The Growth of Political Thought in the West, from the Greeks to the End of the Middle Ages, New York 1932. — *Mulder*, W., Gulielmi Ockham tractatus de Imperatorum et Pontificum Potestate, in: Archivum Franciscanum Historicum, Bd. 16 (1923) u. 17 (1924). — *Schilling*, O., Die Staats- und Soziallehre des hl. Augustinus, Freiburg i. Br. 1910. — *Schilling*, O., Naturrecht und Staat nach der Lehre der alten Kirche, 1914. — *Schilling*, O., Die Staats- und Soziallehre des hl. Thomas von Aquin, 2. Aufl. 1930. — *Schultz*, R., Die Staatsphilosophie des Nikolaus von Kues, Meisenheim 1948. — *Segall*, H., Der „Defensor Pacis" des Marsilius von Padua. Grundfragen der Interpretation, Wiesbaden 1959 (= Historische Forschungen, Bd. 2). — *Seidlmayer*, M., „Una religio in rituum varietate". Zur Religionsauffassung des Nikolaus von Cues, in: Arch. f. Kulturgesch., Bd. 36 (1954), S. 145—207. — *Steinmüller*, W. H., Die Naturrechtslehre des Johannes von Rupella und des Alexander von Hales, Diss. München 1960. — *Stelzenberger*, J., Die Beziehungen der frühchristlichen Sittenlehre zur Ethik der Stoa, 1933. — *Stoltenberg*, M., Das Eigentum im Naturrecht. Ein Vergleich der Lehren des Thomas von Aquin, H. Grotius, Samuel von Pufendorf und Christian Thomasius. Diss. jur. Kiel 1961. — *Stratenwerth, G.*, Die Naturrechtslehre des Johannes Duns Scotus, 1951. — *Tellenbach, G.*, Libertas. Kirche und Weltordnung im Zeitalter des Investiturstreites, Stuttgart 1936 (= Forschungen zur Kirchen- und Geistesgeschichte, Bd. 7). — *Watanabe, M.*, The Political Ideas of Nicholas of Cusa with special Reference to his De Concordantia Catholica, Genf 1963. — *Woolf, C. N. S.*, Bartolus of Sassoferrato: His Position in the History of Medieval Political Thought, Cambridge 1913.

Zu V. Ständische Freiheitsrechte

Altmann, W./Bernheim, E., Ausgewählte Urkunden zur Erläuterung der Verfassungsgeschichte Deutschlands im Mittelalter, 4. Aufl. 1909 (Abschnitt VI: Territorien und Städte). — Magna *Carta* Libertatum von 1215 (lat.-dt.-engl.), Bern 1951 (= Quellen z. Neueren Gesch., hrsg. v. Histor. Sem. d. Univers. Bern, H. 16). — *Näf, W.* (Hrsg.), Herrschaftsverträge des Spätmittelalters, Bern 1951 (= Quellen z. neueren Geschichte, H. 17). — *Stubbs, W.*, Select charters and other illustrations of English constitutional history, Oxford 1905 (9. Aufl. 1929). — *Adams, G. B.*, The Origin of the English Constitution, New Haven/London 1912. — *Bader, K. S.*, Bauernrecht und Bauernfreiheit im späteren Mittelalter, in: Histor. Jb., Bd. 61 (1941), S. 51—87. — *Berges, W.*, Die Fürstenspiegel des hohen und späten Mittelalters (= Schriften der Mon. Germ. Hist., Bd. 2) 1938. — *Berges, W.*, Die sogenannte spanische Magna Charta, in: Zur Geschichte und Problematik der Demokratie. Festgabe für H. Herzfeld, Berlin 1958, S. 265 ff. — *Bosl, K.*, Die alte deutsche Freiheit. Geschichtliche Grundlagen des modernen deutschen Staates, in: Frühformen der Gesellschaft, München 1964. — *Brunner, O.*, Die Freiheitsrechte in der altständischen Gesellschaft, in: Aus Verfassungs- und Landesgeschichte. Festschr. f. Th. Mayer, Bd. 1, Lindau/Konstanz 1954, S. 293—303. — *Deér, J.*, Der Weg zur Goldenen Bulle Andreas' II. von 1222, in: Schweizer Beitr. z. allg. Gesch., Bd. 10 (1952), S. 104—38. — *Fehr, H.*, Die Staatsauffassung Eikes v. Repgau, in: ZRG, Germ. Abt., Bd. 3 (1916), S. 131 ff. — *Fehr, H.*, Zur Lehre vom mittelalterlichen Freiheitsbegriff, insbesondere im Bereiche der Marken; zugleich eine Anzeige der Monographie von Alfons Dopsch, Die freien Marken in Deutschland (1933), in: MIÖG, Bd. 47 (1933), S. 290—94. — *Hatschek, J.*, Englische Verfassungsgeschichte, München/Berlin 1913. — *Holt, J. C.*, Magna Carta, Cambridge Univ. Pr. 1965. — *Jollife, J. E. A.*, The Constitutional History of Medieval England, London 1954. — *Keller, R. v.*, Freiheitsgarantien für Person und Eigentum im Mittelalter, Heidelberg 1933 (= Deutschrechtl. Beiträge, 14, 1). — *Kern, F.*, Gottesgnadentum und Widerstandsrecht im frühen Mittelalter, zur Entwicklungsgeschichte der Monarchie, Leipzig 1915 (2. Aufl. Darmstadt 1954). — *Kern, F.*, Recht und Verfassung im Mittelalter (1952), 2. Aufl. Darmstadt 1958. — *Löwe, H.*, Von der Persönlichkeit im Mittelalter, in: Gesch. i. Wiss. u. Unterr., Bd. 2 (1951), S. 522—38. — *Lousse, É.*, La Joyeuse Entrée brabançonne du 3 janvier 1356, in: Schweizer Beitr. z. allg. Gesch. Bd. 10 (1952), S. 139—62. — *Lovell, C. R.*, English Constitutional and Legal History, a Survey, New York 1962. — *Lyon, B.*, A Constitutional and Legal History of Medieval England, New York 1960. — *Mayer-Maly, T.*, Zur Rechtsgeschichte der Freiheitsidee in Antike und Mittelalter, in: Österr. Zs. f. öffentl. Recht, Bd. 6 (1955), S. 399—428. — *Mc Kechnie, W. S.*, Magna Charta. Commentary on the great charter of King John, 2. Aufl. Glasgow 1914. — *Mitteis, H.*, Über den Rechtsgrund des Satzes „Stadtluft macht frei". in: Festschrift f. E. Stengel (1952), S. 342—358. — *Mitteis, H.*, Der Staat des hohen

Mittelalters, 6., unveränd. Aufl. Weimar 1959. — *Näf*, W., Herrschaftsverträge und die Lehre vom Herrschaftsvertrag, in: Schweizer Beitr. z. allgem. Gesch., Bd. 7 (1949). — *Otto*, E. F., Adel und Freiheit im deutschen Staat des frühen Mittelalters. Studien über nobiles und Ministerialen, 1937 (= Neue Deutsche Forschungen, Abt. Mittelalt. Gesch., Bd. 2). — *Painter*, S., Feudalism and Liberty, Baltimore 1961. — *Planitz*, H., Kaufmannsgilde und städtische Eidgenossenschaft, in: ZSavRG, germ. Abt., Bd. 60 (1940). — *Puttkamer*, E. v., „Menschenrechte" und „Bürgerrechte" in der Verfassungsentwicklung Osteuropas bis zum XVI. Jahrhundert, in: Gedenkschrift f. O. Hoetzsch (Schriftenreihe Osteuropa, 3), Stuttgart 1957. — *Rockinger*, L., Die altbaierischen landständischen Freibriefe mit den Landesfreiheitserklärungen, München 1853. — *Schütze*, P. D., Die Entstehung des Rechtssatzes „Stadtluft macht frei", Berlin 1903 (= Histor. Studien, H. 36). — *Schwer*, W., Stand und Ständeordnung im Weltbild des Mittelalters, 2. Aufl. Paderborn 1952. — *Schwerin*, C. v., Freiheit und Gebundenheit im germanischen Staat, Tübingen 1933 (= Recht und Staat, Bd. 99). — *Skerhut*, H., Der Ständebegriff „Frei" in Westfalen bis ins 13. Jahrhundert, Diss. phil. Hamburg 1953. — *Strahm*, H., Mittelalterliche Stadtfreiheit, in: Schweizer Beitr. z. Allgem. Gesch., Bd. 5 (1947), S. 77—113. — *Thompson*, F., Magna Charta, its rule in the making of the English constitution 1300—1629, London 1948. — *Voltelini*, H. v., Der Gedanke der allgemeinen Freiheit in den deutschen Rechtsbüchern, in: ZSavRG, germ. Abt., Bd. 57 (1937). — *Waas*, A., Herrschaft und Staat im deutschen Frühmittelalter, 1938. — *Waas*, A., Die alte deutsche Freiheit, 1939. — *Wattenbach*, W., Die österreichischen Freiheitsbriefe, in: Archiv f. österr. Gesch., Bd. 8 (1852), S. 77—119.

Zu VI. Reformatoren

Cardauns, L., Die Lehre vom Widerstandsrecht des Volkes gegen die rechtmäßige Obrigkeit im Luthertum und im Calvinismus des XVI. Jahrhunderts, Bonn 1903. — *Grobmann*, A., Das Naturrecht bei Luther und Calvin: Eine politische Untersuchung, Harburg/Wilhelmsburg 1935. — *Arnold*, F. X., Zur Frage des Naturrechts bei Martin Luther, 1937. — *Bäumer*, M. L., Die Menschenrechte in Martin Luthers Schrift „An den christlichen Adel", in: Zs. f. Sozialreform, Jg. 7 (1961), S. 1—8. — *Beyer*, H. W., Luther und das Recht, 1935. — *Binder*, J., Luthers Staatsauffassung, in: Beiträge zur Philosophie des deutschen Idealismus, Veröffentlichungen der Deutschen Philosophischen Gesellschaft, H. 13, 1924. — *Heckel*, J., Lex Charitatis. Eine juristische Untersuchung über das Recht in der Theologie Martin Luthers, München 1953 (= Abh. d. Bayer. Akademie d. Wiss. Phil.-Hist. Kl. n. F. H. 3). — *Holl*, K., Luther und die Schwärmer, in: Gesammelte Aufsätze zur Kirchengeschichte, Bd. 1, 7. (fotomech.) Aufl. Tübingen 1948, S. 420—467. — *Jacob*, G., Der Gewissensbegriff in der Theologie Luthers, Tübingen 1929 (Beitr. z. hist. Theol. 4). — *Jordan*, H., Luthers Staatsauffassung. Ein Beitrag zu der Frage des Verhältnisses von Religion und Politik, München 1917. — *Lau*, F., „Äußerliche Ordnung" und „Weltlich Ding" in Luthers Theologie, 1933. — *Lortz*, J., Zum Menschbild Luthers, in: Festschr. f. Fr. Tillmann, Düsseldorf 1934, S. 58 ff. — *Schneider*, E., Luther und das Recht, in: Österr. Arch. f. Kirchenrecht, Bd. 6 (1955), S. 245 bis 260. — *Waring*, L. H., The Political Theories of Martin Luther, New York 1910. — *Bauer*, C., Die Naturrechtsvorstellungen des jüngeren Melanchthon, in: Festschr. f. G. Ritter, Tübingen 1950, S. 244—55 (= 1. T.). Melanchthons Naturrechtslehre, in: Arch. f. Reformat. Gesch., Bd. 42 (1951), S. 64—100 (= 2. T.). — *Baron*, H., Calvins Staatsanschauung und das konfessionelle Zeitalter,

Berlin 1924. — *Beyerhaus, G.*, Studien zur Staatsauffassung Calvins, Berlin 1910. — *Bohatec, J.*, Calvin und das Recht, Graz 1934. — *Bohatec, J.*, Calvins Lehre von Staat und Kirche, Breslau 1937, Neudruck Aalen 1961. — *Bohatec, J.*, Budé und Calvin. Studien zur Gedankenwelt des französischen Frühhumanismus, Graz 1950. — *Haussherr, H.*, Der Staat in Calvins Gedankenwelt, Leipzig 1923. — *Farner, A.*, Die Lehre von Kirche und Staat bei Zwingli, Tübingen 1930.

Zu VII. Vertragstheorien des 16. und 17. Jahrhunderts

Allen, J. W., A History of Political Thought in the Sixteenth Century, London 1928. — *Dilthey, W.*, Weltanschauung und Analyse des Menschen seit Renaissance und Reformation, 5. unveränd. Aufl. Stuttgart/Göttingen 1957 (= Ges. Schriften, Bd. 2). — *Dunning, W. A.*, History of Political Theories from Luther to Montesquieu, New York 1905. — *Figgis, J. N.*, Studies of Political Thought from Gerson to Grotius, 1414—1625, 2. Aufl. Cambridge 1923. — *Hölzle, E.*, Die Idee einer altgermanischen Freiheit vor Montesquieu, München/ Berlin 1925 (= Beiheft 5 der Histor. Zs.). — *Krause, O. W.*, Naturrechtler des 16. Jahrhunderts. Ihre Bedeutung für die Entwicklung des natürlichen Privatrechts, Diss. jur. Göttingen 1949. — *Mesnard, P.*, L'Essor de la Philosophie Politique au XVIe Siècle, Paris 1951. — *Antoniades, B.*, Die Staatslehre des Mariana, in: Arch. f. Gesch. d. Philos., Bd. 31 (1918), S. 166 ff., S. 299 ff. — *Barcia Trelles, C.*, Fernando Vasquez de Menchaca, in: Recueil des cours de l'Académie de droit international, Bd. 67 (1939), I, S. 433—533. — *Díez-Alegría, J. M.*, El desarrollo de la ley natural en Luis de Molina, Barcelona 1951. — *Hamilton, B.*, Political Thought in Sixteenth-century Spain, A study of the political Ideas of Vitoria, De Soto, Suarez and Molina, Oxford 1963. — *Höffner, J.*, Christentum und Menschenwürde. Das Anliegen der spanischen Kolonialethik im goldenen Zeitalter, Trier 1947. — *Klug, A.*, Die Rechts- und Staatslehre des Fr. Suarez, Diss. jur. Köln 1958. — *Kohler, J.*, Die spanischen Naturrechtslehrer des 16. und 17. Jahrhunderts, in: Arch. f. Rechts- und Wirtschaftsphilos., Bd. 10 (1916/17), S. 236 ff. — *Lewy, G.*, Constitutionalism and Statecraft during the Golden Age of Spain: A Study of the Political Philosophy of Juan de Mariana, Genf 1960. — *Rapp, H.*, Die Bedeutung der Lehre Molinas (1535 bis 1600) von der natura dei für die Theorie des Naturrechts, Diss. jur. Freiburg/Br. 1963 (1962). — *Reibstein, E.*, Die Anfänge des neueren Natur- und Völkerrechts, Studien zu den „Controversiae illustres" des Fernandus Vasquius (1559), Bern 1949. — *Rommen, H.*, Die Staatslehre des Fr. Suarez, Mönchen-Gladbach 1926. — *Soder, J.*, Die Idee der Völkergemeinschaft. Francisco de Vitoria und die philosophischen Grundlagen des Völkerrechts, Frankfurt/ M./Berlin 1955. — *Thieme, H.*, Natürliches Privatrecht und Spätscholastik, in: ZRG, Germ. Abt. Bd. 70 (1953), S. 230—66. — *Oestreich, G.*, Die Idee des religiösen Bundes und die Lehre vom Staatsvertrag, in: Zur Geschichte und Problematik der Demokratie, Festgabe für Hans Herzfeld, Berlin 1958. — *Arnold, F. X.*, Die Staatslehre des Kardinals Bellarmin, 1934. — *Fava, B.*, Le teorie dei monarcomachi et il pensiero politico di Juan de Mariana, 1953. — *Mercier, Ch.*, Les théories politiques des Calvinistes en France au cours des guerres de religion, in: Bulletin de la Société de l'Histoire du Protestantisme Français, Bd. 83 1934), S. 225—60, 381—415. — *Treumann, R.*, Die Monarchomachen: Eine Darstellung der revolutionären Staatslehren des XVI. Jahrhunderts (1573 bis 1599), Leipzig 1895. — *Reibstein, E.*, Johannes Althusius als Fortsetzer der Schule von Salamanca, Karlsruhe 1955 (= Freiburger Rechts- und staatswissenschaftliche Abh., Bd. 5). — *Winters, P. J.*, Die „Politik" des Johannes Althusius und ihre zeitgenössischen Quellen, Freiburg/Br. 1963. — *Bar-*

schak, L., Die Staatsanschauung des Hugo Grotius, in: Bijdragen voor vaderlandsche Geschiedenis, 6 R., Dl. 3 (1925), S. 193—232. — *Huizinga*, J., Hugo de Groot en zijn eeuw, 1925. — *Ottenwälder*, P., Zur Naturrechtslehre des Hugo Grotius, Tübingen 1950. — *Barker*, A., Milton and the Puritan Dilemma, 1641 bis 1660, Toronto 1942. — *Hardeland*, G., Miltons Anschauungen von Staat, Kirche, Toleranz, 1934. — *Wolfe*, D. M., Milton in the Puritan Revolution, 1941. — *Bastide*, Ch., John Locke, Ses théories politiques et leur influence en Angleterre, 1907. — *Gough*, J. W., John Locke's Political Philosophy, 1956. — *Laslett*, P., Introduction in: John Locke, Two Treatises of Government, Crit. Ed. 1960, S. 1—120. — *Polin*, R., La politique morale de John Locke, 1960. — *Strauss*, L., Locke's Doctrine of Natural Law, in: Amer. Pol. Sc. Rev. 1958. — *Duff*, R. A., Spinoza's Political and Ethical Philosophy, 1903. — *Kaeser*, W., Die Bedeutung und Stellung des Begriffs der menschlichen Freiheit im System Spinozas, Diss. Frankfurt/M. 1926. — *Menzel*, A., Wandlungen in der Staatslehre Spinozas, 1898. — *Nardo*, G., Spinoza, Il pensiero politico in rapporto con Hobbes, 1947. — *Dicey*, A. V., Blackstone's Commentaries in: National Review, Bd. 54 (1909/10), S. 653—75.

Zu VIII. Civil Liberties im revolutionären England

Die englischen *Freiheitsrechte* des 17. Jahrhunderts, Bern 1948 (= Quellen z. neueren Gesch., hrsg. v. Histor. Sem. d. Universität Bern, H. 11). — *Woodhouse*, A. S. P. (ed.), Puritanism and Liberty. Being the Army Debates (1647—9) from the Clarke Manuscripts with Supplementary Documents, Chicago 1951. — *Allen*, J. W., English Political Thought 1603—1660, London 1938. — *Aylmer*, G. E., The Struggle for the Constitution, England in the Seventeenth Century, London 1963. — *Bohatec*, J., England und die Geschichte der Menschen- und Bürgerrechte. Drei nachgelassene Aufsätze, hrsg. v. O. Weber, Graz/Köln 1956. — *Brailsford*, H. N., The Levellers and the English Revolution, ed. and prep. for publication by Chr. Hill, London 1961. — *Freund*, M., Die Idee der Toleranz im England der Großen Revolution, Halle 1927. — *Gooch*, G. P., English Democratic Ideas in the Seventeenth Century, Cambridge 1927. — *Haller*, W., The Rise of Puritanism, 1570—1643, New York 1938 (3. Neudr. 1957). — *Hubatsch*, W., Die englischen Freiheitsrechte, Hannover 1962. — *Jordan*, W., The Development of Religious Toleration in England (Reformation to 1660), 4 Bde. London 1932 bis 1940. — *Keir*, D. L., Constitutional History of Modern Britain, London 1938. — *Klein*, A. J., Intolerance in the Reign of Elizabeth, Queen of England, Boston/ New York 1917. — *Lenz*, G., Demokratie und Diktatur in der englischen Revolution 1640—1660. München 1933. — *Lyon*, W. H. / *Block*, H., Edward Coke: Oracle of the Law, Boston 1929. — *Perry*, R. B., Puritanism and Democracy, New York 1944. — *Tanner*, G. R., Constitutional Conflicts of the 17th Century, Cambridge 1928.

Zu IX. Bauernkrieg und Religionsfrage in Deutschland

Franz, G. (Hrsg.), Quellen zur Geschichte des Bauernkrieges, München 1963. — *Althaus*, P., Luthers Haltung im Bauernkrieg (1927), Neudr. Darmstadt 1953. — *Franz*, G., Der deutsche Bauernkrieg, (1933) 5. Aufl. 1958. — *Franz*, G., Die Entstehung der 12 Artikel der deutschen Bauernschaft, in: ARG, Bd. 36 (1940), S. 193—213. — *Heberer*, O., Das göttliche Recht des 15. und 16. Jahrhunderts als Vorläufer der Menschenrechte. Eine ideengeschichtliche Untersuchung, Diss. jur. Frankfurt 1961. — *Hillerbrand*, H. J., Die politische Ethik des oberdeut-

schen Täufertums, Leiden 1962 (= Beihefte d. Zs. f. Rel. u. Geistesgesch., H. 7).
— *Rosenkranz*, A., Der Bundschuh 2 Bde. 1927. — *Stupperich*, R., Das Münsterische Täufertum, 1958. — *Williams*, G. H., The Radical Reformation, Philadelphia/Pa. 1962. — *Zschäbitz*, G., Zur mitteldeutschen Wiedertäuferbewegung nach dem Großen Bauernkrieg, 1958. — *Gothein*, E., Staat und Gesellschaft des Zeitalters der Gegenreformation, in: Staat u. Ges. der neueren Zeit (= Die Kultur d. Ggwt., T. II, Abt. V, 1), Leipzig/Berlin 1908, S. 137—230. — *Paulus*, N., Religionsfreiheit und Augsburger Religionsfriede, in: Historisch-polit. Blätter f. d. kathol. Dtschld., 1917, Bd. 1, S. 356 ff. — *Völker*, K., Toleranz und Intoleranz im Zeitalter der Reformation, Leipzig 1902. — *Hassinger*, E., Religiöse Toleranz im 16. Jahrhundert, Basel 1966.

Zu X. Deutsche naturrechtliche Theorien

Heckel, M., Staat und Kirche nach den Lehren der evangelischen Juristen Deutschland in der ersten Hälfte des 17. Jahrhunderts, in: ZRG, Kan. Abt., Bd. 73/74 (1956, 1957). — *Ihmels*, J., Das Naturrecht bei Valentin Alberti. Die Lehre des Compendium Juris Naturae von 1678/96, Diss. theol. Leipzig 1955, Masch. Schr. — *Osterhorn*, E.-D., Die Naturrechtslehre Valentin Albertis. Ein Beitrag zum Rechtsdenken der lutherischen Orthodoxie des 17. Jahrhunderts, Diss. jur. Freiburg/Br. 1962. — *Jessen*, H., „Biblische Polizey". Zum Naturrechtsdenken Dietrich Reinkings, Diss. jur. Freiburg/Br. 1962. — *Gerats*, H., Das Menschenrecht der bürgerlichen Freiheit in der Naturrechtslehre von C. F. von Hommel in: Karl-Marx-Universität Leipzig, 1409—1959 (Beiträge z. Universitätsgeschichte), Bd. I, Leipzig 1959, S. 93—114. — *Wundt*, M., Die deutsche Schulphilosophie im Zeitalter der Aufklärung, 1945. — *Lenz*, G. (Hrsg.), Deutsches Staatsdenken im 18. Jahrhundert, Neuwied 1965 (= Politica, Bd. 23). — *Reibstein*, E., Pufendorfs Völkerrechtslehre, in: Österr. Zs. f. öff. Recht 7, 1955. — *Welzel*, H., Ein Kapitel aus der Geschichte der amerikanischen Erklärung der Menschenrechte (John Wise und Samuel Pufendorf) in: Rechtsprobleme in Staat und Kirche, Festschrift f. Rudolf Smend, Göttingen 1952, S. 387—411. — *Welzel*, H., Die Naturrechtslehre Samuel Pufendorfs, 1958. — *Battaglia*, F., Cristiano Thomasio, filosofo e giurista, 1936. — *Fleischmann*, M., Christian Thomasius. Leben und Lebenswerk, Halle 1931. — *Frauendienst*, W., Christian Wolff als Staatsdenker, Berlin 1927. — *Larenz*, K., Sittlichkeit und Recht, Untersuchungen zur Geschichte des deutschen Rechtsdenkens, in: Reich und Recht in d. dt. Philos., hrsg v. K. Larenz, Bd. 1, 1943. — *Wundt*, M., Christian Wolff und die deutsche Aufklärung, 1941.

Zu XI. Der aufgeklärte Absolutismus

Maass, F. (Hrsg.), Der Josephinismus, Quellen zu seiner Geschichte in Österreich 1760—1850, 5 Bde. Wien/München 1951—61. — *Svarez*, C. G., Vorträge über Recht und Staat, hrsg. v. H. Conrad u. G. Kleinheyer, Köln/Opladen 1960. — *Adler*, E., Die Persönlichkeitsrechte im ABGB, in: Festschrift zur Hundertjahrfeier des ABGB, Wien 1911, Bd. 2. — *Conrad*, H., Individuum und Gemeinschaft in der Privatrechtsordnung des 18. und beginnenden 19. Jahrhunderts, Karlsruhe 1956 (= Vorträge v. d. Jurist. Stud. Ges. Karlsruhe, Schriftenreihe, H. 18). — *Conrad*, H., Die geistigen Grundlagen des Allgemeinen Landrechts für die preußischen Staaten von 1794, Köln/Opladen 1958. — *Conrad*, H., Rechtsstaatliche Bestrebungen im Absolutismus Preußens und Österreichs am Ende des 18. Jahrhunderts, Köln/Opladen 1961. (= AG f. Forschung des Landes

NRW, Geisteswiss., H. 95.) — *Dilthey, W.*, Studien zur Geschichte des deutschen Geistes. (Leibniz, Friedrich d. Gr., das 18. Jahrhundert), 2. unveränd. Aufl. Stuttgart/Göttingen 1959 (= Ges. Schriften, Bd. 3). — *Dilthey, W.*, Das Allgemeine Landrecht, in: Ges. Schriften, Bd. 12, 2. unveränd. Aufl. Göttingen/Stuttgart 1960 („Zur Preußischen Geschichte"), S. 131—204. — *Geisler, E.*, Die Preßgesetzgebung Friedrichs des Großen im Hinblick auf seine Stellung zu Naturrecht und Aufklärung (gedr. Ausz.), Diss. phil, Greifswald 1921. — *Gnau, H.*, Die Zensur unter Joseph II., Straßburg/Leipzig 1910. — *Hartung, F.*, Der aufgeklärte Absolutismus, in: Histor. Zs., Bd. 180 (1955). — *Hintze, O.*, Preußens Entwicklung zum Rechtsstaat, in: Forsch. z. Brandenbg.-Preuß. Gesch. Bd. 32 (1920), wieder abgedr. in: Ges. Abh., Bd. 3, 1943. — *Klassen, P.*, Die Grundlagen des aufgeklärten Absolutismus 1929. — *Lousse, E.*, Absolutisme, Droit divin, Despotisme éclairé, in: Schweizer Beitr. z. allgem. Gesch., Bd. 16 (1958. — *Luckwaldt, F.*, Friedrichs d. Großen Anschauungen von Staat und Fürstentum, in: Historische Aufsätze f. Aloys Schulte, Düsseldorf 1927. — *Luschin, A.*, Die Entstehungszeit des österreichischen Landrechtes, Graz 1872. — *Max, J.*, Die österreichische Zensur im Vormärz, Wien 1959. — *Menzel, A.*, Joseph II. und das Naturrecht, in: Zs. f. öffentl. Recht, Bd. 1 (1920). — *Schmidt, E.*, Carl Gottlieb Svarez, in: Schlesische Lebensbilder Bd. 2 (Schlesier d. 18. u. 19. Jahrhunderts), Breslau 1926, S. 29 ff. — *Schmidt, E.*, Staat und Recht in Theorie und Praxis Friedrichs d. Großen, in: Festschr. f. A. Schulze, Leipzig 1938, S. 89 ff. — *Schwartz, P.*, Der erste Kulturkampf in Preußen um Kirche und Schule 1788 bis 1798. 1925. — *Stölzel, A.*, Carl Gottlieb Svarez, Berlin 1885. — *Swoboda, E.*, Das ABGB im Lichte der Lehren Kants, Graz 1926. — *Swoboda, E.*, Franz von Zeiller, 1931. — *Thieme, H.*, Die Zeit des späten Naturrechts. Eine privatrechtsgeschichtliche Studie, in: ZRG, Germ. Abt., Bd. 56 (1936), S. 202 ff. — *Thieme, H.*, Die preußische Kodifikation, in: ZRG, Germ. Abt., Bd. 57 (1937). — *Valjavec, F.*, Der Josephinismus. Zur geistigen Entwicklung Österreichs im 18. und 19. Jahrhundert, 2., wes. erw. Aufl. München 1945. — *Valjavec, F.*, Das Wöllnersche Religionsedikt und seine geschichtliche Bedeutung in: Histor. Jb., Bd. 72 (1952), S. 386 ff. — *Voltelini, H. v.*, Die naturrechtlichen Lehren und die Reformen des 18. Jahrhunderts, in: Histor. Zs., Bd. 105 (1910), S. 65—104. — *Walder, E.*, Zwei Studien über den aufgeklärten Absolutismus, in: Schweizer Beitr. z. allgem. Gesch., Bd. 15 (1957). — *Wellspacher, M.*, Das Naturrecht und das ABGB, in: Festschr. z. Hundertjahrfeier des ABGB, Bd. 1, 1911, S. 173 ff. — *Winter, E.*, Der Josefinismus und seine Geschichte. Beiträge zur Geistesgeschichte Österreichs. 1740—1848, Brünn/München/Wien 1943.

Zu XII. Die Bills of Rights in Amerika

Poore, B. F. (Hrsg.), The federal and state constitutions of the United States, Bd. II Washington 1908. — *Thorpe, F. N.* (Hrsg.), The Federal and State Constitutions, Colonial Charters and Other Organic Laws of the States, Territories and Colonies, 7 Bde. Washington 1909. — *Becker, C.*, The declaration of independence as a study in the history of political ideas, New York 1922. — *Curti, M.*, The Growth of American Thought, New York o. J. (dt.: Das amerikanische Geistesleben, Stuttgart 1947). — *Hägermann, G.*, Die Erklärungen der Menschen- und Bürgerrechte in den ersten amerikanischen Staatsverfassungen, Berlin 1910 (= Historische Studien, H. 78). — *Hamilton, W. H.*, The Constitution Reconsidered, 1938. — *Hashagen, J.*, Zur Entstehungsgeschichte der nordamerikanischen Erklärungen der Menschenrechte, in: Zs. f. d. ges. Staatswiss., Bd. 78 (1924), S. 461—495. — *McLaughlin, A. C.*, A Constitutional History of the United States, New York 1935. — *Parrington, V. L.*, Main Currents in American Thought, 3 Bde. New York 1927—30. — *Pound, R.*, The Development of Constitutional Guarantees of Liberty, New Haven/London 1957. — *Rutland, R. A.*, The Birth of the Bill of Rights 1776—1791, New York 1955, 2. Aufl. 1962. — *Salander, G. A.*, Vom Werden der Menschenrechte. Ein Beitrag zur modernen Verfassungsgeschichte unter Zugrundelegung der virginischen Erklärung der Rechte vom 12. Juni 1776, Leipzig 1926 (= Leipziger rechtswissenschaftliche Studien, H. 19). — *Vossler, O.*, Studien zur Erklärung der Menschenrechte in: Histor. Zs., Bd. 142 (1930), S. 516—545.

Zu XIII. Vorgeschichte der französischen Erklärungen

Carcassonne, E., Montesquieu et le problème de la constitution française, 1927. — *Cassin, R.*, Montesquieu et les droits de l'homme, in: La pensée politique et constitutionelle de Montesquieu, Paris 1948, S. 183—90. — *Cheinisse, L.*, Les idées politiques des physiocrates, 1914. — *Cobban, A.*, Rousseau and the modern state, London 1934. — *Dedieu, J.*, Montesquieu et la tradition politique anglaise en France, 1909. — *Dérathé, R.*, Rousseau et la science politique de son Temps, Paris 1950. — *Faguet, É.*, La politique comparée de Montesquieu, Rousseau et Voltaire, Paris 1902. — *Fay, B.*, L'esprit révolutionnaire en France et aux Etats-Unis à la fin du XVIIIe siècle, 1924. — *Fetscher, I.*, Rousseaus politische Philosophie, Neuwied 1960 (Politica, Bd. 1). — *Girsberger, H.*, Der utopische Sozialismus des 18. Jahrhunderts in Frankreich und seine philosophischen und materiellen Grundlagen, Zürich 1924. — *Göhring, M.*, Weg und Sieg der modernen Staatsidee in Frankreich, Tübingen 1947. — *Güntzberg, B.*, Die Gesellschafts- u. Staatslehre der Physiokraten, Leipzig 1907. — *Holldack, H.*, Der Physiokratismus und die absolute Monarchie, in: Histor. Zs., Bd. 145 (1932), S. 517—49. — *Mornet, D.*, Les origines intellectuelles de la Révolution française, 1933. — *Müller, G.*, Die Gesellschafts- und Staatslehren des Abbé Mably und ihr Einfluß auf das Werk der Konstituante, Berlin 1932. — *Nef, H.*, J. J. Rousseau und die Idee des Rechtsstaates, in: Schweizer Btr. z. Allg. Gesch., Bd. 5 (1947). — *Palmer, R. R.*, The Age of Democratic Revolution. A Political History of Europe and America, 1760—1800, 2 Bde. Princeton 1959/1964. — *Reiche, E.*, Rousseau und das Naturrecht, Berlin 1935. — *Sée, H.*, L'Évolution de la Pensée Politique en France au XVIIIe siècle, 1925. — *Talmon, J. L.*, The Origins of Totalitarian Democracy, dt. Übers. Köln/Opladen 1961. — *Weulersse, G.*, Le mouvement physiocratique en France de 1756 à 1770, 2 Bde. Paris 1910. — *Weulersse, G.*, La physiocratie sous les ministères de Turgot et de Necker (1774—81), Paris 1951.

Zu XIV. Die Deklarationen von 1789—1795

Albrecht, M., Mirabeau und die Erklärung der Menschenrechte. Ein Beitrag zur Geschichte ihrer Entstehung, Diss. phil. Marburg 1911. — *Alengry, F.*, La déclaration des droits de l'homme et du citoyen, Paris 1901. — *Bayet, A.*, Histoire de la Déclaration des droits de l'homme; Du 89 politique au 89 économique, Paris 1939. — *Boutmy, E.*, La Déclaration des droits de l'homme et du citoyen et M. Jellinek, in: Annales des Sciénces Politiques XVII (1902), S. 415 bis 443. — *Cahen, L.*, Condorcet et la Révolution française, 1904. — *Doumergue, E.*, Les origines historiques de la Déclaration des droits de l'homme et du citoyen, in: Revue du droit public et de la science politique en France et à l'étranger, Bd. 21 (1904). — *Erdmann,* K. D., Volkssouveränität und Kirche, Köln 1949. — *Kloevekorn, F.*, Die Entstehung der Erklärung der Menschen- und

Bürgerrechte, Berlin 1911 (= Historische Studien, Bd. 90). — *Marcaggi*, V., Les origines de la déclaration des droits de l'homme de 1789, Thèse pour le doctorat, Paris 1904. — *Redslob*, R., Die Staatstheorien der französischen Nationalversammlung, Leipzig 1912. — *Rees*, W., Die Erklärung der Menschen- und Bürgerrechte von 1789; Beiträge zu ihrer Entstehungsgeschichte, Leipzig 1912 (= Beiträge zur Kultur- u. Universalgeschichte, H. 17). — *Schickhardt*, B., Die Erklärung der Menschen- und Bürgerrechte von 1789—91 in den Debatten der Nationalversammlung, Berlin 1931 (= Historische Studien, H. 205). — *Voegelin*, E., Der Sinn der Erklärung der Menschen- und Bürgerrechte von 1789, in: Zs. f. öffentl. Recht, Bd. 8 (1928/29), S. 82—120. — *Wahl*, A., Zur Geschichte der Menschenrechte, in: Histor. Zs., Bd. 103 (1909), S. 79 ff. — *Walch*, E., La déclaration des droits de l'homme et du citoyen et l'Assemblée Constituante, Thèse pour le Doctorat, Paris 1903. — *Zweig*, E., Die Lehre vom Pouvoir Constituant. Ein Beitrag zum Staatsrecht der französischen Revolution, Tübingen 1909.

Zu XV. Der deutsche Idealismus

Dulckeit, G., Naturrecht und positives Recht bei Kant, Göttingen 1931. — *Hollerbach*, A., Der Rechtsgedanke bei Schelling. Quellenstudien zu seiner Rechts- und Staatsphilosophie, Frankfurt/M. 1957 (= Philos. Abh., Bd. 13). — *Klenner*, H., Das Recht auf Arbeit bei Johann Gottlieb Fichte, in: Festschr. f. E. Jacobi, Berlin 1957, S. 149—63. — *Metzger*, W., Gesellschaft, Recht und Staat in der Ethik des deutschen Idealismus, Heidelberg 1917. — *Ritter*, J., Hegel und die französische Revolution, Köln/Opladen 1958 (= AG f. Forschung des Landes NRW, Geisteswiss., H. 63). — *Rosenzweig*, F., Hegel und der Staat, 2 Bde. München/Berlin 1920. — *Walz*, G. A., Die Staatsidee des Rationalismus und der Romantik und die Staatsphilosophie Fichtes. Zugleich ein Versuch zur Grundlegung einer allgemeinen Sozialmorphologie, Berlin 1928.

Quellensammlungen und allgemeine Darstellungen zum 19. Jahrhundert

Altmann, W. (Hrsg.), Ausgewählte Urkunden zur deutschen Verfassungsgeschichte seit 1806, 2 Bde. 1898. — *Bergsträsser*, L. (Hrsg.), Die Verfassung des Deutschen Reiches v. J. 1849 mit Vorentwürfen, Gegenvorschlägen und Modifikationen bis zum Erfurter Parlament (= Kleine Texte f. Vorlesungen und Übungen 114) 1913. — *Binding*, R. (Hrsg.), Deutsche Staatsgrundgesetze in diplomatisch genauem Abdrucke, Leipzig 1892 ff. — *Huber*, E. R. (Hrsg.), Dokumente zur deutschen Verfassungsgeschichte, 3 Bde. Stuttgart 1961—66. — *Pölitz*, K. H. L., Die europäischen Verfassungen seit dem Jahre 1789, 4 Bde., 2. Aufl. Leipzig 1832/33. — *Stoerk*, F., Handbuch der deutschen Verfassungen, 2. Aufl. 1913. — *Zachariä*, H. A. (Hrsg.), Die deutschen Verfassungsgesetze der Gegenwart (mit Fortsetzungen), Göttingen 1855. —
Baron, J., Das deutsche Vereinswesen und der Staat im 19. Jahrhundert, Diss. jur. Göttingen 1962. — *Böckenförde*, E. W., Gesetz und gesetzgebende Gewalt. Von den Anfängen der deutschen Staatsrechtslehre bis zur Höhe des staatsrechtlichen Positivismus, Berlin 1958. — *Brandhuber*, A., Die Entwicklung der Grundrechte in Bayern, Diss. jur. Mainz 1954. — *Bückling*, G., Das wohlerworbene Recht in seinen Beziehungen zu den Gedanken des Rechtes und der Macht. Ein Beitrag zur Geschichte des 19. Jahrhunderts, Breslau 1932 (= Unters. z. dt. Staats- u. Rechtsgesch., H. 142). — *Eckhardt*, E., Die Grundrechte vom Wiener Kongreß bis zur Gegenwart, Breslau 1913 (= Abh. aus d. Staats-

u. Verw.Recht, H. 30). — *Gagel*, W., Die Wahlrechtsfrage in der Geschichte der deutschen liberalen Parteien 1848—1918, Düsseldorf 1958 (= Beitr. z. Gesch. d. Parlamentarismus u. d. politischen Parteien, Bd. 12). — *Giese*, F., Die Grundrechte, Tübingen 1905 (= Abhandlungen aus dem Staats-, Verwaltungs- u. Völkerrecht, Bd. I, H. 2). — *Hammerstein*, G., Die Entwicklung des Naturrechtsgedankens in der katholischen Rechtsphilosophie des 19. Jahrhunderts. Diss. jur. Freiburg/Br. 1950. — *Huber*, E. R., Deutsche Verfassungsgeschichte seit 1789, 3 Bde., Stuttgart 1957—63. — *Hubert*, L'Origine des Libertés belges, La Haye-Bruxelles 1884. — *Kaufmann*, G., Die Lehrfreiheit an den deutschen Universitäten im 19. Jahrhundert, Leipzig 1898. — *Krieger*, L., The German Idea of Freedom, Boston 1957. — *Lehmann*, H., Der Bedeutungswandel der Grundrechte von 1848, Diss. jur. Jena 1949 (Masch. Schr.). — *Leuze*, D., Die Entwicklung des Persönlichkeitsrechts im 19. Jahrhundert, Bielefeld 1962 (= Schr. z. dt. u. europ. Zivil-, Handels- u. Prozeßrecht, Bd. 19). — *Muth*, H., Die Grundrechte in der deutschen Verfassungsentwicklung des 19. und 20. Jahrhunderts, in: Gesch. i. Wiss. u. Unterr., Bd. 2 (1951). — *Muth*, H., Die Grundrechte in der deutschen Verfassungsentwicklung (Quellen- und Arbeitshefte), Stuttgart 1959. — *Peschka*, G., Die Entwicklung des Grundrechtsproblems in der Geschichte des deutschen Verfassungsdenkens und die Form der Verwirklichung im Bonner Grundgesetz, Diss. jur. Köln 1952 (Masch. Schr.). — *Pfeifer*, K., Die Idee der Grundrechte in der deutschen Literatur von 1790 bis Georg Jellinek (1892), Diss. jur. Jena 1930. — *Przemek*, A., Das Grundrecht der persönlichen Freiheit in den bayerischen Verfassungen von 1818, 1919 und 1946, Diss. jur. Erlangen 1951. — *Schmitt-Lermann*, H., 150 Jahre Grundrechte in Bayern, in: Bayer. Verwaltungsblätter, 4. Jg. (1958), H. 2, S. 33—38. — *Shanahan*, W. O., Der deutsche Protestantismus vor der sozialen Frage, 1815—1871, München 1962. — *Smend*, R., Maßstäbe des parlamentarischen Wahlrechts in der deutschen Staatstheorie des 19. Jahrhunderts 1912. — *Sommer*, G., Die Zensurgeschichte des Königreichs Hannover, Diss. phil. Münster 1929. — *Uebelacker*, E., Das Menschenrecht der persönlichen Freiheit bis zur neuen bayerischen Verfassung, Diss. jur. München 1950 (Masch. Schr.). — *Valjavec*, F., Die Entstehung der politischen Strömungen in Deutschland 1770—1815, München 1951. — *Zycha*, A., Deutsche Rechtsgeschichte der Neuzeit, Marburg 1949.

Zu XVI. Der Vormärz

Angermann, E., Robert von Mohl, 1799—1875. Leben und Werk eines altliberalen Staatsgelehrten, Neuwied 1962 (= Politica, Bd. 8). — *Böckenförde*, E. W., Lorenz v. Stein als Theoretiker der Bewegung von Staat und Gesellschaft zum Sozialstaat, in: Alteuropa und die moderne Gesellschaft, Festschr. f. O. Brunner, Göttingen 1963, S. 248—77. — *Ehrentreich*, H., Die freie Presse in Sachsen-Weimar von den Freiheitskriegen bis zu den Karlsbader Beschlüssen, Halle 1907 (= Hallesche Abhandlungen z. neueren Geschichte, Bd. 14). — *Elsholz*, E., Die Menschen- und Bürgerrechte in den deutschen Verfassungen von 1832 bis 1841, Diss. phil. Greifswald 1913. — *Flad*, R., Der Begriff der öffentlichen Meinung bei Stein, Arndt und Humboldt, Studien zur politischen Begriffsbildung in Deutschland während der preußischen Reform, Berlin/Leipzig 1929. — *Franke*, R. W., Zensur und Preßaufsicht in Leipzig 1830—1848. Mit einem Überblick über die gleichzeitige sächsische Preßgesetzgebung, Diss. phil. Leipzig 1930. — *Jobst*, H., Die Staatslehre Karl v. Rottecks, in: Zs. f. d. Gesch. d. Oberrheins, Bd. 103 (1955), S. 468—98. — *Kaehler*, S. A., Wilhelm v. Humboldt und der Staat. Ein Beitrag zur Geschichte deutscher Lebensgestaltung um 1800, (1927), 2., durchges. Aufl. Göttingen 1963. — *Kalkschmidt*, E.,

Deutsche Freiheit und deutscher Witz — Ein Kapitel Revolutionssatire aus der Zeit von 1830—1850, Hamburg/Berlin/Leipzig 1928. — *Krempel*, O., Das Zensurrecht in Deutschland zu Ausgang des 18. und Beginn des 19. Jahrhunderts, Diss. jur. Würzburg 1921 (Masch. Schr.). — *Kruchen*, K., Die Zensur und deren praktische Anwendung bei rheinischen Zeitungen in der vormärzlichen Zeit 1814—1848, Diss. phil. Köln 1922. — *List*, A., Der Kampf ums gute alte Recht (1815—1819) nach seiner ideen- und parteigeschichtlichen Seite, Tübingen 1913 (= Beitr. z. Parteigesch., H. 5). — *Müllenbach*, H., Die Entwicklung der Preßfreiheit in Preußen, insbes. in der Rheinprovinz. Vom Wiener Kongreß bis zur Preußischen Verfassung vom 31. 1. 1850, Diss. rer. pol. Freiburg/Br. 1935. — *Müller*, F., Korporation und Assoziation. Eine Problemgeschichte der Vereinigungsfreiheit im deutschen Vormärz, Berlin 1965. — *Neumeister*, A., Romantische Elemente im Denken der liberalen Führer des Vormärz, Diss. phil. Leipzig 1931. — *Rexius*, G., Studien zur Staatslehre der historischen Schule, in: Histor. Zs., Bd. 107 (1911), S. 496 ff. — *Samtleben*, W., Die Idee einer altgermanischen Freiheit im vormärzlichen Liberalismus, Diss. Hamburg 1935. — *Schellberg*, W., Die Menschenauffassung des deutschen Idealismus und der deutschen Romantik und Josef Görres, in: Festschr. f. Fr. Tillmann, Düsseldorf 1934, S. 106 ff. — *Schulte*, B., Die Entstehung der Grundrechtsartikel in der badischen Verfassung von 1818, Diss. jur. Freiburg/Br. 1962. — *Spitta*, D., Wilhelm von Humboldts Ideen von den Grenzen der Wirksamkeit des Staates, Diss. jur. München 1963. — *Spranger*, E., W. v. Humboldt und seine Humanitätsidee, Berlin 1909. — *Thimm*, G., Die Menschen- und Bürgerrechte in ihrem Übergang von den französischen Verfassungen zu den deutschen bis 1831, Diss. phil. Greifswald 1905. — *Vontobel*, J., Johann Caspar Bluntschlis Lehre von Recht und Staat, Zürich 1956.

Zu XVII. Die Revolution 1848/49

Duttlinger, R., Die geschichtlichen Wurzeln der Grundrechte des deutschen Volkes in der Verfassung der Paulskirche, Diss. jur. Heidelberg 1949 (Masch. Schr.). — *Fischel*, A., Die Protokolle des Verfassungsausschusses über die Grundrechte. Ein Beitrag zur Geschichte des österreichischen Reichstages vom Jahre 1848, Wien 1912. — *Fürstenau*, J., Der Gedanke der bürgerlichen Freiheit des Staatsbürgers in der Preußischen Gesetzgebung bis zu den Grundrechten der preußischen Verfassungsurkunde vom 3. Jan. 1850, Diss. jur. Erlangen 1947 (Masch. Schr.). — *Hock*, W., Liberales Denken im Zeitalter der Paulskirche. Droysen und die Frankfurter Mitte, Münster 1957 (= Neue Münstersche Beitr. z. Gesch. Forsch., Bd. 2). — *Kuhlig*, G., Gesinnungsverfolgung in der Periode der bürgerlich-demokratischen Revolution in: Staat und Recht (Ost-Berlin), Jg. 5 (1956), Beih. — *Ottow*, A. M., Die Grundrechte des deutschen Volkes nebst dem Entwürfen zu dem Gesetze und Hinweisung auf andere Verfassungen, Frankfurt/M. 1849. — *Philippson*, J., Über den Ursprung und die Einführung des allgemeinen gleichen Wahlrechts in Deutschland mit besonderer Berücksichtigung der Wahlen zum Frankfurter Parlament im Ghztm. Baden, 1913. — *Pöppelmann*, O., Georg Beseler und seine Tätigkeit für die Grundrechte des deutschen Volkes i. J. 1848, Diss. phil. Greifswald 1907. — *Roske*, R., Die Entwicklung der Grundrechte des deutschen Volkes vom Jahre 1848 und des Titels II der preußischen Verfassung von den Rechten der Preußen unter besonderer Berücksichtigung des gegenseitigen Verhältnisses. Diss. phil. Greifswald 1919. — *Rothschild*, E., Die Grundrechte des deutschen Volkes. Aus den Verhandlungen der deutschen Nationalversammlung 1848/49, 1910. — *Schilfert*, G., Sieg und Niederlage des demokratischen Wahlrechts in der deutschen Revolution 1848/49, Berlin (Ost) 1952. — *Strauss*, H. A., Staat, Bürger, Mensch. Die Debatten der deutschen Nationalversammlung 1848/49 über die Menschenrechte. Aarau 1947 (Diss. phil. Bern 1948). — *Anschütz*, G., Die Verfassungsurkunde für den Preußischen Staat, Bd. 1 Berlin 1912. — *Löden*, P., Zur Vorgeschichte und Geschichte der preußischen Grundrechte. Ein Beitrag zur preußischen Verfassungsgeschichte, Diss. phil. Hamburg 1929. — *v. Münchhausen*, H. G. Frhr., Die Grund- und Freiheitsrechte im geltenden preußischen Recht, Diss. Leipzig 1909. — *Ohmke*, Ch., Das preußische Grundrecht der Religionsfreiheit in seiner Entstehung und Auswirkung auf das spätere Recht, Diss. jur. Erlangen 1953 (Masch. Schr.). — *Zorn*, Ph., Die Hohenzollern und die Religionsfreiheit, Königsberg 1896.

Zu XVIII. Der Positivismus seit der Mitte des 19. Jahrhunderts

Bühler, O., Die subjektiven öffentlichen Rechte und ihr Schutz in der deutschen Verwaltungsrechtsprechung, Stuttgart 1914. — *Dantscher* von *Kollesberg*, T. R., Die politischen Rechte der Unterthanen, Wien 1888/94 (3 Lieferungen). — *Gerber*, C. F. von, Über öffentliche Rechte, Tübingen 1852 (Neudruck 1915). — *Jellinek*, G., System der subjektiven öffentlichen Rechte, Freiburg/Br. 1892; 2. verm. Aufl. Tübingen 1905, Neudruck 1919. — *Laband*, P., Das Staatsrecht des Deutschen Reiches, 5. Aufl., 4 Bde. Tübingen 1911. — *Oertzen*, P. v., Die soziale Funktion des staatsrechtlichen Positivismus. Eine wissenssoziologische Studie über die Entstehung des formalistischen Positivismus in der deutschen Staatsrechtswissenschaft, Diss. phil. Göttingen 1953. — *Schmidt*, H., Sind die „Rechte der Preußen" subjektive öffentliche Rechte, und stehen sie Nichtpreußen zu? Diss. jur. Göttingen 1912. — *Schulze*, H., Das preussische Staatsrecht auf Grundlage des deutschen Staatsrechts, 2. Aufl. Leipzig 1888/90. — *Schuppe*, W., Der Begriff des subjektiven Rechts, Breslau 1887 (Neudruck Aalen 1963). — *v. Stengel*, K. Frhr., Die Verwaltungsgerichtsbarkeit und die subjektiven öffentlichen Rechte, in: Verw. Arch. Bd. 3 (1895), S. 176 ff. — *Thon*, A., Rechtsnorm und subjektives Recht, Weimar 1878.

Zu XIX. Sozialismus und soziale Grundrechte

Schraepler, E. (Hrsg.), Quellen zur Geschichte der sozialen Frage in Deutschland, 2 Bde., Göttingen 1960/64 (= Quellensammlung zur Kulturgeschichte, Bd. 6/9). — *Balser*, F., Sozial-Demokratie 1848/49—1863, Stuttgart 1962 (= Schriftenr. Industrielle Welt, Bd. 2). — *Barion*, J., Hegel und die marxistische Staatslehre, Bonn 1963. — *Beer*, M., Geschichte des Sozialismus in England, Stuttgart 1913, engl. Ausg. umgearb. u. erw.: A History of British Socialism, 2 Bde., London 1919/20, 4. Aufl. 1940, Neudruck New York 1950. — *Bouglé*, C. C. A., Socialismes français; Du socialisme utopique à la démocratie industrielle,, Paris 1932, 4. Aufl. 1946. — *Bourgin*, G. u. H., Le socialisme français de 1789 à 1848, Paris 1912. — *Calvez*, J. Y., La Pensée de Karl Marx, Paris 1956. — *Cole*, G. D. H., A History of Socialist Thought. I. The Forerunners 1789—1850. II. Marxism and Anarchism, London 1955/57. — *Cunow*, H., Die Marxsche Geschichts-, Gesellschafts- und Staatstheorie, 2. Bd., Berlin 1921. — *Dahrendorf*, R., Marx in Perspektive. Die Idee des Gerechten im Denken von Karl Marx, Hannover o. J. (1962). — *Heller*, H., Sozialismus und Nation, 2. Aufl. Berlin 1931. — *Jantke*, C., Der vierte Stand. Die gestaltenden Kräfte der deutschen Arbeiterbewegung im 19. Jahrhundert, Freiburg 1955. — *Ramm*,

T., Die großen Sozialisten als Rechts- und Sozialphilosophen, Stuttgart 1955. — *Ramm, T.*, Ferdinand Lassalle als Rechts- und Sozialphilosoph, Meisenheim/Wien 1953. — *Kelsen, H.*, Sozialismus und Staat. Eine Untersuchung der politischen Theorie des Marxismus, 2. Aufl. Leipzig 1923. — *Marcuse, H.*, Vernunft und Revolution. Hegel und die Entstehung der Gesellschaftstheorie, Neuwied/Berlin 1962. — *Miller, S.*, Das Problem der Freiheit im Sozialismus. Freiheit, Staat und Revolution in der Programmatik der Sozialdemokratie von Lassalle bis zum Revisionismusstreit, 2. unveränd. Aufl., Frankfurt/M. 1964. — *Popitz, H.*, Der entfremdete Mensch. Zeitkritik und Geschichtsphilosophie des jungen Marx, Basel 1953. — *Schieder, W.*, Anfänge der deutschen Arbeiterbewegung, Stuttgart 1963 (Schriftenreihe Industrielle Welt, Bd. 4). — *Schumacher, K.*, Der Kampf um den Staatsgedanken in der deutschen Sozialdemokratie, Diss. jur. Münster 1926. — *Stadelmann, R.*, Soziale und politische Geschichte der Revolution von 1848, München 1948. — *Thier, E.*, Das Menschenbild des jungen Marx, Göttingen 1957. — *Vogel, P.*, Hegels Gesellschaftsbegriff und seine geschichtliche Fortbildung durch Lorenz Stein, Marx, Engels und Lassalle, Berlin 1925.

Zu XX. Menschenrechte und Grundfreiheiten nach 1945

1. Menschenrechte der Gegenwart

Blumenwitz, D., Selbstbestimmung u. Menschenrechte im geteilten Deutschland, in: Jb. f. intern. Recht 17 (1974). — *Brunner, G.*, Menschenrechte in sowjetischer Sicht, in: Die politische Meinung 22 (1977). — *Cassin, R.*, Zwanzig Jahre nach der Verkündung der Allgemeinen Erklärung der Menschenrechte „Freiheit und Gleichheit", in: Journal der Internationalen Juristenkommission 8 (1967). — *Ders.*, Droits de l'homme et méthode comparative, in: Revue internationale de droit comparé 20 (1968). — *Ders.*, Die Charta der Menschenrechte und die gegenwärtige Weltsituation, in: Universitas 1972. — *Ders.*, La Commission des droits de l'homme de l'ONU 1947—1971, in: Miscellanea W. J. Ganshof van der Meersch T. 1, Brüssel 1972. — *Clark, R. St.*, A United Nations High Commissioner for Human Rights, Den Haag 1972. — *Claude, R. P.* (Ed.), Comparative human rights, Baltimore 1976. — *Cohen-Jonathan, G.*, Droits de l'homme et pluralité des systèmes européens de protection internationale, in: Revue des droits de l'homme 5 (1973). — *Colard, D.*, Essai sur la problématique des devoirs de l'homme, in: Revue des droits de l'homme 5 (1972). — Council of Europe. European Commission of Human Rights. Decisions and reports, Vol. 4, Strasbourg 1976 (= Secretariat of the European Commission of Human Rights). — *Cramer, D.*, Bürgerrechte 77, Köln 1977. — *Cranston, M.*, What are human rights?, London 1973. — *Daily, J. E.*, The anatomy of censorship, New York 1973. — *Delbrück, J.*, Die Rassenfrage als Problem des Völkerrechts und nationaler Rechtsordnungen, Frankfurt/M. 1971. — *Ders.*, Menschenrechte und Grundfreiheiten im Völkerrecht, Stuttgart 1972. — *Denecke, U.*, Die humanitäre Intervention und ihr Verhältnis zum Rechtsschutzsystem der Europäischen Menschenrechtskonvention. Ein Beitr. zum Stand der Menschenrechte im Völkerrecht u. zur Problematik der völkerrechtl. Intervention, Diss. jur. Würzburg 1972. — *Dietze, G.*, Bedeutungswandel der Menschenrechte, Karlsruhe 1972. — *Dominicé, Ch.*, La Convention européenne des droits de l'homme devant le juge national, in: Schweiz. Jb. f. int. Recht 28 (1972). — *Duchacek, I. D.*, Rights and liberties in the world today. Constitutional promise and reality, Santa Barbara Cal. 1973. — *Ebbing-*

haus, J., Menschlichkeit, Recht der Menschheit und Recht des Staates, in: Akten des XIV. Internationalen Kongresses für Philosophie, Bd. 5, Wien 1970. — *Ermacora*, F., Die vierte Gewalt: Eine regional-supranationale Gewalt zum Schutze der Menschenrechte, in: Festschrift Gerhard Leibholz, Bd. 1, Tübingen 1966. — Ders., Menschenrechte in der sich wandelnden Welt, II. Band: Anspruch und Wirklichkeit. Wien 1978 (= Veröff. d. Kommiss. f. d. Studium der Menschenrechte 2, Österr. Akad. d. Wiss.). — Fundamental rights. A volume of essays to commemorate the 50th anniversary of the founding of the Law School in Exeter 1923 - 1973, Ed. by J. W. Bridge, D. Lasok (u. a.), London 1973. — Gleichheit und Demokratie. Anmerkungen zum Myrdal-Report, Beiträge von Anton Pelinka (u. a.), Wien 1974. — *Gormley*, W. P., Human rights and environment: the need for international cooperation, Leyden 1976. — *Grottian*, W., Menschenrechte in kommunistischer Theorie und Praxis, in: Die Menschenrechte. Kirche in Not, Königstein/Ts. 1969. — *Guradze*, H., Die Europäische Menschenrechtskonvention. Kommentar, Berlin 1968. — *Hacker*, J., Selbstbestimmung, Freizügigkeit und Meinungsfreiheit nach dem Inkrafttreten der VN-Menschenrechtspakte, in: Vereinte Nationen, Zs. f. d. VN 24 (1976). — *Hahne*, M. M., Das Drittwirkungsproblem in der Europäischen Konvention zum Schutz der Menschenrechte u. Grundfreiheiten, Diss. jur. Heidelberg 1973. — *Harris*, D. J., Decisions on the European Convention on Human Rights during 1971—72, in: The British Year Book of international law 1972/3 (1975). — *Hauser*, M., Menschenrechte im Sowjetsystem. Bern 1973. — *Hayek*, F. A., Law, Legislation and Liberty. A new Statement of the liberal Principles of Justice and political Economy. Vol. I: Rules and order, London 1973. — *Hirsch*, E. E., Menschenrechte und Grundfreiheiten im Ausnahmezustand. Eine Fallstudie über die Türkei, Berlin 1974. — *Huber*, W./*Tödt*, H. E., Menschenrechte. Perspektiven einer menschlichen Welt, Stuttgart 1977. — Human Rights. A Study for the International Year for Human Rights, 1968. — Institut international des droits de l'homme, International Institute of Human Rights, Jura hominis ac civis. René Cassin: Amicorum discipulorumque liber 1: Problèmes de protection internationale des droits de l'homme, Paris 1969. — International Protection of Human Rights. Proceedings of the 7th Nobel Symposium Oslo 1967, Ed. by A. Eide and A. Schou. Stockholm 1968. — International legal protections for human rights. The handbook for the world law day, August 21 1977, Washington DC. 1977. — *Kaegi*, W., Die Menschenrechte und ihre Verwirklichung, Aarau 1969. — *Kalaitzakis*, E., Die Bedeutung der Suspendierung der Menschenrechte nach dem Art. 15 der Europ. Konvention zum Schutz der Menschenrechte und Grundfreiheiten und dem Art. 4 der „International Convenant on Civil and Political Rights" in den europ. Staaten, Staatswiss. Diss. Wien 1973. — *Kimminich*, O., Menschenrechtsschutz im geteilten Deutschland, in: Festschr. f. H. U. Scupin, Berlin 1973. — Ders., Menschenrechte. Versagen und Hoffnung. München 1973. — Ders., Kirchen und Menschenrecht, in: Festschrift Willi Geiger, Tübingen 1974. — Die Kirche und die Menschenrechte. Ein Arbeitspapier der Päpstlichen Kommission Justitia und Pax, München - Mainz 1976. — *Klenner*, H., Die marxistische Menschenrechts-Konzeption, in: Gedächtnisschrift für René Marcic. Bd. II, Berlin 1974. — *Kriele*, M., Die Menschenrechte zwischen Ost und West, Köln 1977. — *Krüger*, H., Brüderlichkeit — das dritte, fast vergessene Ideal der Demokratie, in: Festgabe Theodor Maunz, München 1971. — *Leibholz*, G. u. a. (Hrsg.), Menschenwürde und freiheitliche Rechtsordnung. Festschr. f. Willi Geiger, Tübingen 1974. — *Lienemann*, W., Menschenrechte in der Entwicklung, in: Ökumenische Rundschau 25 (1976). — Fünfzig Jahre

Deutsche Liga für Menschenrechte 1921—1971, München 1971. — *Lochman,
J. M./Moltmann, J.* (Hrsg.), Gottes Recht und Menschenrechte. Studien und
Empfehlungen des reformierten Weltbundes, Neukirchen 1976. — Mélanges
offerts à Polys Modinos. Problèmes des droits de l'homme et de l'unification
européenne, Paris 1968. — Menschenrechte. Ein Jahrbuch zu Osteuropa. Hrsg.
Pelikán, J. u. Wilke, M., Reinbek bei Hamburg 1977. — Die Menschenrechte
in der Praxis des Europarates. Nachschlagewerk der Rechtsprechung zur
Europäischen Menschenrechtskonvention (1955—67), Wien, Stuttgart 1972. —
Moltmann, J., Wer vertritt die Zukunft des Menschen? Fragen zur theologischen Basis der Menschenrechte, in: Evangelische Kommentare 5 (1972); *ders.,*
Theologische Erklärung zu den Menschenrechten, in: epd-Dokumentation 15
(1976); *ders.,* Welches Recht hat das Ebenbild Gottes? Erklärung des Reformierten Weltbundes zu den Menschenrechten, in: Evangelische Kommentare
9 (1976). — *Moltmann-Wendel, E.,* (Hrsg.) Menschenrechte für die Frau.
Christliche Initiativen zur Frauenbefreiung. München 1974. — *Morvay, W.,*
Der Schutz der Menschenrechte im Verfassungsrecht der BRD, in: AöR 1974,
Beih. 1. — *Moskowitz,* The politics and dynamics of Human Rights, New York
1968. — Naturrecht, Menschenrechte, Offenbarung. Referate der Tagung des
Deutschen Instituts für Bildung und Wissen vom 15. - 20. 5. 1967 in Arnsberg,
Frankfurt 1968. — *Neumann, J.,* Menschenrechte — auch in der Kirche?, Zürich
1976. — *Newman, R. A.,* ed., Equity in the world's legal systems. A comparative
study. Dedicated to René Cassin, Brüssel 1973. — *O'Rourke, J. J.,* The Problem
of freedom in Marxist thought. An Analysis of the treatment of human freedom by Marx, Engels, Lenin and contemporary Soviet philosophy, Dordrecht/
Boston 1974. — *Partsch, K. J.,* Bekämpfung der rassischen Diskriminierung
im Rahmen des Schutzes der Menschenrechte, in: Die Vereinten Nationen u.
die Mitarbeit der BRD, Wien/München 1973. — *Perels, J.,* Sozialistisches Erbe
an bürgerlichen Menschenrechten?, in: E. Bloch zum 90. Geb. Es muß nicht
immer Marmor sein. Erbschaft aus Ungleichzeitigkeit, Berlin 1975. — *Petzold,
H.,* Der gegenwärtige Wirkungsbereich der Europäischen Menschenrechtskonvention und ihrer Zusatzprotokolle, der Konvention zur Beseitigung aller
Formen von Rassendiskriminierung sowie der Menschenrechtspakte der Vereinten Nationen, in: Zs. f. ausl. öff. Recht und Völkerrecht 30 (1970). — *Pfürtner, S. H.,* Die Menschenrechte in der römisch-katholischen Kirche, in: Zs. f.
evang. Ethik 20 (1976). — *Poppe, E.,* Menschenrechte — Eine Klassenfrage,
Berlin (Ost) 1971. — Privacy and human rights. Reports and communications
presented at the 3. Int. Colloquy about the European Convention on human
rights, organised by the Belgian universities and the Council of Europe,
Manchester 1973. — Protection of human rights in the light of scientific and
technological progress in biology and medicine. Proceedings of a round table
conference organized by CIOMS, WHO Headquarters. Geneva 14—16 Nov.
1973, Genf 1974. — *Protić, M.,* Die Verfassungsgarantien in der Europäischen
Konvention zum Schutze der Menschenrechte u. im internationalen Pakt über
staatsbürgerliche u. politische Rechte, Diss. jur. Heidelberg 1973. — *Raiser, L.,*
Menschenrechte in einer gespaltenen Welt, in: Evangelische Kommentare
April 1975. — *Raphael, D. D.,* ed., Political Theory and the Rights of Man,
London 1967. — *Rauschning, D.,* Ein internationales Menschenrecht auf
Schutz der Umwelt, in: Festschrift Werner Weber, Berlin 1974. — Rechtsstaatlichkeit und Menschenrechte. Grundsätze und Definitionen, ausgearbeitet
auf Kongressen und Konferenzen der Internationalen Juristenkommission,
1955—1967, Genf 1967. — Religionen, Frieden, Menschenrechte. Dokumentation der ersten Weltkonferenz der Religionen über den Frieden, Kyoto 1970.
Hrsg. von M. A. Lücker, Wuppertal 1971. — *Rendtorff, T.,* Menschenrechte

und Rechtfertigung, in: Ernst Steinbach-Festschrift, 1976. — *Reventlow,* H. Graf, Der Eifer um Recht und Gerechtigkeit im A.T. u. die theologische Frage nach dem Recht im Zusammenhang mit der heutigen Menschenrechtsdiskussion, in: Die Verantwortung der Kirche in der Gesellschaft, Stuttgart 1973. — *Robertson,* A. H., Human rights in the world being an account of the United Nations covenants on human rights, the European Convention, the American Convention, the Permanent Arab Commission, the proposed African Commission and recent developments affecting humanitarian law, Manchester 1972. — *Ders.,* Human Rights in Europe. Being an account of the European Convention for the Protection of Human Rights and Fundamental Freedoms signed in Rome on 4 Nov. 1950. Manchester 1977. — *Scheuner,* U., Gemeinschaftsrecht und Europäische Menschenrechtskonvention, in: Einführung in die Rechtsfragen der europäischen Integration, Köln 1969. — *Ders.,* Die Menschenrechte in der ökumenischen Diskussion, in: Ökumenische Rundschau 24 (1975). — *Ders.,* Fundamental rights in European community law and in national constitutional law. Recent decisions in Italy and in the Federal Republic of Germany, in: Common Market law review 12 (1975). — *Schwarz,* H.-P., Zwischenbilanz der KSZE. Stuttgart 1977. — Sicherheit und Zusammenarbeit in Europa. KSZE-Dokumentation, Hrsg. vom Presse- und Informationsamt der Bundesregierung, Köln 1975. — *Soder,* J., Das Bonner Grundgesetz und die Menschenrechtskonventionen der UN, in: Vereinte Nationen und ihre Sonderorganisationen 16 (1968). — *Steinbach,* U., Die Menschenrechte im Verständnis des Islam, in: Verfassung u. Recht in Übersee, 1975. — *Thompson,* K. W., Menschenrechte und christliche Ethik, in: Lutherische Rundschau 18 (1968). — *Tödt,* H. E., Neue Qualität der Menschenrechte. Ein Orientierungsrahmen für kirchliches Handeln, in: Lutherische Monatshefte 13 (1974). — *Ullrich,* R., Menschenrechte und europäisches Gemeinschaftsrecht, Diss. jur. Saarbrücken 1973. — *Veenhoven,* A., (ed.), Case studies on human rights and fundamental freedoms. A world survey, Vol. 3—5, The Hague 1976. — *Veiter,* Th./*Klein,* F., Hrsg., Die Menschenrechte. Entwicklung, Stand, Zukunft, Wien 1966.

2. Grundrechte der Gegenwart

Arndt, A., Gedanken zum Gleichheitssatz. Festschr. Gerhard Leibholz, Tübingen 1966. — *Badura,* P., Eigentum im Verfassungsrecht der Gegenwart, in: Verhandl. des 49. Dt. Juristentages, Bd. 2,2, München 1972. — *Ders.,* Grundfreiheiten der Arbeit. Zur Frage einer Kodifikation „sozialer Grundrechte", in: Festschr. Friedrich Berber, München 1973. — *Ders.,* Das Prinzip der sozialen Grundrechte u. seine Verwirklichung im Recht der BRD, in: Der Staat 14 (1975). — *Benz,* Ch. E., Die Kodifikation der Sozialrechte. Die Positivierung von sozialen Grundrechten im Verfassungsrang, Zürich 1973. — *Blaesing,* H., Grundrechtskollisionen, Diss. jur. Bochum 1974. — *Böckenförde,* E. W., Grundrechtsgeltung gegenüber Trägern gesellschaftlicher Macht, in: Freiheit in der sozialen Demokratie Bd. I 1975. — *Ders.,* Grundrechtstheorie und Grundrechtsinterpretation, in: Probleme der Verfassungsinterpretation. Dokumentation einer Kontroverse. Hrsg. v. R. Dreier und F. Schwegmann, Baden-Baden 1976. — *Ders.,* Grundrechtstheorie und Grundrechtsinterpretation, in: ders., Staat, Gesellschaft, Freiheit. Frankfurt 1976. — *Brunner,* G., Zur Wirksamkeit der Grundrechte in Osteuropa, in: Der Staat 9 (1970). — *Ders.,* Die Problematik der sozialen Grundrechte. Tübingen 1971. — *Delbrück,* J., Drittwirkung der Grundrechte durch völkerrechtliche Verpflichtung? in: Festschrift Werner Weber, Berlin 1974. — Demokratie und Grundrechte. Ausgew. u. überarb. Protokoll der wiss. Konferenz: Der Kampf der Arbeiterklasse und ihrer Partei um die Entwicklung der sozialist. Persönlichkeit. Hrsg.: Inst. f. Staatsrecht der Univ. Halle-Wittenberg und Leipzig, Berlin 1967. — *Dietel*, A. u. *Gintzel*, K., Demonstrations- und Versammlungsfreiheit. Kommentar zum Gesetz über Versammlungen u. Aufzüge vom 24. Juli 1953, 5. Aufl., Köln 1977. — *Dietlein*, M., Grundrechtlicher Eigentumsschutz u. soziale Sicherung, in: Zeitschr. f. Sozialreform 1975. — *Dreier*, R., Zur Grundrechtssubjektivität juristischer Personen des öffentlichen Rechts, in: Festschr. H. U. Scupin, Berlin 1973. — *Forsthoff*, E., Hrsg., Rechtsstaatlichkeit und Sozialstaatlichkeit. Aufsätze und Essays, Darmstadt 1968. (= Wege der Forschung Bd. 118). — *Friauf*, K. H., Eigentumsgarantie, Leistung u. Freiheit im demokratischen Rechtsstaat. Bemerkungen zur verfassungsrechtlichen Funktion der Eigentumsgarantie, in: Marktwirtschaft u. soziale Verantwortung, Köln 1973. — *Friesenhahn*, E., Der Wandel des Grundrechtsverständnisses, in: Verhandlungen des 50. Dt. Juristentages Bd. 2, München 1974. — *Grabitz*, E., Freiheit und Verfassungsrecht. Kritische Untersuchungen zur Dogmatik und Theorie der Freiheitsrechte, Tübingen 1976. — *Herzog*, R., Grundrechte und Gesellschaftspolitik, in: Berliner Festschrift für Ernst E. Hirsch, Berlin 1968. — *Hoffmann-Remy*, U., Die Möglichkeiten der Grundrechtseinschränkung nach Art. 8 - 11 Abs. 2 der Europäischen Menschenrechtskonvention (Beispiele aus der Rechtsprechung), Berlin 1976. — *Horner*, F., Die sozialen Grundrechte. Weltanschauliche u. gesellschaftspolitische Aspekte, Salzburg 1974. — *Ipsen*, H. P., Freiheit vor Gleichheit. Zu Günter Dürigs Kommentierung des Art. 3 GG, in: Der Staat 13 (1974). — *Klein*, H. H., Öffentliche und private Freiheit. Zur Auslegung des Grundrechts der Meinungsfreiheit, in: Der Staat 10 (1971). — *Ders.*, Die Grundrechte im demokratischen Staat. Kritische Bemerkungen zur Auslegung der Grundrechte in der deutschen Staatsrechtslehre der Gegenwart, Stuttgart 1972. — *Ders.*, Ein Grundrecht auf saubere Umwelt?, in: Festschr. Werner Weber, Berlin 1974. — *Krebs*, W., Vorbehalt des Gesetzes und Grundrechte. Vergleich d. traditionellen Eingriffsvorbehalts mit den Grundrechtsbestimmungen d. Grundgesetzes, Berlin 1975. — *Kuhn*, A., Sozialrechte und Freiheitsrechte: Civitas 7 (1968). — *Löw*, K., Menschenwürde, Freiheit, Gleichheit. Die Bedeutung der Grundrechte in unserer Verfassung, 2. Aufl., München 1971. — *Ders.*, Die Grundrechte im Wechsel der Generationen, in: 25 Jahre Grundgesetz. Ein Zwischenzeugnis, hrsg. v. K. Löw, Köln 1974. — *Luhmann*, N., Grundrechte als Institution. Ein Beitrag zur politischen Soziologie. 2. Aufl. Berlin 1974. — *Maier*, H., Die Grundrechte des Menschen im modernen Staat, Osnabrück 1973. — *Martens*, W., und *Häberle*, P., Grundrechte im Leistungsstaat, in: Veröffentlichungen der Vereinigung der Deutschen Staatsrechtslehrer 30 (1972), (= Berichte und Diskussionen auf der Tagung der Vereinigung in Regensburg 1971). — *Maunz*, Th., Die Suche nach den Schranken der Grundrechte, in: Festschr. H. Schäfer, Köln 1975. — *Moser*, B., Die Europäische Menschenrechtskonvention und das bürgerliche Recht. Zum Problem der Drittwirkung von Grundrechten, Wien 1972. — *Müller*, J. P., Soziale Grundrechte in der Verfassung? Basel 1973. — *Müller*, Werner, Wirkungsbereich und Schranken der Versammlungsfreiheit, insbes. im Verhältnis zur Meinungsfreiheit, Berlin 1974. — *Müller-Römer*, D., Die Grundrechte im neuen mitteldeutschen Verfassungsrecht, in: Der Staat 7 (1968). — *Novak*, R., Das Problem der sozialen Grundrechte, Graz 1972. — *Poppe*, E., Gedanken zum Stand der sozialistischen Grundrechtstheorie und -forschung in der DDR, in: Staat u. Recht 1975. — *Renfer*, H. P., Das Grundrecht der persönlichen Freiheit (Untersuchungen zur bundesgerichtlichen Praxis), Diss. jur. Basel 1972. — *Römer*, P., die Grundrechte in der BRD u. der DDR, in: BRD—DDR,

Vergleich d. Gesellschaftssysteme. W. Abendroth zum 65. Geb., Köln 1971. — *Rüfner*, W., Überschneidungen und gegenseitige Ergänzungen der Grundrechte, in: Der Staat 7 (1968). — *Schambeck*, H., Grundrechte und Sozialordnung. Gedanken zur Europäischen Sozialcharta, Berlin 1969. — *Schmitt Glaeser*, W., Die Meinungsfreiheit in der Rechtsprechung des Bundesverfassungsgerichtes, in: AöR 97 (1972). — *Scholz*, G., Grundgesetz 1.: Grundlagen. Die Grundrechte, München 1975. — *Scholz*, R., Das Grundrecht der freien Entfaltung der Persönlichkeit in d. Rechtsprechung des Bundesverfassungsgerichtes, in: AöR 100 (1975). — *Schwabe*, J., Die sogenannte Drittwirkung der Grundrechte. Zur Einwirkung der Grundrechte auf den Privatrechtsverkehr, München 1971. — *Schwacke*, P., Grundrechtliche Spannungslagen, Diss. jur. Hamburg 1973. — *Stuby*, G., Der Eigentumsbegriff des Grundgesetzes u. seine normativen Anforderungen für die Gegenwart, in: Demokratie und Recht, 1974. — *Suhr*, D., Rechtsstaatlichkeit und Sozialstaatlichkeit, in: Der Staat 9 (1970). — *Wildhaber*, L., Soziale Grundrechte, in: Gedenkschrift für Max Imboden, 1972. — *Willke*, H., Stand u. Kritik der neueren Grundrechtsthorie. Schritte zu einer normativen Systemtheorie, Berlin 1975.

Ergänzung seit 1966

1. Quellen und Lexika

a) Zeitschriften

Revue des droits de l'homme / Human Rights Journal, Paris 1, 1968 ff. — Human Rights Bulletin. (Ed. in English, French, Russian, Spanish). Ed.: United Nations. Div. of Human Rights, Geneva, New York 1969 ff. — Grundrechte. Kehl a. Rh. 1974 ff.

b) Quellen

Bertram, W., Hrsg., Zum 25. Jahrestage der Allgemeinen Erklärung der Menschenrechte. Der intern. Schutz der Menschenrechte. Völkerrechtl. Übereinkommen u. andere Dokumente der UN u. d. Europarats in dt. Übersetzung, Bonn 1973. — *Delbrück*, J., Menschenrechte und Grundfreiheiten im Völkerrecht anhand ausgewählter Texte internationaler Verträge und Konventionen, 1972. — *Ermacora*, F., Hrsg., Internationale Dokumente zum Menschenrechtsschutz. Mit Hinweisen. Stuttgart 1971. — *Hartung*, F./*Schraepler*, E., Die Entwicklung der Menschen- und Bürgerrechte von 1776 bis zur Gegenwart. 4., erw. Aufl., Göttingen 1972. (= Quellensammlung zur Kulturgeschichte 1). — *Heidelmeyer*, W., Hrsg., Die Menschenrechte. Erklärungen, Verfassungsartikel, Internationale Abkommen. Mit einer Einführung. Paderborn 1972. — *Peaslee*, A. J., Constitutions of Nations. 3. ed. 4 Bde in 7 Teilen, The Hague 1965—71. Rev. 4. ed. prepared by D. Peaslee-Xydis, Bd. 1 ff., The Hague 1974 ff. — *Scholler*, H., (Hrsg.), Die Grundrechtsdiskussion in der Paulskirche. Eine Dokumentation, Darmstadt 1973. (Texte zur Forschung 11). — *Sohn*, L. B./*Buergenthal*, Th., Basic documents on international protection of human rigths, Indianapolis 1973. — *Volle*, H. und *Wagner*, W., Hrsg., KSZE in Beiträgen und Dokumenten aus dem Europa-Archiv, Bonn 1976. — Bibliographie „Menschenrechte", in: Althusius-Bibliographie. Bibliographie zur polit. Ideengeschichte und Staatslehre, zum Staatsrecht und zur Verfassungsgeschichte des 16. bis 18. Jhs., Hrsg. H. U. Scupin u. U. Scheuner, Bearb. D. Wyduckel, Berlin 1973 Nr. 11439 - 11564.

c) Lexika

Bäumlin, R., Artikel „Rechtsstaat", in: Evangelisches Staatslexikon, 2. Aufl., Berlin 1975. — *Bernhardt, R.*, Artikel „Grundrechte", in: Handwörterbuch zur Deutschen Rechtsgeschichte, Bd. 1, Berlin 1971. — *Conze, W.*, Art. „Freiheit", in: Historisches Lexikon zur politisch-sozialen Sprache in Deutschland, Hrsg. O. Brunner, W. Conze, R. Koselleck, Bd. II, Stuttgart 1975. — *Dann, O.*, Art. „Gleichheit", in: Historisches Lexikon zur politisch-sozialen Sprache in Deutschland, Hrsg. O. Brunner, W. Conze, R. Koselleck, Bd. II, Stuttgart 1975. — *Euchner, W.*, Artikel „Gesellschaftsvertrag, Herrschaftsvertrag", in: Historisches Wörterbuch der Philosophie, Hrsg. Joachim Ritter, Bd. III, Darmstadt 1974. — *Fetscher, I.*, Art. „Freiheit", in: Sowjetsystem und demokratische Gesellschaft. Eine vergleichende Enzyklopädie, Bd. II, Freiburg 1968. — *Forsthoff, E.*, Art. Grundrechte", in: Historisches Wörterbuch der Philosophie, Hrsg. Joachim Ritter, Bd. III, Darmstadt 1974. — *Hennig, E.*, Art. „Grundrechte", in: Handlexikon zur Politikwissenschaft, Hrsg. Axel Görlitz, München 1970. — *Kleinheyer, G.*, Art. „Grundrechte, Menschen- u. Bürgerrechte, Volksrechte", in: Historisches Lexikon zur politisch-sozialen Sprache in Deutschland, hrsg. v. O. Brunner, W. Conze, R. Koselleck, Bd. II, Stuttgart 1975. — *Pawelka, P./Meyer, G./Kernig, C. D.*, Art. „Gleichheit", in: Sowjetsystem u. Demokratische Gesellschaft. Eine vergleichende Enzyklopädie. Bd. II, Freiburg 1968. — *Pfahlberg, B./Brunner, G.*, Art. „Grundrechte", in: Sowjetsystem und Demokratische Gesellschaft. Eine vergleichende Enzyklopädie, Bd. II, Freiburg 1968. — *Schieder, W.*, Art. „Brüderlichkeit", in: Historisches Lexikon zur politisch-sozialen Sprache in Deutschland, Hrsg. O. Brunner, W. Conze u. R. Koselleck, Bd. 1, Stuttgart 1972. — *Schwab, D.*, Art. „Eigentum", in: Historisches Lexikon zur politisch-sozialen Sprache in Deutschland, Hrsg. O. Brunner, W. Conze, R. Koselleck, Bd. II, Stuttgart 1975. — *Stern, K.*, Artikel „Sozialstaat", in: Evangelisches Staatslexikon, 2. Aufl., Berlin 1975. — *Voigt, H./Zippelius, R.*, Artikel „Grundrechte", in: Evangelisches Staatslexikon, 2. Aufl., Berlin 1975.

2. Übergreifendes Schrifttum

Bien, G., Revolution, Bürgerbegriff und Freiheit. Über die neuzeitliche Transformation der alteuropäischen Verfassungstheorie in politische Geschichtsphilosophie, in: Materialien zu Kants Rechtsphilosophie, Hrsg. Zwi Batscha, Frankfurt/M. 1976. — *Böckenförde, E. W.*, Hrsg., Staat und Gesellschaft, Darmstadt 1976. — *Ders.*, Staat, Gesellschaft, Freiheit. Studien zur Staatstheorie und zum Verfassungsrecht, Frankfurt 1976. — *Böckle, F./ Böckenförde, E. W.*, (Hrsg.), Naturrecht in der Kritik, Mainz 1973. — *Böhm, A.*, Die Ideen-Trias der Revolution: Freiheit, Gleichheit, Brüderlichkeit und die „christliche Politik", in: Politik als Gedanke und Tat, Hrsg. R. Wisser, Mainz 1967. — *Brauweiler, H.*, Überlegungen zur Problematik des Eigentumsrechts, in: Jb. f. christl. Sozialwiss. 14 (1973). — *Eigentum und Verfassung*. Zur Eigentumsdiskussion im ausgehenden 18. Jh., Hrsg. R. Vierhaus. Göttingen 1972. — *Flossmann, U.*, Eigentumsbegriff und Bodenordnung im Wandel. Ein Beitrag zum Rechtsverständnis d. konstitutionellen Eigentumsgewährleistung des 19. Jhs., Wien 1976. — *Freiheit und Toleranz*. Bericht über einen Dialog, 25. u. 26. Mai 1973 in Bad Münstereifel, Bonn-Bad Godesberg 1974 (= Theorie und Praxis d. dt. Sozialdemokratie). — *Grimm, D.*, Europäisches Naturrecht und amerikanische Revolution. Die Verwandlung politischer Philosophie in politische Techne, in: ius commune 3 (1970). — *Habermas,* J., Naturrecht und Revolution, in: Theorie und Praxis. Sozialphilosophische Studien, 4. Aufl., Berlin 1971. — *Isenhardt,* U., Die Freiheit des Gewissens im Privatrecht, Diss. jur. Köln 1972. — *Kaufmann,* A., (Hrsg.), Widerstandsrecht. Darmstadt 1972. (= Wege der Forschung 173). — *Kimminich,* O., Erweiterung des verfassungsrechtlichen Eigentumsbegriffs?, in: Der Staat 14 (1975). — *Klein,* F., Gleichheitssatz u. föderative Struktur der BRD, in: Festschrift f. H. U. Scupin, Berlin 1973. — *Köhler,* G., Die Rolle des Privateigentums in den Gesellschaftsutopien des 18. Jhs., in: Akten d. 2. internat. Leibniz-Kongresses, Bd. 1, Wiesbaden 1973. — *Kuhn,* H., Über die Grenzen der Gleichheit, in: Zeitschr. f. Politik 1975. — *Leisner,* W., Freiheit und Eigentum — die selbständige Bedeutung des Eigentums gegenüber der Freiheit, in: Festschr. Hermann Jahrreiß, Köln 1974. — *Lévy,* J. Ph., Histoire de la propriété, Paris 1972. — *Listl,* J., Glaubens-, Gewissens-, Bekenntnis- u. Kirchenfreiheit, in: Handbuch d. Staatskirchenrechts der BRD I. Hrsg. U. Scheuner u. E. Friesenhahn, Berlin 1974. — *Machay,* J. H., Die Freiheitssucher. Psychologie einer Entwicklung, 5. Aufl., Freiburg/Br. 1976. — *Magnis,* F. v., Normative Voraussetzungen im Denken des jungen Marx (1843 - 1848), Freiburg 1975. — *Maihofer,* W., Rechtsstaat und menschliche Würde, Frankfurt 1968. — *Marcic,* R., The persistence of right law. An inquiry into the foundations of the right to resist, in: Arch. f. Rechts- und Sozialphilosophie 59, 1973. — *Mohnhaupt,* H., Untersuchungen zum Verhältnis Privileg u. Kodifikation im 18. u. 19. Jh., in: ius commune 5 (1975). — *Ockermann,* J., Die soziale Bindung des Eigentums in der BRD, ihren Nachbarländern und den USA, Diss. jur. Köln 1974. — *Papcke,* S., Progressive Gewalt. Studien zum sozialen Widerstandsrecht, Frankfurt/M. 1973. — *Paul,* A., (Hrsg.), Freiheit des Menschen, Graz 1974, (= Vorlesungen der Salzburger Hochschulwochen 1973). — *Die Persönlichkeit* im Sozialismus. Hrsg. v. d. Akad. d. Wiss. d. UdSSR. ... unter Leitung v. F. V. Konstantinov. Aus d. Russ., Berlin (Ost) 1972. — *Plamenatz,* J., Man and society. A critical examination of some important social and political theories from Machiavelli to Marx, Vol. 1 u. 2, London 1972/74. — *Das Recht* der kleinen Leute: Beiträge zur rechtlichen Volkskunde. Festschr. f. K. Sigismund Kramer, Berlin 1976. — *Reinisch,* L., (Hrsg.), Freiheit u. Gleichheit oder die Quadratur des Kreises, München 1974. — *Rittstieg,* H., Eigentum als Verfassungsproblem. Zu Geschichte und Gegenwart des bürgerlichen Verfassungsstaates, 2. Aufl., Darmstadt 1976. — *Schlumbohm,* J., Freiheit. Die Anfänge der bürgerlichen Emanzipationsbewegung in Deutschland im Spiegel ihres Leitwortes (circa 1760 - circa 1800), Düsseldorf 1975. — *Schoeck,* H., Gleichheit, Gerechtigkeit und Chance: Aporien des Egalitarismus, in: Zeitschr. für Politik 1975. — Freiheitlicher *Sozialismus.* Beiträge zu seinem heutigen Selbstverständnis, Bonn/Bad Godesberg 1973. (= Schriftenreihe d. Forschungsinst. d. Fr.-Ebert-Stiftung 95). — *Vogel,* H.-H., Wo stehen wir auf dem Wege zur Freiheit für alle?, in: Fragen der Freiheit Hft. 105 (1973). — *Wenzel,* R., 1975 — Internationales Jahr der Frau. Zur Verwirklichung der Gleichberechtigung von Mann u. Frau in Ehe u. Familie, in: Staat u. Recht 1975.

3. Verfassungs-, Rechts- und Geistesgeschichte

Adams, W. P., Das Gleichheitspostulat in der Amerikanischen Revolution, in: Historische Zeitschrift 212 (1971). — *Badegruber,* F., Der Liberalismus und die Kodifikation der Grundrechte von 1867, Staatswiss. Diss. Innsbruck 1970. — *Becker,* W., „Göttliches Wort", „göttliches Recht", „göttliche Gerechtigkeit".

Die Politisierung theologischer Begriffe?, in: Revolte u. Revolution in Europa. Referate und Protokolle d. int. Symposiums z. Erinnerung an den Bauernkrieg 1525, Hrsg. v. P. Blickle, München 1975. — *Burns*, J. H., The rights of man since the reformation. An historical survey, in: An introduction to the study of human rights. Based on a series of lectures delivered at King's College London in the autumn 1970. London 1972. — *Chapelle*, Ph. de la, The origins of the Universal Declaration, in: Lumen vitae. Revue internationale de la formation religieuse 24 (1969). — *Colliva*, P., Die Rechtsstaatlichkeit im Mittelalter, in: Internationales Colloquium über Menschenrechte. Berlin 3. - 8. Okt. 1966, Deutsche Gesellschaft für die Vereinten Nationen, Berlin 1968. — *Dantscher von Kollesberg*, Th., Die politischen Rechte der Unterthanen. Nachdruck der Ausg. Wien 1888 - 94, Frankfurt/M. 1970. — *Daubie*, Ch., Cyrus le Grand: Un précurseur dans le domaine des droits de l'homme, in: Revue des droits de l'homme 5 (1972). — *Ebner*, W., Christian Thomasius und die Abschaffung der Folter, in: ius commune 4 (1972). — *Ermacora*, F., Menschenrechte in der sich wandelnden Welt. Bd. 1: Historische Entwicklung der Menschenrechte und Grundfreiheiten, Wien 1974. (= Veröff. d. Komm. f. d. Studium der Menschenrechte 1, Österr. Ak. d. Wiss.). — *Euchner*, W., Naturrecht und Politik bei John Locke. Frankfurt 1969. — *Fürstenau*, H., Das Grundrecht der Religionsfreiheit nach seiner geschichtlichen Entwicklung und heutigen Geltung in Deutschland, unveränd. Nachdr. d. Ausg. 1891, Glashütten/Ts. 1975. — *Gaile*, J., Bürgerliche Freiheitsrechte im deutschen Liberalismus (1789 - 1848) — Ideologiebildung im Zeichen der entstehenden bürgerlichen Gesellschaft, Diss. phil. Marburg 1976. — *Gollwitzer*, H., Gleichheit der Menschen in jüdisch-christlicher Überlieferung, in: Vorgänge 1976. — *Grebing*, H., Über einige Differenzierungen des Begriffs „Gleichheit" — im historischen Prozeß gesehen, in: Vorgänge, 1976. — *Hancey*, J. O., John Locke and the law of nature, in: Political theory 4 (1976). — *Hartl*, F., Humanität und Strafrecht. Zum 200. Jubiläum der Aufhebung d. Folter in Österreich, in: Österr. JZ. 1976. — *Hermann*, M., Der Schutz der Persönlichkeit in der Rechtslehre des 16. - 18. Jahrhunderts, Stuttgart 1968. — *Honderich*, T., The worth of J. S. Mill „On liberty", in: Political Studies 22 (1974). — *Huber*, E. R., Grundrechte im Bismarckschen Reichssystem, in: Festschrift Ulrich Scheuner, Berlin 1973. — *Hütter*, G., Die Beurteilung der Menschenrechte bei Richard Rothe und Friedrich Julius Stahl. Zur christlichen Sicht der Menschenrechte im 19. Jh., Frankfurt/M. 1976. — *Ilse*, L. F., Geschichte der politischen Untersuchungen (welche durch die neben der Bundesversammlung errichteten Commissionen der Central-Untersuchungs-Commission zu Mainz u. d. Bundes-Central-Behörde zu Frankfurt in den Jahren 1819 - 27 und 1833 - 42 geführt sind), Nachdr. d. Ausg. Frankfurt/M. 1860, Hildesheim 1975. — *Kaiser*, A., Zum Verhältnis von Vertragsfreiheit und Gesellschaftsordnung während des 19. Jhs., insbes. in den Auseinandersetzungen über den Arbeitsvertrag, Diss. jur. Berlin (FU) 1973. — *Klein*, E. F., Freiheit und Eigentum, abgehandelt in acht Gesprächen über die Beschlüsse der Französischen Nationalversammlung, Nachdr. d. Ausgabe Berlin/Stettin 1790, Kronberg 1977. — *Klippel*, D., Politische Freiheit und Freiheitsrechte im deutschen Naturrecht des 18. Jh., Paderborn 1976. — *Koch*, R., Liberalismus, Konservativismus und das Problem der Negersklaverei. Ein Beitrag zur Geschichte des politischen Denkens in Deutschland in der ersten Hälfte des 19. Jhs., Histor. Zs. 222 (1976). — *Köhler* M., Die Lehre vom Widerstandsrecht in der deutschen konstitutionellen Staatsrechtstheorie der 1. Hälfte des 19. Jhs., Berlin 1973. — *Kriele*, M., Zur Geschichte der Grund- und Menschenrechte, in: Festschr. f. H. U. Scupin, Berlin 1973. — *Ders.*, Freiheit: Der Verfassungsstaat, in:

Einführung in die Staatslehre. Die geschichtlichen Legitimitätsgrundlagen des demokratischen Verfassungsstaates, (II. Teil), Reinbeck bei Hamburg 1975. — *Kwasny*, K., Die Entwicklung des geschriebenen Grundrechts in England und im englischen Kolonialreich und Commonwealth. Jur. Diss. Bonn 1968. — *Lezius*, Fr., Der Toleranzbegriff Lockes und Pufendorfs. Neudr. d. Ausg. Leipzig 1900, Aalen 1971. — *Lieberich*, H., Rittermäßigkeit und bürgerliche Gleichheit. Anmerkungen zur gesellschaftlichen Stellung des Bürgers im Mittelalter, in: Festschr. Hermann Krause, Köln 1975. — *Mommsen*, Th., Die Grundrechte des deutschen Volkes mit Belehrungen und Erläuterungen. Neudruck der anonymen Erstausgabe von 1849, Frankfurt 1969. — *Monconduit*, F., Liberté et égalité dans la pensée d'Alexis de Tocqueville, in: Mélanges offerts à Georges Burdeau, Paris 1977. — *Müller*, W., Freiheit und Leibeigenschaft. Soziale Ziele des dt. Bauernkrieges?, in: Revolte und Revolution in Europa. Referate und Protokolle d. int. Symposiums z. Erinnerung an den Bauernkrieg 1525, Hrsg. v. P. *Blickle*, München 1975. — *Naujoks*, E., Die parlamentarische Entstehung des Reichspressegesetzes in der Bismarckzeit (1848 - 74), Düsseldorf 1975. — *Olivecrona*, K., The term „property" in Locke's Two treatises of governement, in: Archiv f. Rechts- und Sozialphilosophie 61 (1975). — *Picht*, G., Zum geistesgeschichtlichen Hintergrund der Lehre von den Menschenrechten, in: Festschrift Eberhard Menzel, Berlin 1975. — *Richter*, A., Das Widerstandsrecht bei Fr. Chr. Dahlmann, Diss. jur. Berlin (FU) 1974. — *Rimscha*, W., Die Grundrechte im süddeutschen Konstitutionalismus. Zur Entstehung u. Bedeutung d. Grundrechtsartikel in den ersten Verfassungsurkunden von Bayern, Baden und Württemberg. Köln 1973. — *Rudolf*, H. U., Grundherrschaft und Freiheit im Mittelalter, Düsseldorf 1976. — *Ruhberg*, U., Die Rechte des Grundeigentümers. Entwicklung des Eigentumsbegriffes in Preußen zwischen ALR u. BGB im agrarischen Bodenrecht, Diss. jur. Kiel 1972. — *Ruppert*, W., Deutsche Aufklärer und „Jakobiner". Menschenbild und Menschenrechte im 18. Jh. in Deutschland, in: Vorgänge Nr. 26, 1977. — *Samwer*, S.-J., Die französische Erklärung der Menschen- und Bürgerrechte von 1789 - 91, Hamburg 1970. — *Sandweg*, J., Rationales Naturrecht als revolutionäre Praxis. Untersuchungen zur „Erklärung der Menschen- und Bürgerrechte" von 1789, Berlin 1972. — *Scheuner*, U., Die rechtliche Tragweite der Grundrechte in der deutschen Verfassungsentwicklung des 19. Jh.s, in: Festschr. Ernst Rudolf Huber, Göttingen 1973. — *Scholler*, H., Die sozialen Grundrechte in der Paulskirche, in: Der Staat 13 (1974). — *Schott*, C., Die Grundrechte in der deutschen Verfassungsgeschichte, in: Zeitschr. f. vergleichende Rechtswissenschaft 1975. — *Schultze*, W., Öffentliches Vereinigungsrecht im Kaiserreich 1871 - 1908. Ein Beitrag zur Handhabung des Vereins-, Versammlungs- und Koalitionsrechts gegenüber sozialdemokratischen Arbeitervereinigungen, Diss. jur. Frankfurt/M. 1973. — *Siemann*, W., Die Frankfurter Nationalversammlung 1848/49 zwischen demokratischem Liberalismus und konservativer Reform. Die Bedeutung der Juristendominanz in den Verfassungsverhandlungen des Paulskirchenparlaments, Bern 1976. — *Stillman*, P. G., Hegel's critique of liberal theories of rights, in: The American political science review Vol. 68 (1974). — *Stourzh*, G., The American Revolution, Modern Constitutionalism, and the Protection of Human Rights, in: Truth and Tragedy. A Tribute to Hans J. Morgenthau, Washington D. C. 1977. — *Strauss*, W., Gewerbefreiheit und Vertragsfreiheit. Eine rechtsgeschichtliche Erinnerung, in: Festschr. Franz Böhm, Tübingen 1975. — *Thomasseau*, J.-M., Montesquieu und die Toleranz, in: Gewissen und Freiheit Nr. 8, 1977. — *Tietze*, Ch., Zur Theorie der Juristischen Person in der deutschen Rechtswissenschaft d. 19. Jhs., Diss. jur. Göttingen

1974. — *Vossler,* O., Alexis de Tocqueville. Freiheit und Gleichheit, Frankfurt/M. 1973. — *Weller,* E., Die Freiheitsbestrebungen der Deutschen im 18. und 19. Jh. dargestellt in Zeugnissen ihrer Literatur, Nachdr. d. Ausg. Leipzig 1847, Kronberg 1975. — *Wetzel,* H.-W., Presseinnenpolitik im Bismarckreich (1874 - 1890). Das Problem d. Repression oppositioneller Zeitungen, Bern 1975. — *Williams,* G. L., Mill's principle of liberty, in: Political studies 24 (1976). — *Winkler,* H. A., Pluralismus oder Protektionismus? Verfassungspolitische Probleme des Verbandswesens im deutschen Kaiserreich, Wiesbaden 1972. — *Wittwer,* W. W., Grundrechte bei den Levellern u. der New Model Army. Ein Beitrag zur Vorgeschichte des Menschenrechtsgedankens, Ratingen 1972. — *Wolf,* G., (Hrsg.), Luther und die Obrigkeit, Darmstadt 1972. (= Wege der Forschung 85). — *Würzer,* H., Revolutions-Katechismus. 1793. (Scriptor-Reprint), Kronberg/Ts. 1977.

Printed by Libri Plureos GmbH
in Hamburg, Germany